本书是"经济学管理学新学科孵化研究基地（郑州大学）"研究项目《乡村振兴战略背景下普惠金融发展测度与可持续脱贫研究》的成果

社会资本视角下的政府反贫困：统计评价与政策选择

左宇晓　著

中国财经出版传媒集团
经济科学出版社
Economic Science Press

图书在版编目（CIP）数据

社会资本视角下的政府反贫困：统计评价与政策选择／左宇晓著．—北京：经济科学出版社，2020. 3
ISBN 978－7－5218－1339－5

Ⅰ．①社…　Ⅱ．①左…　Ⅲ．①扶贫－研究－中国
Ⅳ．①F126

中国版本图书馆 CIP 数据核字（2020）第 027774 号

责任编辑：刘殿和
责任校对：王肖楠
责任印制：李　鹏　范　艳

社会资本视角下的政府反贫困：统计评价与政策选择
左宇晓　著
经济科学出版社出版、发行　新华书店经销
社址：北京市海淀区阜成路甲 28 号　邮编：100142
教材分社电话：010－88191309　发行部电话：010－88191522
网址：www.esp.com.cn
电子邮箱：bailiujie518@126.com
天猫网店：经济科学出版社旗舰店
网址：http://jjkxcbs.tmall.com
北京密兴印刷有限公司印装
710×1000　16 开　14.5 印张　240000 字
2020 年 6 月第 1 版　2020 年 6 月第 1 次印刷
ISBN 978－7－5218－1339－5　定价：68.00 元
（图书出现印装问题，本社负责调换。电话：010－88191510）

前言

贫困与反贫困是一个古老的话题，不少先贤及学者都对其进行过深入讨论，然而直到马克思的《资本论》问世，才将相关议题引入了一个新的阶段。但是随着近年来全球化进程的推进，贫困现象不断呈现出新的特征，即由国内问题演变为国家间问题，发展中国家逐渐成为贫困的高发地。由于发展中国家人口在世界总人口中占有较大比重，导致全球贫困现象呈现加剧态势，贫困与反贫困仍然成为困扰当今世界的难题之一。新中国成立70周年，随着贫困线的调整，贫富差距的扩大，相对贫困群体呈现扩大的趋势，如何有效地消除贫困，促进贫困群体收入的增加，成为政府反贫困政策的首要目的和重要手段。

近20年来，一些新兴的反贫困政策中开始涉及“社会资本”这一概念。社会资本是由社会学家皮埃尔·布尔迪厄于20世纪80年代正式提出，概指“实际或潜在的资源集合，以体制化的关系网络形式存在”。随后被引入经济学研究领域，在概念上也转为“人与人之间的联系（社会网络）和社会网络中产生的有关互惠和信任的准则”。90年代后期部分发展经济学家受到新制度经济学、福利经济学的理论影响，尝试研究社会网络、社区参与和信任等形式的社会资本在经济发展和缓解贫困方面的作用，结果表明鼓励和支持穷人参与各种非正式网络组织，依靠其相互间的信任与合作能带动自身收入的增加。与此同时，2000年以来世界银行的一系列研究报告也指出，社会资本在地区反贫困中具有积极影响，“支持穷人积累社会资本作为反贫困的重要行动之一”。在实践层面，一些国际组织在开展的各项减贫行动中引入社会资本因素，也有效改善了贫困群体的生活水平。

正是基于上述现实意义与理论价值的考量，本书将研究的基本任务设定为：中国社会资本与政府反贫困统计评价研究。具体而言，在研究思路上遵照“提出问题—分析问题—解决问题”的思维方法，同时采用理论建模与实证检验相结合的经济学研究范式。第一部分，通过对不同社会资本进行分类，对贫困与反贫困内涵进行界定，并对社会资本与反贫困作用机制和传导路径进行剖析，以完成本书的理论架构，为后续过程作铺垫。第二部分，在调查方案论证、问卷设计与数据采集的基础上，用指标体系和多元统计模型对贫困家庭的社会资本进行测度。第三部分，对贫困家庭社会资本与居民收入的关系进行实证检验，探讨社会资本所发挥“穷人资本”的作用。第四部分，结合当下的精准扶贫对我国政府反贫困政策效果进行评价，为相关政策的制定寻找经验证据。

本书第二部分和第三部分，首先采用典型抽样和随机抽样相结合的方式选择城乡贫困家庭样本，在进行实地问卷调查及入户访问的基础上获取第一手数据资料以供研究；其次使用统计和计量经济分析方法对家庭社会资本、社会资本影响因素、社会资本与居民收入关系进行了分析；最后采用因子分析法和数据包络分析法对精准扶贫的绩效评价进行研究。在此基础上，本书对政府反贫困政策的有效性作出了评价，主要研究结论：(1) 不同社区和村庄的社会资本存在较大差异，家庭对社会资本的培育程度、家庭幸福感、收入满意度是影响社会资本的三个主要因素。(2) 社会资本、人力资本与物质资本正向影响居民家庭收入，但三种资本的产出弹性不同，城市贫困家庭居民收入受到物质资本的影响更大，农村贫困家庭受到人力资本的影响更大。(3) 社会资本能够通过政府反贫困政策间接影响贫困家庭居民收入，而且政府反贫困政策对居民家庭收入的增加也产生一定的正向作用。(4) 根据政府反贫困政策多投入、多产出指标的数据包络分析，发现典型社区和村庄的政府反贫困政策是有效的。本书第四部分通过对中西部省份精准扶贫政策的绩效进行评价，说明精准扶贫政策总体来说是有效的，需要根据地域性差异制定持续脱贫的政策和措施。

本书可能的创新点主要体现在以下五个方面：

第一，设计并实施了一套基于中国实际的家庭社会资本的调查方案。研究选取贫困县、老工业城市区、城乡统筹国家级实验区、结构调整和下岗失业集中区等地区的典型社区和村庄，样本涵盖了东部、中部和西部地区的千余户城乡贫困家庭，采取随机抽样的方式进行入户访问以获取第一手数据，为相关研究提供了一个可借鉴的案例。

第二，提出了一种用以测度家庭社会资本存量的多指标综合指数方法。

本书是基于相关研究所论及的社会关系网络和镶嵌在社会关系网络中的信任、互惠、参与和共享程度等社会资本的核心内涵设计了指标体系，并采用因子分析方法构建了社会资本指数、结构型和认知型社会资本指数。通过调研数据进行测算，该指标体系和指数不论从客观维度还是主观视角，均能对贫困家庭社会资本存量及其构成要素进行有效刻画。

第三，对社会资本和贫困家庭居民收入的关系即社会资本所发挥的作用进行了全面的统计分析。相较于已有文献仅关注社会资本对居民收入的直接影响，本书在研究中尝试构建了家庭生产函数和社会资本收入决定函数双重模型，同时加入社会资本与政府反贫困效果的交互项，来补充研究社会资本对居民收入的间接效应，得到了社会资本对居民收入具有稳定的影响、社会资本可以通过人力资本与政府反贫困效果对居民收入发挥作用等一些新的实证结论。

第四，将政府反贫困政策区分为物质资本、人力资本和社会资本投入，将数据汇总到社区层次，采用数据包络分析对典型社区和村庄多投入、多产出的反贫困政策效果进行评价，结果发现政府反贫困政策是有效的。

第五，系统梳理了新中国成立70周年基于马克思主义反贫困理论的政府反贫困政策的思想演变和历史进程，结合2020年的全面小康社会的实现，脱贫攻坚迫在眉睫。通过对中西部省份贫困人口较多的地区进行精准扶贫绩效的综合评价，整体是有效的。

由于客观条件与研究水平有限，本书仍存在着很多不足之处：第一，由于研究周期和调研成本等因素的限制，未能获取持续的时间序列观测，因此制约了本书就社会资本对居民收入作用的动态变化进行研究的设想。第二，参照一般经济理论结论，本书在模型构建中仅引入社会资本与人力资本、物质资本、反贫困政策效果变量的交互项来分析社会资本对居民收入的直接效应和间接效应，没有考虑其他特征变量的交互影响。第三，由于问卷设计过程中对问题的初始认识不深，利用所获取的数据展开社会资本对政府反贫困政策效果的作用路径分析时难以剥离出政府物质资本、人力资本和社会资本所带来的家庭收入的增加，致使低估了社会资本的政策效果。这是本书后续研究继续关注的问题。

左宇晓

2019年11月

目 录

第一部分 理论与文献述评

第二部分 家庭社会资本测度

第三部分 社会资本与贫困家庭居民收入关系研究

第四部分 精准扶贫背景下政府反贫困政策评价研究

第一部分

理论与文献述评

导　论

一、研究的背景

贫困与反贫困是国际社会共同关注的一个难题，同时也成为发展中国家面临的重要问题。

1949～1978年改革开放，经过近30年的发展，中国仍然是一个农业大国，大约80%的人口生活在农村地区，仅有20%的人口生活在城市。随着中国改革开放和经济转型的推进，社会转型也在悄然改变。经济高速增长，生活水平的提高，城乡贫困问题也得到了明显的改善。随着城市化进程的不断加快，越来越多的农民工涌入到城市，城乡相对贫困问题日渐凸显。

新中国成立70年来，走出了一条中国特色发展道路，基本实现了千年发展目标，贫困人口减少了4.39亿人。然而由于人口的增长、经济基础薄弱、人均资源制约等因素，我国贫困问题依然严峻，且收入差距问题逐渐显现，贫困仍然是中国需要优先解决的问题。1990年，中国的基尼系数在0.34左右，2003年已经逼近0.45，2009年为0.47，[①] 2015年为0.462，2017年为0.467，总体呈现出先攀升后稳定的态势，收入差距的扩大导致了显著的社会贫富差距。随着居民收入水平的提高，扶贫标准也在逐步提升。[②] 2019年中央扶贫开发工作会议决定，农村扶贫标准上调为3747元/年。2020年实现贫

---

① 尹虹潘，刘姝伶．中国总体基尼系数的变化趋势：基于2000～2009年数据的全国人口细分算法［J］．中国人口科学，2011（4）：11－20.

② 2014年贫困标准2800元/年，2015年贫困标准2968元/年，2016年贫困标准3146元/年，2017年贫困标准3335元/年，2018年贫困标准3535元/年，2019年贫困标准3747元/年，2020年贫困标准4000元/年。

困人口完全脱贫，成为政府反贫困政策的当务之急。党的十八大以来，脱贫攻坚成为中国全面建成小康社会的底线任务和标志性指标，纳入“五位一体”总体布局和“四个全面”战略布局，以前所未有的力度推进——提出精准扶贫、精准脱贫理念，明确脱贫工作需要下一番“绣花”功夫，要求解决好“扶持谁、谁来扶、怎么扶”的问题。党的十九大报告继续坚持“精准扶贫”，并进一步提出了“精准脱贫”的新策略。

习近平强调，中国特色社会主义进入新时代，我国社会主要矛盾已经转化为人民日益增长的美好生活需要和不平衡不充分的发展之间的矛盾。在我国市场经济不断发展的今天，绝对贫困与相对贫困并存，而且收入差距等相对贫困现象日益突出。另外，贫困群体由于其所拥有物质资本极其匮乏，同时绝大部分贫困人口文化水平较低，人力资本不高，越来越被边缘化，缺少社会救助和社会帮扶。世界各国政府和国际组织均参与扶贫，越来越多的学者开始从人力资本视角延伸到社会资本视角对贫困问题进行研究。近年来，一些新兴的反贫困政策开始涉及“社会资本”这一概念。社会资本是由社会学家皮埃尔·布尔迪厄于20世纪80年代正式提出，概指“实际或潜在的资源集合，以体制化的关系网络形式存在”。随后被引入经济学、政治学、管理学等研究领域，在概念上也转为“人与人之间的联系（社会网络）和社会网络中产生的有关互惠和信任的准则”。尤其是20世纪90年代以来，社会资本开始受到发展中国家的广泛关注，一些国际组织在各地的减贫行动中引入社会资本，通过向贫困地区投入社会资本，改善贫困群体的生活水平。迈克尔·谢若登（Michael Sherraden）1991年提出“资产扶贫”（包含社会资本）的概念时指出，政府可以通过资产积累和建设帮助和引导贫困群体，促进收入和消费的持续增加。社会资本成为继人力资本反贫困之后又一个重要的政策视角。但是，我国政府的反贫困政策手段基本上是物质资本和人力资本投入为主，社会资本投资处于一种缺失的状态①。对于“社会资本是穷人的资本”这一命题，一直以来都充满争议。社会资本对于贫困人口来说重要性是毋庸置疑的，这也被很多国家的实践和学者的研究所证实。

从1978年至今，依据阶段性政策推进逻辑，我国政府的扶贫理念大致可

① 黄英君，苗英振，蒋径舟．我国政府反贫困政策回顾、反思与展望：基于社会资本投资的视角［J］．探索，2011（5）：154－155.

归纳为三种形式：以物质资本投资为主导的输血式扶贫；以人力资本投资为主导的造血式扶贫；以社会资本投资为主导的协同式扶贫（靳永翥，丁照攀，2016）。现在农民的贫困问题已经不再是传统的缺衣少食等引起的生存性经济贫困，而是一个由于社会资本与社会支持不足，自身能力不足以及政策偏差、文化教育和权利保护缺位等造成的社会问题，是一种新型的贫困（张辉，2016）。当前中国正处于社会的转型期，以血缘和熟人关系为特征的社会结构发生了巨大变化，随着社会结构的转型，社会资本也经历了相应的变迁。但总的来看，中国广大的农村社会资本相对封闭，良好的社会资本有助于精准扶贫的实现（何炜，刘俊生，2017）。在全面建成小康社会的历史进程中如何更加有效地推进新时期农村扶贫开发，需要扶贫开发战略的不断创新。在精准扶贫的战略下，需要在“三维资本”理论范式下，发挥物质资本的基础性作用、人力资本的智力支持作用以及社会资本的效应提升作用，建立三维资本协同反贫困机制（左宇晓，聂富强，2012；黄承伟，沈洋，2013）。

中国特色社会主义进入新时代，是决胜全面建成小康社会、逐步实现全体人民共同富裕的时代。2020 年消除绝对贫困的目标不曾改变，对于贫困群体而言，随着精准扶贫政策的稳步推进和乡村振兴战略规划的逐步落地，政府反贫困政策的实施效果和政策选择牵扯到数千万人的生存和安定。对于贫困群体而言，物质资本的贫困并不可怕，人力资本和社会资本贫困更值得关注，新时代如何实施精准扶贫政策，和乡村振兴战略实现有效对接，基于社会资本视角下的政府反贫困政策的实施效果和政策选择更加值得关注，也使本书的研究更加有价值。针对城乡发展不平衡，农村贫困发生率高，脱贫致富资源不平衡等集中问题，党的十九大明确提出“实施乡村振兴战略”，2018 年《中共中央国务院关于实施乡村振兴战略的意见》进一步强调“实现乡村振兴，摆脱贫困是前提”。然而，目前的反贫困仍然存在“贫困人口多、分布地区广、贫困程度深”三大挑战，经济发展的减贫效应在弱化，精准扶贫战略的提出为反贫困的理论和实践创新提供了参考。

二、研究的价值

对于社会资本的研究由来已久，最早是探讨社会资本的概念、测度，社会资本的影响因素，到接下来对社会资本与贫困家庭收入的影响，再到社会资本对扶贫政策的影响，等等。越来越多的研究证明，社会资本能够有效促进家庭收入的增加，扶贫政策中社会资本的作用开始凸显，因此研究贫困家庭社会资本对居民收入影响，进而测度政府扶贫政策效果构成了本书的重心。

第一，对社会资本的概念界定。社会资本是继物质资本、人力资本之后对资本概念的进一步延伸。由洛瑞（Loury）在研究种族间收入不平等问题提出来的，是指存在于家庭关系和社区组织之间的资本形态。之后由布尔迪厄（Bourdieu）进行系统界定，经由科尔曼（Coleman）、帕特南（Putnam）、波茨（Ports）、福山（Fukuyama）、林南和斯蒂格利茨（Stiglitz）等学者进行多角度定义，代表性的观点有四种：（1）帕特南的界定。社会资本是指"普通公民参与的民间网络，以及体现在这种关系网络中的互惠和信任规范"。而且，社会资本提高了物质资本和人力资本投入的收益，进而能够有效推动、协调、提高社会行动效率。（2）科尔曼的界定。社会资本是个人拥有的资本财产的社会结构资源：封闭的社会网络、合适的社会组织。社会资本能够影响人力资本的投入效果。（3）林南的界定。社会资本是个体投资于社会关系网络并期望在市场上获得回报的一种资源，或者说是镶嵌在社会结构中通过有目的的行动来获得的资源，包含三个组成部分：投资主体、工具性行动、获取收益。（4）世界银行的界定。亲缘关系网络、地方（或社区）组织和非正式的社会关系网络等社会制度组成不同形式和层次的社会资本，如微观、中观和宏观层次的社会资本对经济发展、缓解贫困的影响。

第二，社会资本测度的研究，至今还没有统一的标准。社会资本和人力资本一样，直接测量是不可能的，实证研究中一般是寻找合适的替代指标来粗略测度社会资本。测度对象不同，测度指标也有所不同。关于社会资本测度方法的探讨，主要有几种观点：社会网络分析法、信任测度模型、综合测度方法、分层测度方法、投入产出法等。本书主要是基于结构型和认知型社会资本，对其构成要素进行细分，选择合适的指标对家庭社会资本测度。

第三，社会资本与贫困问题的研究。文献研究表明，社会资本对解决贫困问题有着不可限量的作用，归纳起来主要有几个方面：社会资本和贫困的关系研究，社会资本成为摆脱贫困的主要途径，社会资本为贫困群体提供制度环境，社会资本能够增加贫困群体的收入从而减少贫困等（Collier，2001；唐钧，2003；张爽等，2007；世界银行报告，2000，2001；格鲁特尔特，

1999；Gustafsson & Wei，2000；戴斯，2004；Adato & Carter，2006；王朝明等，2009；黄玉娜，2011；姚毅，2011；叶初升和罗连发，2011；靳永翥、丁照攀，2016；何炜、刘俊生，2017）。由此可见，社会资本已经成为反贫困的一个重要考察变量。但是社会资本对于扶贫政策的效果的考量，尤其是考察社会资本与人力资本、政策变量的交互效应研究却不多。另外，实证研究中多半是分别考察农村贫困和城市贫困问题。

第四，社会资本与居民收入的研究。迪帕纳拉扬（Deepa Narayan）和普里切特（Lant Pritchett，1997）、格鲁特尔特（Grootaert，1999）、法比奥（Fabio，2009）等利用调研数据，建立回归模型，研究结果表明，社会资本对居民收入能够产生正向影响。国内学者边燕杰（2004）、刘国亮等（2006）、姜涛（2006）、武美闯（2006）、王燕（2007）、王朝明等（2009）、赵剑治和陆铭（2009）、刘赟（2010）、刘天伦（2010）、黄玉娜（2011）、唐为（2011）等研究发现，社会资本对居民收入也有正向的影响，而且研究对象基本是家庭，贫困地区居多。这从侧面说明，社会资本对于贫困群体收入的提高有着积极的正向影响，也为政府反贫困政策提供了参考依据。

第五，政府反贫困政策绩效评价研究。汪三贵（2007）提出扶贫评价指标体系的建立与应用的相关研究中，总体上分为资金投入、政策支持力度、扶贫效果等多维度的指标。付英（2011）根据系统工程的理论，在对农村扶贫系统分析的基础上，从政策相关性、扶贫效率、扶贫效果和可持续发展能力四个方面入手进行研究。陈小丽（2015）构建了包含经济发展、社会发展、扶贫投入、扶贫效果四个维度的评价指标体系。焦克源等（2015）从贫困基础、人文发展和生产环境三个维度构建了少数民族贫困县扶贫绩效评价指标体系。胡善平（2016）从项目过程视角构建涵盖资源投入、过程管理和绩效考核等元素在内的综合指标体系。段妍珺（2016）从投入—产出指标刻画精准扶贫绩效，其中投入指标划分为扶贫资金指标和精准扶贫指标，产出指标包含政策减贫指标和社会减贫指标。李凯恩（2017）采用农村贫困人口数量和农村贫困发生率作为衡量减贫效果最直接的指标。陈爱雪和刘艳（2017）在分析我国精准扶贫的内核基础上建立包含5个一级指标和15个二级指标的精准扶贫绩效评价体系。

总的来说：（1）微观层次的社会资本测度基本达成一致，主要从社会关系和信任为切入点，但是社会资本测度指标体系尚未真正建立，结构型和认知型社会资本的关系尚未确立。（2）对于社会资本与居民收入的作用，实证分析较多，基本是建立回归方程，但是对于结构型和认知型社会资本对居民收入影响的城乡差异研究较少，本书尝试构建家庭生产函数模型探析社会资本对贫困家庭收入的影响机理，并基于社会资本收入决定函数模型进行稳定性检验。（3）社会资本与政府反贫困的研究，定性研究较多，定量研究较少，本书尝试将政府反贫困政策效果作为变量引入，探究社会资本与反贫困政策的交互效应对居民收入的影响，为政府社会资本反贫困政策的制定提供经验证据。（4）精准扶贫绩效指标体系的构建和反贫困创新机制的研究。从探索性因子分析和投入产出视角刻画政府反贫困绩效，并进行有效的统计评价。采用创新性的视角从物质资本、人力资本、社会资本维度构建社会资本与反贫困的作用机制，有些指标可能在反贫困政策绩效评估量化方面存在困难。另外，反贫困进入最后的阶段，2020 年顺利脱贫的同时，乡村振兴战略的稳步推进，如何保证可持续性脱贫成为决胜的关键点。

三、研究的思路和内容

本书遵循“提出问题—分析问题—解决问题”的研究思路，对社会资本视角和精准扶贫双重背景下的政府反贫困政策进行统计评价与政策选择，从四个部分进行论述。

根据逻辑框架，本书的基本结构如图 0－1 所示。

导论主要交代本书的研究背景、研究的意义、研究的思路和内容，研究的方法，主要的创新点和不足。

第一章，理论及其相关文献述评。主要从社会资本的理论基础、贫困与反贫困的内涵、三维资本与反贫困、精准扶贫四个方面展开理论分析，提出本书对社会资本内涵、贫困与反贫困内涵、精准扶贫绩效评价的理解，构建三维资本与反贫困的路径图。

第二章，家庭社会资本测量之调查方案设计。围绕社会资本如何测量展开，从调查方案设计到问卷设计，再到探索性因子分析。调查方案设计主要从调查方式和方法的选择、调查地区的选取、调查员的培训等方面展开，采用典型调查和随机抽样调查相结合的调查方式。问卷设计主要从问卷设计的理论基础、问卷调查项目的确定、问卷的形成等方面，对社会资本、家庭对

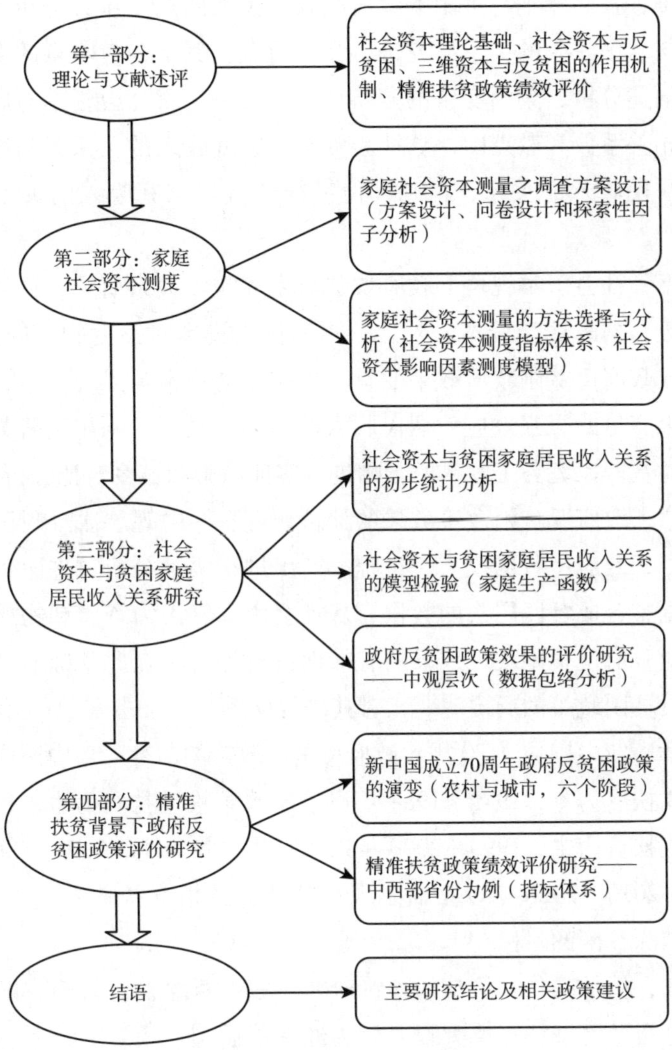

图 0-1　本书的逻辑框架

社会资本的培育、政府反贫困投入等方面进行测量。探索性因子分析尝试对本书提出的社会资本测量维度和测量指标的效度进行检验。

第三章，家庭社会资本测量的方法选择与分析。从社会资本测度的一般理论框架，测度指标体系的构建，再到社会资本测度的统计分析，包括社会资本测度指标、社会资本综合指数、结构型和认知型社会资本指数以及二者的关系，社会资本影响因素测度模型。

第四章，社会资本与贫困家庭居民收入关系的初步统计分析。首先，从社会资本与居民收入的关系研究进行文献梳理；其次，对本章的主要变量进行解释和描述分析，刻画变量的分布特征；最后，对社会资本与居民收入的关系采用相关系数和散点图，从社会资本与家庭收入的关系，到社会资本构成要素与居民收入的关系，再到其他特征变量与家庭收入的关系进行描述分析。

第五章，社会资本视角下政府扶贫与家庭收入关系研究。首先，构造家庭生产函数，刻画社会资本、人力资本和物质资本对家庭收入的直接影响；其次，引入政府反贫困政策效果变量，探讨社会资本与人力资本、政府反贫困政策效果变量的交互效应对居民收入的影响；最后，利用调研数据，考察社会资本对贫困家庭务工收入的影响进行实证检验和城乡对比分析。

第六章，政府反贫困政策效果的评价研究——中观层次。利用调研数据对贫困成因，政府反贫困投入、过程、产出进行描述分析，进而将微观的家庭层次数据整合成社区层次的数据，从社会资本、人力资本和物质资本三维资本视角对政府反贫困政策效果的有效性进行评价，在此基础上分析我国农村和城市反贫困政策的历史演变，对其进行反思。

第七章，新中国成立 70 周年政府反贫困政策的演变。新中国成立以来以社会救济式扶贫为主，1979～1984 年以体制改革推动扶贫为主，1985～1994 年以开发式扶贫为主，1995～2000 年以攻坚式扶贫为主，2001～2010 年以大扶贫为主，2010～2020 年以全面实现小康社会的精准扶贫为主，到 2020 年实现全面消除贫困的目标。

第八章，精准扶贫政策绩效评价研究——中西部省份为例。根据贫困地区的地理分布及区域特点，大致可分为经济落后型、人口密集型、环境恶劣型三大类。对中西部省份从基本经济发展水平（贫困程度和生活条件）、贫困程度、扶贫资金投入（专项扶贫资金投入）、资金使用成效（经济效益和社会效益）四个方面进行精准扶贫绩效评估。

结语。主要研究结论及相关政策建议。

四、研究方法

本书以问题为导向，拟采用文献研究方法、定性分析与定量分析，演绎与归纳分析相结合，以社会资本、发展经济学、经济统计学、计量经济学和制度经济学为理论支撑，展开社会资本与贫困家庭居民收入关系分析。

1. 文献研究方法

在提出本书的逻辑框架之前，利用图书馆翔实的中外文文献资料，以及相关网站的数据库资料，对大量与社会资本理论、人力资本理论、贫困与反贫困理论相关的文献进行了系统的收集和整理分析，主要体现在以下三个方面：

（1）相关理论探讨。本书关注的理论和文献资料包括社会资本理论、发展经济学中的贫困与反贫困理论以及社会资本与居民收入关系、社会资本与反贫困等。通过理论的检索整理，归纳出三维资本与反贫困的理论基础和作用机制。此外，还检索了大量经济学与社会学领域与本书相关的经典文献和前沿理论。

（2）研究模型的提出。在深入阅读参考相关文献资料的基础上，提出本书的结构模型，家庭生产函数，DEA 模型等。从主观和客观维度探讨社会资本对居民收入的影响、社会资本的影响因素、精准扶贫绩效的评价等。其中参阅了社会关系网络、信任理论，以及反贫困理论等方面的文献，为本书提供了扎实的理论基础。

（3）问卷的设计。本书的调查方案和问卷设计是参阅社会资本测度问卷、政府反贫困投入以及家庭特征变量等资料，结合社会资本理论、典型调查和随机抽样的抽样调查理论，对问卷进行预调查和修正工作。采取典型调查和随机抽样相结合的问卷访谈方法，搜集我国贫困家庭社会资本存量及其相关特征的数据。

2. 定性研究与定量研究相结合

定性研究方法主要是参阅相关理论和文献资料，对社会资本测度理论、社会资本与居民收入关系、社会资本与反贫困作用机制等进行梳理分析，提出本书的社会资本与反贫困的路径图，为定量研究打下坚实的基础。另外，本书的调查方案和问卷设计都是在专家学者的指引下，多次讨论修正之后确定的，采用典型调查和随机抽样相结合的调查方式。

定量研究是定性研究的延伸。在定性研究的基础上，提出本书的理论模型，接下来进行问卷调查和数据收集工作，问卷调查包括问卷设计与修订、问卷发放和回收、数据的分析与统计三个步骤。在对回收的数据进行预处理的基础上，运用多种统计软件进行相关数据处理分析工作，包括描述分析、探索性因子分析、方差分析、多元回归分析、非参数检验等。

3. 演绎分析与归纳分析相结合

本书通过演绎分析方法对三维资本（物质资本、人力资本与社会资本）与反贫困的作用机制和传导路径进行分析，刻画三维资本对贫困家庭居民收入的直接效应和社会资本与人力资本、反贫困政策效果变量的交互效应，构建家庭生产函数理论模型。通过抽样调查资料，进行实证检验，验证家庭社会资本与贫困家庭收入的数量关系，进而根据样本推断总体，归纳分析出社会资本在发挥“穷人的资本”方面对贫困家庭收入有显著的直接和间接效应，为政府反贫困政策投入提供理论和经验证据。

4. 技术路线，如图 0－2 所示

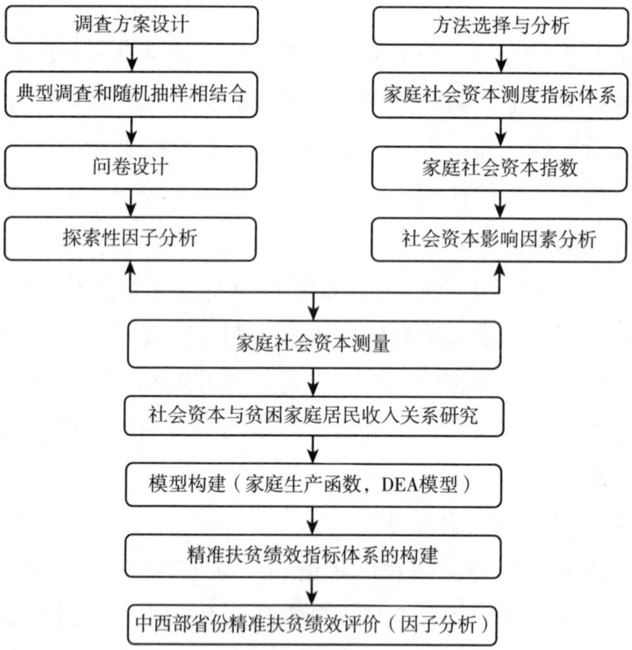

图 0－2　本书的技术路线

五、可能的创新与不足

第一，归纳起来，本书可能的创新有五点。

（1）探索了一种符合我国国情的测度贫困家庭社会资本的典型调查和随机抽样相结合的调查方式。本书对家庭社会资本测量是以调查方案和问卷设计为基础的，现有研究更多的是选择几个代表性的社会资本指标，而没有关注指标背后的形成因素，而且一般是基于农村贫困家庭的调查。本书是基于东中西部地区的典型社区和村庄的城乡贫困家庭，采取随机抽样的方式入户面对面访问。对社会资本存量的具体构成要素进行详细的问卷设计，从社会关系网络、信任程度、互惠互助、公共事务的参与和共享等几个方面进行分析。除了问卷的设计，本书还进行了探索性因子分析，对社会资本的诸多题项中提出公因子，正好与前面提出的几个公因子相对应，并在此基础上提取结构型和认知型社会资本。

（2）提出了一种用以测度家庭社会资本存量的多指标综合指数方法。现有研究表明，社会资本较难测度，难以用一个显性的指标来概括，家庭社会资本也不例外，现有的研究只是寻找某几个指标来刻画。但是，本书提出的家庭社会资本是基于相关研究中的社会资本概念，即社会关系网络和镶嵌在社会关系网络中的信任、互惠、参与和共享程度，构建（结构型和认知型）社会资本综合指数刻画家庭社会资本存量，并对社会资本的影响因素进行分析，为家庭社会资本投资提供依据。

（3）引入政府反贫困政策效果变量，刻画家庭社会资本对城乡贫困家庭居民收入的直接和间接效应。已有研究表明，社会资本对居民收入有正向的影响，但是基于城乡贫困家庭层面的研究不多，尤其是探讨社会资本在发挥“穷人的资本”方面，虽然有一些研究，但是很少考虑社会资本对居民收入的间接效应，以直接效应研究居多。本书提出的家庭生产函数模型，除了研究社会资本的直接效应，还纳入政府反贫困政策效果，引入社会资本与人力资本、政府反贫困政策效果的交互项，刻画间接效应。另外，为了进行稳定性检验，尝试引入社会资本收入决定函数模型，弥补了仅仅考察一种模型的局限性，验证了社会资本对贫困家庭居民收入有稳定的正向影响。

（4）首次将政府反贫困政策投入区分为物质资本、人力资本和社会资本投入，将家庭层次的数据汇总到社区层次，采用数据包络分析评价典型社区和村庄的反贫困政策效果，结果发现政府反贫困政策效果是有效的。

（5）以马克思主义反贫困理论为基础，最终目标是实现共同富裕。系统梳理新中国成立70年来反贫困理论的思想演变和政策历程，并在此基础上构建精准扶贫绩效指标体系，从因子分析和投入产出的数据包络分析两个维度探讨政府反贫困政策绩效。

第二，由于客观条件与研究水平有限，本书仍存在着很多不足之处。

（1）由于研究周期和调研成本等因素的限制，本书未能获取持续的时间序列观测，因此制约了本书就社会资本对居民收入作用的动态变化进行研究的设想，后续尝试进行跟踪访问，引入时间序列模型对该问题进行更进一步的探讨。

（2）参照一般经济理论结论，本书在模型构建中仅引入社会资本与人力资本、物质资本、反贫困政策效果变量的交互项来分析社会资本对居民收入的直接效应和间接效应，没有考虑其他特征变量的交互影响，后续研究将思考引入社会资本对贫困家庭其他特征变量的影响机制，完善社会资本对居民收入的间接效应分析。

（3）由于问卷设计过程中对问题的初始认识不深，利用所获取的数据展开社会资本对政府反贫困政策效果的作用路径分析时难以剥离出政府物质资本、人力资本和社会资本所带来的家庭收入的增加，致使低估了社会资本的政策效果。

（4）2020 年脱贫攻坚计划实施完毕后，在后脱贫时代如何防止返贫，如何与乡村振兴战略实现有效对接，让更多的脱贫者享有脱贫的成果，实现社会资源的共享，是值得深思的。

第一章 理论及其相关文献述评

贫困问题的出现由来已久，但是贫困现象的成因却随着历史的变化而呈现不同的特征。从绝对贫困到相对贫困，从收入贫困、能力贫困、人文贫困、脆弱性贫困到社会排斥贫困，经济发展的脚步没有停歇，贫困也始终形影相随，尤其是随着收入差距的不断扩大，贫困群体的边缘化趋势越发明显。随着社会资本理论的引入，贫困问题的改善出现转机，扩大贫困群体的社会资本，提高贫困群体的家庭收入，成为政府反贫困政策的重要手段。

19 世纪末，国外已经有学者开始对贫困现象进行研究。英国的布斯（Booth，1889）、朗特里（Seebohm Rowntree，1901）[①] 开启贫困研究的新纪元。20 世纪对贫困问题的研究开始普及到更多的国家，英国的汤森（Townsend，1979，1985，1993）、奥本海默（Oppenheim，1993）和克莱尔（Clare，2000），瑞典的经济学家冈纳·缪尔达尔（Gunnar Myrdal，1957，1968，1970），[②] 美国的西奥多·威廉·舒尔茨（Theodore William Schultz，1980）[③]、雷诺兹（Reynolds，1993），印度裔经济学家阿玛蒂亚·森（Amartya Sen，1982），[④] 挪威的艾尔泽（Else，2000），世界银行（1980，1991，2000）等都曾经对贫困进行研究，探讨贫困的定义和成因，给出各种贫困的

---

① 布什（Booth）1889 年出版的《伦敦东区人民的劳动和生活》（Labor and Life of the People : East London）；朗特里（Rowntree）1901 年出版的《贫困：城镇生活研究》（Poverty : a Study of Town Life）。

② 诺贝尔奖得主冈纳·缪尔达尔 1957 年出版的书籍《富国和穷国》、1968 年出版的《亚洲的戏剧：对一些国家贫困的研究》、1970 年出版的《世界贫困的挑战——世界反贫困大纲》。

③ 著名经济学家西奥多·威廉·舒尔茨在《美国经济评论》40 卷发表的文章“贫困经济学：一位经济学家对穷人投资的看法”具有里程碑意义。

④ 印度裔经济学家阿玛蒂亚·森 1982 年的著名书籍《贫困与饥荒——论权利与剥夺》和 1999 年的书籍《以自有看待发展》引起了贫困经济学，尤其是贫困定义和贫困测度的极大反响，对福利经济学作出了贡献。

测度方法，将贫困问题纳入社会学、发展经济学、福利经济学的研究领域。贫困的研究范式也发生了变化，从绝对贫困到相对贫困，从收入贫困、能力贫困到脆弱性贫困，再到社会排斥贫困①。从发展的角度来看，物质资本、人力资本与社会资本也能够有效减少贫困，不失为合适的反贫困政策②。

20世纪80年代兴起的“社会资本”概念，与贫困成因中“社会排斥”视角存在相合性，90年代美国社会学家迈克尔·谢若登（Michael Sherraden，1991）提出“贫穷与资产建设”的概念，通过帮助和引导穷人积累资产，进而提高收入。这里的资产包括自然资产、金融资产、人文资产及社会资产等③。社会资产可以理解为社会资本，通过提高穷人的社会资本，参与到社会活动中来，间接提高贫困群体的收入。因此，将社会资本纳入反贫困政策，成为继物质资本、人力资本之后又一个重要的政策支撑。

本书拟从社会资本视角探讨政府反贫困政策的效果，将社会资本、人力资本和物质资本结合在一起，以微观的家庭视角和中观的社区视角刻画政府反贫困效果。同时，结合精准扶贫指标体系进行绩效评价，从宏观视角刻画政府反贫困政策效果。

第一节　社会资本的内涵

一、社会资本思想的渊源和发展阶段

（一）社会资本理论的思想渊源

社会资本理论的思想可以追溯到社会学、经济学以及发展经济学，核心是强调社会因素在经济、社会发展中的作用④。

社会资本思想的社会学渊源来自马克思和恩格斯的“有限度团结”，齐美尔（Simmel）的“互惠交易”、规范和契约，涂尔干（Emile Durkheim）和

① 沈小波，林擎国．贫困范式的演变及其理论和政策意义［J］．经济学家，2005（6）：90－95.

② 王朝明．社会资本与贫困：一个理论框架的解释［J］．当代经济，2009（17）：11－13.

③ Michael Sherraden. Assets and the poor：A new American welfare policy［M］．Armonk，NY：M. E. Sharpe Inc.，1991.

④ 蔡晓陈．社会资本的经济分析［D］．武汉大学，2007.

帕森斯（Parsons）的“价值融合”、集体意识等概念，韦伯（Weber）的“强制性信任”等思想（Portes，1998）。

社会资本思想的经济学渊源来自亚当·斯密（Adam Smith）的《道德情操论》和《国富论》的相互依赖性、社会联系和结构、分工问题、工资差异等，来自马歇尔（Alfred Marshall）的《经济学原理》中人的行为动机和偏好和新古典经济学家贝克尔（Becker）应用到人类行为中的经济学分析方法。

社会资本思想的发展经济学渊源来自刘易斯（Lewis）《经济增长理论》强调社会因素在经济增长中的作用，“社会能力”和“社会基础设施”等概念也有涉及（Adelman & Morris，1968；Temple & Johnson，1998）。巴罗（Barro）的经济增长理论中，民主、法治等社会因素也能够影响经济增长效率，罗默（Romer）认为社会基础设施不同导致各国技术进步、人力资本差异。

社会资本作为一种非正式制度，或许能够在制度经济学找到一定的经济解释[①]。奥尔森（Mancur Olson）1965年出版的《集体行动的逻辑》和1982年的《国家兴衰：经济增长、滞胀与社会僵化》，分析集团成员实现集团利益最大化时，如果集团内成员之间的相互依赖关系能够产生谈判的动机，就能实现“帕累托最优”。社会资本能够使集团内部成员采取集体行动，克服“囚徒困境”。新制度经济学家道格拉斯·诺斯（Douglas North）1990年在《制度、制度变迁和经济绩效》一书中分析制度的起源时认为，随着专业化和分工的出现，交易活动变得更加复杂，存在信息不对称，容易产生“囚徒困境”“搭便车”行为，尤其是随着经济的发展，如何降低交易费用成为人们关注的焦点。制度作为一种社会的公共物品，引起学者的关注，社会网络关系作为一种非正式制度，能够使人与人之间维持信任合作关系、降低交易成本。

（二）社会资本理论的发展阶段

社会资本理论的发展大体分为三个阶段[②]。

---

① 燕继荣．投资社会资本：政治发展的一种新维度［M］．北京：北京大学出版社，2006：36-37.

② 卜长莉．社会资本与社会和谐［M］．北京：社会科学文献出版社，2005：25.

1. 萌芽阶段（20世纪80年代之前）

海尼凡（Hanifan）1916年发表的《乡村学校社区中心》，提出社会资本的雏形；雅各布斯（Jacbos）1961年在《美国大城市的存亡》和洛瑞（Loury）1976年在《种族收入差异的动态理论》中均提出了社会资本的概念。20世纪80年代初，皮埃尔·布尔迪厄（Pierre Bourdieu）发表的《社会资本随笔》，正式提出“社会资本”概念。

2. 发展阶段（20世纪80～90年代）

詹姆斯·科尔曼（James Coleman）1988年发表的《社会资本在人力资本创造中的作用》和其后的著作《社会理论的基础》对社会资本展开系统的宏观和微观研究。

3. 扩张阶段（20世纪90年代至今）

罗伯特·帕特南（Robert Putnam）1993年出版《使民主运转起来——现代意大利的公民传统》、1995年出版《独自打保龄球——美国社区的衰落与复兴》、1996年出版《繁荣的社群——社会资本和公共生活》，弗朗西斯·福山（Francis Fukuyama）1995年出版《信任——社会美德与创造经济繁荣》，亚历山大·波茨（Alejandro Portes）1998年出版《社会资本：现代社会学的起源和应用》，哈皮特（Nahapiet）1998年发表《社会资本、智力资本和组织优势》，林南（Lin）2001年出版《社会资本——关于社会结构与行动的理论》，达斯古普特和撒拉格尔丁（Dasgupta & Serageldin）2002年出版《社会资本：一个多角度的观点》，世界银行系列发展报告（World Bank，2000；2002；2003；2004；2005）等，将社会资本引入政治学、经济学等领域，成为学术争议的热点和关注的焦点，将社会资本理论推向风口浪尖。

社会资本理论将社会学、经济学、政治学、管理学、统计学等学科融合在一起，理论渊源和现实基础较为深厚。

（三）经济学和社会学对社会资本概念的理解

1. 社会学对社会资本概念的理解

社会学对社会资本的理解偏向社会资本的“社会性”，即社会关系网络。社会学领域对社会资本理论研究的代表性人物有：布尔迪厄、科尔曼、帕特南、波茨、博特、林南等。

布尔迪厄（Bourdieu）扩展了资本的形式，将资本分为三类：经济资本、文化资本和社会资本。社会资本是实际或潜在的资源集合，以体制化的关系网络形式存在。他认为，个体占有的社会资本有两个因素决定：一是可以有效加以使用的关系网络的规模；二是网络内的成员所占有的各种形式的资本数量。社会资本不是自然形成的，是有意识或者无意识投资的结果。社会资本有两个基本特征：一是与网络内成员资格和社会网络相联系的资源；二是以相互的认识和认知为基础。①

科尔曼（Coleman）认为每个人拥有三种类型的资本：物质资本、人力资本和社会资本。其中，社会资本是个体拥有的社会结构资源带来的资本财富，有两个基本特征：一是由社会结构的各个要素组成的；二是为结构内部的个体提供行动上的便利。社会资本是生产性的，存在于人际关系社会结构中。而且，社会资本概念能够实现微观与宏观的联结，既能用于解释微观现象的差异，又能实现微观到宏观的过渡。② 社会资本表现为五种基本形式：义务与期望、信息网络、规范与有效惩罚、权威关系和社会组织，具有公共物品的性质。而且，社会资本受到社会结构因素、社会网络封闭性以及社会意识形态的影响。③ 他将个体的理性行动理论应用到社会资本研究中。

帕特南（Putnam）从个体层次扩展到集体层次，用社会参与程度来研究一个组织（地区或国家）拥有的社会资本与制度绩效的关系。与物质资本和人力资本相比，社会资本一般来说是公共物品，是指“社会组织的特征，诸如信任、规范以及网络”，能够有效促进合作行为进而提高社会效率，而且能够提高物质资本和人力资本的收益。信任是社会资本的重要组成部分，社会信任能够从互惠规范和公民参与网络中产生。普遍互惠是一种具有高度生产性的社会资本，在一个包含大量社会资本（互惠的规范和公民参与的网络）的共同体中，能够减少“搭便车”行为，自愿合作更容易产生，避免

---

① 布尔迪厄强调体制化的关系网络，主要是指：一是能够带来利润的关系网络资源是通过投资策略对亲属关系、工作关系等群体建立的，不是自然赋予的；二是这种关系网络资源是通过有意识的投资策略形成的持久性的关系网络；三是这种关系网络资源能够得到体制上（权利）关系的保障。详见：［法］布尔迪厄．文化资本与社会炼金术——布尔迪厄访谈录［Z］．包亚明译．上海：上海人民出版社，1997：202.

② ［美］詹姆斯·S. 科尔曼．社会理论的基础（上、下）［M］．邓方译．北京：社会科学文献出版社，1999：357.

③ 卜长莉．社会资本与社会和谐［M］．北京：社会科学文献出版社，2005：38－42.

"集体行动困境"的发生。[①]

波茨（Portes）从网络成员关系的角度来探究社会资本，是指"在网络或更广泛的社会机构中，个人通过其成员资格获取短缺资源的能力。这种能力不是个体固有的，而是包含在个体与他人社会关系网络中的一种资产"[②]。这里的社会网络有四个特征：（1）互惠交换；（2）强制信任；（3）价值内化；（4）动态团结。另外，他还指出社会资本存在一定的积极和消极作用，[③]提出"消极社会资本"概念。主要从个体角度研究社会成员之间的社会网络特征，使社会资本分配存在差异。

博特（Burt）认为社会资本不仅是交往的个体拥有的资源，也与个体在网络中的结构及分配结果有关，从个体自我转向自我之间的联系，沿着格兰诺维特（Granovetter）"弱关系"力量的观点，提出了著名的"结构洞"（structural hole）理论。在错综复杂的关系网络中，通过与周围分散的、非重复的结点发生联系，占据中心位置，拥有更多的网络资源。关键是关系网络的重复还是非重复，而不是关系的强弱。从网络结构角度研究社会资本，重视人际关系及其形成的网络、人际间的联系性和资源的嵌入性、摄取资源的多少、网络中的位置。

林南（Lin）将人的行为分为两种：工具性行为和感情性行为。资源按其属性分为个人资源和社会资源。个人资源是指个人拥有的健康、教育、知识、地位等直接归个人支配的资源，社会资源是指嵌入于个人社会关系网络中的资源，如权力、财富、声望等，必须与他们交往才能获得。而且，他认为个人所拥有的社会资源的数量和质量取决于三个因素：（1）弱关系强度假设，即社会网络的异质性，社会网络的异质性越大，摄取资源的可能性越大；（2）地位强度假设，社会地位越高，摄取资源越多；（3）社会资源效应假设，社会网络的异质性越大，网络成员的社会地位越高，个人与成员的关系

① ［美］罗伯特·D. 普特南. 使民主运转起来——现代意大利的公民传统［M］. 王列，赖海榕译. 南昌：江西人民出版社，2001：195－217.

② ［美］托马斯·福特. 布朗. 社会资本理论综述［J］. 马克思主义理论与现实，2002（2）：41－46.

③ 波茨认为，社会资本的积极作用体现在：有限度的团结和信任，成员之间形成一个亲密、相互联系的网络；家庭支持的来源；通过家庭之外的网络获取收益。社会资本的消极作用体现在：排斥圈外人；对团体成员要求过多，阻碍创新；限制个人自由；规范消除差异，容易产生压力。详见：卜长莉. 社会资本与社会和谐［M］. 北京：社会科学文献出版社，2005：47.

越弱，拥有的社会资源越丰富。在此基础上，他认为，社会资本是投资于社会关系网络中并期望在市场上获得回报的一种资源，或者说是镶嵌在社会结构中通过有目的的行动来获得的资源。而且，社会资本与社会网络不通，社会网络是社会资本的表现形式之一，社会网络本身不是社会资本，只有被工具性地使用时才会产生社会资本。

2. 经济学对社会资本概念的理解

社会资本在经济学家眼中，一方面拓展了经济增长领域中资本研究的视野，从物质资本、人力资本到社会资本；另一方面则由于社会资本的模糊性而受到限制①。本部分重点梳理一些经济学家对社会资本概念的理解，其中最重要的是新帕尔格雷夫经济学大辞典（2008）对社会资本所作的全面定义和经济解释。

福山（Fukuyama）认为，应该明确区分社会资本的构成要素和表现形式，不能相混淆。1995 年，其在《信任》一书中认为“社会资本是由社会或社会的一部分普遍信任产生的”，社会资本以社会信任为基础。2001 年其在《第三世界季刊》第 22 卷“公民社会与发展”一文中提出，“社会资本是一种有助于两个或更多个体相互合作、可用事例说明的非正式规范。”社会资本构成现代社会文化的组成部分，对现代经济的运行起重要作用，也是民主制度稳定的必要条件。

伍考克（Woolcock 1998）认为，“社会资本的定义应该首先集中在其来源而不是其结果”。② 他提出作为“镶嵌”与“自主”③ 的社会关系的社会资本，肯定了社会资本的经济学意义，研究社会资本的不同层次、维度与结合，

---

① 经济学家肯尼思·阿罗在《放弃“社会资本”》一文中指出，“资本”有三个方面的含义：（1）时间上的延续性；（2）为了获取未来的收益而牺牲当前的利益；（3）可让渡性。社会资本不满足后面两个特征。他认为分割来看社会交往行为和信任很早便有研究，社会网络构建的原因不是能够给参与者带来经济利益。经济学家索洛在《论经济运行与行为模式》一文中也提出：一个社会的制度和共识如何作用于经济运作方式？社会资本是一种怎样的资本？如何计算过去逐渐投资的社会资本累积和贬值？从更加一般的意义来讲，哪种类型的制度和习惯能够使得一个社会或者一种经济模式找到并施加合适的行为准则来更好地适应变化的环境？

② ［美］伍考克．社会资本与经济发展：一种理论综合与政策构架［A］．李惠斌，杨雪冬译．社会资本与社会发展［C］．北京：社会科学文献出版社，2000：271.

③ “镶嵌”和“自主”在宏观和微观层面上并不相同。在微观层面上，镶嵌指的是社群内部的关系，自主指的是社群外的网络；在宏观层面上，镶嵌指的是国家—社会的关系，自主指的是制度的能力和可靠性。

在微观层次上，把镶嵌（如跨社群的关系）称为整合，自主（如社群外的网络）称为链合；在宏观层次上，镶嵌（如国家—社会关系）称为协作，自主（如制度的统一、权限与能力）称为组织整合。

格鲁特尔特和贝斯特纳尔（Grootaer & Bastelaer）2002 年在《社会资本在发展中的作用》一书中提供大量翔实的实证结果，考察社会资本在经济发展和缓解贫困状况方面的作用。从社会资本的范畴（观察对象）、形式（表现形态）和社会资本（在家庭、社区和国家三个层次）对发展产生影响的作用机制三个方面考察社会资本概念。无论是微观、中观还是宏观层次的社会资本，都是通过结构型社会资本和认知型社会资本的相互作用来实现。社会资本通过信息分享、互利互惠的集体行动和决策制定来影响发展的作用机制。[①]

斯蒂格利茨（Stiglitz）1999 年在《正式和非正式的制度》一文中提出，“社会资本包含隐含的知识、网络的集合、声誉的累积以及组织资本”[②]。迈耶和斯蒂格利茨（Meier & Stiglitz）2001 年在其著作《发展经济学前沿：未来展望》中提出，社会资本是继物质资本、人力资本、知识资本之后加入增长源泉中的。“当社会相互交往产生外部性，以及为获取市场之外的共同利益促进集体行动产生时，社会资本就会产生经济收益。信任、互惠、人际网络、合作和协调可以被看作是调节人们交往和产生外部性的‘民间社会资本’”[③]。

新帕尔格雷夫经济学大辞典[④]（2008 年第二版）首次将“社会资本”纳入经济学词条，标志着社会资本逐渐得到越来越多经济学家的认可。在早期的定义中，社会资本，诸如信任、准则、社会网络这些组织特征，能够促进协调行动增进社会效率。缺点是使得人们过分关注不同事物之间的联系，即信念、行为规范等类似人与人之间相互联系的这类资本资产。后来，社会资

① ［美］格鲁特尔特，贝斯特纳尔．社会资本在发展中的作用［M］．黄载曦，杜卓君等译．成都：西南财经大学出版社，2004：3-9.

② ［美］斯蒂格利茨．正式和非正式制度［A］．曹荣湘译．走出囚徒的困境：社会资本与制度分析［C］．上海：三联书店，2003：115-127.

③ 转引自：郭熙保．社会资本理论的兴起：发展经济学研究的一个新思路［J］．江西社会科学，2006（12）：8.

④ Dasgupta，Partha. Social Capital. The New Palgrave Dictionary of Economics［M］．Second Edition Eds. Steven N. Durlauf and Lawrence E. Blume. Palgrave Macmillan，2008.

本定义为：人与人之间的联系（社会网络）和社会网络中产生的有关互惠和信任的准则。社会资本是人际关系的总和，能够帮助属于某种关系网络个人实现与他人的合作战略。在国家或市场失灵的地方，社区能够帮助人们生存，即使不能使他们生活得更好。但是，社区市场含有等级性社会结构，重复博弈理论提醒我们：社群关系中存在这样一些分配，成员在没有确定的关系下，境况会更糟，即使没有公开胁迫，这种分配关系也是剥削性质的。主要从几个方面来阐述：（1）社会规则意味着社区成员遵守的一系列行为规则或策略，社会规范是一系列行为准则的均衡。前提是：社区成员达成共识，对任何违反协议的成员都将作出严厉制裁，而且这个可信的威胁将阻止人们违反规则。（2）人际网络是人与人之间沟通的渠道。希伯莱特（Seabright，1997）指出，公民参与公共活动会提升合作的意向，即信任催生信任，公民、公共活动、参与意向之间会产生积极的反馈。（3）关系网络资本和人力资本的关系。人们之间建立长期关系是基于社会规范或团体。科尔曼将社会资本看作是人力资本生产的投入，即社会网络的维系预期会带给人们一定的回报。暗示着，人际关系的价值在一定程度上反映在工资和薪金中，社会资本是人力资本的组成部分。（4）微观行为与宏观表现。由于人际关系网络存在外部性，公民合作越多，就会带来更多收入的增长、工资和利润的增加等，可能还会增加人力资本和物质资本的再投资。（5）但由于社会资本的排他性和不平等性，社会资本到了独占的程度，会抑制资源的流动，阻碍市场经济的发展。所以作为人际关系网络集合的社会资本，可以帮助个人协调与他人的合作，也可能使参与者境况变得更糟，有利有弊。

3. 国内学者对社会资本概念的理解

国内学者对社会资本的研究，一种是将社会资本理解为社会资源和社会关系结构，侧重社会学视角；一种是将社会资本理解为能够带来一定收益的社会资源，包括社会关系网络、信任、互惠、规范等，侧重经济学视角。

（1）社会学视角。国内学者最早对社会资本展开系统研究的是张其仔，在其博士论文《社会资本论：社会资本与经济增长》（1997）中提出，社会资本是指社会网络，一方面社会网络是一种最重要的人与人之间的关系，另一方面社会网络是配置资源的重要方式。陈健民和丘海雄（1999）提出社会资本是一种促进生产的社会关系结构。边燕杰和丘海雄（2000）提出社会资本是行动主体通过与社会的联系获取稀缺资源并由此获益的能力。李惠斌和杨雪冬提出“社会资本是处于一个共同体之内的个人、组织通过与内外部的对象的长期交往、合作互利形成的一系列认同关系，以及在这些关系背后积淀下来的历史传统、价值理念、信仰和行为范式”①。卜长莉提出“社会资本是以一定的社会关系为基础，以一定的文化作为内在的行为规范、一定的群体或组织的共同收益为目的、通过人际互动所形成的社会关系网络”②。社会资本概念包含三个方面：一是客观内容是社会关系，一定的人际关系构成社会资本的本质和基础；二是主观内容是一定的文化规范；三是社会资本的功能和结果体现群体或组织的目标，带来价值增值，源自社会资本的资本属性。

（2）经济学视角。顾慈阳认为，“社会资本是处于社会网络或更广泛的社会结构中，人们动员的能为自己（或组织）带来经济效益的社会资源”③。可以从信任、社会关系网络、社团和规范四个方面来理解社会资本。燕继荣运用林南的“资源论”给出社会资本的定义，“作为资本的表现形式之一，社会资本就是广泛存在于社会关系网络之中，能够被行动者投资和利用以便实现自身目标的社会资源”④。张广利和陈仕中认为，社会资本应该严格限制在个人和组织层次才能避免概念的模糊化，将社会资本定义为“个体或组织为实现一定目标，能够调动和利用的嵌入于其所拥有的社会关系网络中的各种社会资源，包括权利、资金、保障、信息、机会、劳动、决策、合作等”⑤。程民选认为，社会资本是经济与社会发展不可或缺的一类资源，是“人际合作性互动中形成和积累起来，并能够产生收入流的一类资源”⑥。蔡晓陈提出一个综合性的社会资本概念，“社会资本是指在人们相互作用的基础上产生的诸如社会关系网络、信任、社会规范等因素”⑦。王燕认为，社会资本是基于行为主体构建或所属的社会网络，在互动中能够动用并能带来一定收益的资源总和。社会资本包含两方面的内容：一是社会网络以及嵌入网络框架中的社会资源；二是个体之间目的性的互动交换（如信任、参与、互

---

① 李惠斌，杨雪冬．社会资本与社会发展［M］．北京：社会科学文献出版社，2000：36.

② 卜长莉，社会资本与社会和谐［M］．北京：社会科学文献出版社，2005：75.

③ 顾慈阳．社会资本理论及其应用研究［D］．天津大学，2004：34.

④ 燕继荣．投资社会资本：政治发展的一种新维度［M］．北京：北京大学出版社，2006：17.

⑤ 张广利，陈仕中．社会资本理论发展的瓶颈：定义及测量问题探讨［J］．社会科学研究，2006（2）：102－106.

⑥ 程民选．论社会资本的性质和类型［J］．学术月刊，2007（39）：62－68.

⑦ 蔡晓陈．社会资本的经济分析［D］．武汉大学，2007.

惠等)。[①] 黄晓东提出社会资本是指“广泛存在于社会网络关系之中，并能够被行动者投资和利用以便实现自身目标的社会资源”,[②] 以信任为基础，以互惠规范为内容，以关系网络为载体。李六提出“社会资本是存在于社会关系网络之中，有助于个体及群体共同目标实现的个体资源”[③]。林燕认为社会资本是“以资本形态普遍存在于制度化关系网络中，能够被其使用者投资积累，带来一定收益或便利的社会资源”[④]。

二、社会资本的内涵辨析

这里的社会资本主要是指和个体环境相关的自我积累的社会资本，具有一定地域性差异。社会资本作为一种个体属性，使得人们可以通过属于他们的关系网络从别的成员那里获得资源，以及从与他人的社会互动中获取更多的货币和非货币的利益，如有价值的信息，更好的工作和生活条件，更好的社会地位，幸福或者自尊心（Glaeser et al.，2002）。个体积累的社会资本来自于本能的倾向（如领导能力），通过投资维持和扩展社会关系网络。这样的投资是有成本的，需要花费时间、精力和货币资源。

社会资本的经济学含义强调其“资本性”，能够带来资本的增值。但社会资本又离不开人与人之间的社会关系网络，这是社会资本存在的基础。社会资本作为一种资本形态，有一定的特殊性和普遍性。普遍性体现在能够为使用者带来一定的价值增值。特殊性主要体现在几个方面：（1）无形资产。社会资本作为一种特殊的资本形态，存在于人际关系中，“社会资本基本上是无形的，表现为人与人之间的关系”（Coleman，1999）[⑤]。（2）自我增值。社会资本不会因为使用而减少，会因为使用而不断增加，具有自我增值、自我强化的特征，“社会资本不会因为使用但会因为不使用而枯竭”[⑥]。社会资

① 王燕．农户社会资本的测度、影响因素与增收效应研究［D］．西南财经大学，2007.

② 黄晓东．社会资本视域下的政府治理问题研究［D］．吉林大学，2009.

③ 李六．社会资本：形成机制与作用机制研究［D］．复旦大学，2010.

④ 林燕．社会资本投资对我国居民福利改进的理论与实证研究［D］．西南财经大学，2010.

⑤ ［美］詹姆斯·S. 科尔曼著．社会理论的基础：上［M］．邓方译．北京：社会科学文献出版社，1999：356.

⑥ ［美］奥斯特罗姆．流行的狂热抑或基本概念［A］．曹荣湘译．走出囚徒的困境：社会资本与制度分析［C］．上海：三联书店，2003：23－50.

本利用得越多，价值就越大，而不会减少[①]。“像信任、惯例和网络这样的社会资本存量具有自我强化和积累的倾向。一次成功的合作便会建立联系和信任，有利于未来在完成其他不相关的任务时保持合作。就像拥有一般资本的人一样，拥有社会资本越多的人，倾向于积累更多的社会资本”[②]。（3）准公共物品性。有学者认为社会资本是公共物品，有学者认为社会资本是私人物品。“社会资本并非是任何人从中获益的私人财产，这是个人寄身其间的社会结构的一个特征”，社会资本也面临供应不足的问题[③]。对于个体而言，社会资本投资带有一定的“私有性”，如社会关系资源、信任等，对组织而言，社会资本带有一定的“公共物品性”，如信任、合作、规范等。因此，社会资本带有一定的“准公共物品性”。（4）外部性。由于社会资本的“准公共物品性”，具有一定的公共性和非排他性，因此具有一定的“外部性”——正的和负的外部性。奥斯特罗姆（1999）认为，“所有类型的资本都可能产生危害而不是福利，因此无法保证创造社会资本就一定能增加福利”[④]。福山也曾指出，“严格来说，任何拥有社会资本的群体都存在某种信任范围，在这种范围之内，合作规范才是有效的。如果一个群体的社会资本产生积极的外部性，那么信任范围就可能比群体本身还要大”[⑤]。

社会资本的特殊性决定了社会资本测度的复杂性。为了更好地测度社会资本，对社会资本进行分类是必须的。普霍夫（Uphoff）根据社会资本的来源及表现形态将其分为结构型和认知型社会资本，“结构型社会资本是与各种形式的社会组织相联系，特别是角色、规则、惯例、程序，以及能够促进合作，尤其是互利的集体行动（社会资本产生的效益流）的一个广泛的网络，相对客观并容易观察。认知型社会资本来自心理过程产生的思想，通过文化和意识得到强化，特别是规范、价值、态度和信仰，有利于合作行为和

---

① ［英］弗兰·汤克斯．信任、网络与经济［A］．曹荣湘译．走出囚徒的困境：社会资本与制度分析［C］．上海：三联书店，2003：239－240.

② ［美］罗伯特·帕特南．繁荣的社群：社会资本与公共生活［A］．李惠斌，杨雪冬译．社会资本与社会发展［C］．北京：社会科学文献出版社，2000：159－160.

③ ［美］罗伯特·帕特南．使民主运转起来：现代意大利的公民传统［M］．王列，赖海榕译．南昌：江西人民出版社，2001：199.

④ ［美］奥斯特罗姆．流行的狂热抑或基本概念［A］．曹荣湘译．走出囚徒的困境：社会资本与制度分析［C］．上海：三联书店，2003：46.

⑤ 程民选．论社会资本的性质和类型［J］．学术月刊，2007（39）：67－68.

互利集体行动，相对主观且不易观察。二者在理论和实践中是相通的，是通过主观行为现象期望连接在一起，共同构成了建立、积累、储存、改变、传递和保存社会资本的机制。”① 也有学者将社会资本细分为制度资本和关系资本（Krishna，2000），黏结型、桥接型和连接型社会资本（Cote & Healy，2001；Woolcock，2001；Fabio Sabatini，2009），关系社会资本、集体社会资本和一般社会资本（Aurélie Brunie，2009）。根据前面对社会资本概念的理解可知，社会资本是社会关系网络以及嵌入在社会关系网络中能够带来信任、互惠、规范等要素。因此，可以将社会资本分为客观的（现实的）社会关系网络和主观的（潜在的）信任、互惠、规范等，本书将社会资本划分为结构型和认知型社会资本。

三、本书对社会资本的理解

从上面的分析可知，社会资本有几个要素构成：社会关系网络、信任、互惠、规范等，投资社会资本能够带来一定的价值增值。社会资本具有一定的特殊性：无形资产、自我增值、准公共物品性和外部性等，可以划分为结构型和认知型两种社会资本形态。这里给出本书的社会资本定义：人与人之间的社会关系网络和社会关系网络中产生的信任、互惠规范的准则，能够给投资主体带来一定收益。本书的一大部分研究对象是家庭，那么家庭社会资本是指家庭成员共享的社会关系网络，以及与周围的人或社区形成的镶嵌在社会关系网络中的信任、互惠规范、公共事务参与和共享等主观的表现形态，分为家庭结构型社会资本和家庭认知型社会资本。后面的分析中如无特别说明一般是指家庭社会资本。

第二节　贫困与反贫困的内涵

贫困作为世界著名的“3P”（Population，Poverty and Pollution）问题之

① Uphoff. Understanding Social Capital：Learning from the Analysis and Experiences of Participation [A]. Dasgupta and Seregeldin. Social Capital：A Multifaceted Perspective [C]. World Bank，Washington DC，USA，1999.

一，引起世界各国政府、专家和学者的关注。贫困理论也层出不穷，对贫困的定义和认识也在发生转变，从物质资本贫困到人力资本贫困，再到社会资本贫困。作为贫困的对立面——反贫困理论，也在不断演变，如马尔萨斯的“抑制人口增长”反贫困理论、马克思主义阶级反贫困理论、“收入再分配”反贫困理论、“涓滴效应”反贫困理论、“赋权”反贫困理论、人力资本反贫困理论等[①]。

一、贫困内涵的思想演变

贫困的内涵不是一成不变的，它本身的概念是模糊的，随着时间和空间以及人们的物质生活水平、思想观念的变化而呈现一定的动态性和不确定性。[②] 随着更多的学者对贫困现象研究的不断深入，对贫困的解读也从最初的物质生存视角（收入贫困）转向多重视角，如权利、能力、人文、文化、精神等层面。下面我们对贫困内涵的思想演变进行一个梳理，从而更加准确地认知贫困。

（一）物质生存贫困

朗特里（Seebohm Rowntree）1899年在《贫困——有关城镇生活的调查》中提出了“初级贫困”（即绝对贫困）的概念，“如果一个家庭的总收入难以维持家庭人口最基本的生存要求，这个家庭就陷入了贫困”[③]。这种贫困是基于仅能维持体能需要的必需品的预算，进而得出一个社会可接受的货币量。

汤森（Townsend）在其著作《英国的贫困——家庭资源和生活标准的调查》（1979）中提出，“所有居民中那些缺乏获得各种食物、参加社会活动、最起码的生活和社交条件的资源的个人、家庭和群体就是贫困的”[④]。

雷诺兹（Reynolds）提出所谓的贫困问题是指“有许多家庭没有足够的

---

① 朱霞梅．反贫困的理论与实践研究［D］．复旦大学，2010.

② 王朝明，孙蓉，聂富强．社会资本与城市贫困问题研究：一个理论框架及四川城市社区经验证据的检验［M］．成都：西南财经大学出版社，2009：31.

③ 转引自：樊怀玉．贫困论：贫困与反贫困的理论与实践［M］．北京：民族出版社，2002：43.

④ Townsend，P. Poverty in the Kingdom：a Survey of the Household Resources and Living Standard［M］．London，Allen Lane and Penguin Books，1979：38.

收入可以使之维持起码的生活水平”①。

奥本海默（Oppenheim）1990 年在《贫困：事实真相》一文中提出，“贫困是指物质上、社会上和情感上的匮乏。意味着在食物、保暖和衣着方面的开支要少于平均水平”②。

艾尔考克（Alcock）在《理解贫困》的著作中指出，维持生存是绝对贫困的一个客观标准，维持生存是生命延续的最低要求，低于维持生存的水平就会陷入绝对贫困；而建立在对社会平均生活水平进行测度的基础上，通过与那些不陷入贫困的社会成员平均生活水平相比而定义的相对贫困是一个主观标准。③

国家统计局 1990 年提出，“贫困一般是指物质生活困难，即一个人或家庭的生活水平达不到一种社会可接受的最低标准”④。由于缺乏某些必要的生活资料和服务，生活处于比较苦难的境地。

康晓光 1995 年在其著作《中国贫困与反贫困理论》中提出，贫困是指“人的一种生存状态，在这种生存状态中，人由于不能有效获得基本物质生活条件和参与基本的社会活动的机会，以至于不能维持一种个人生理和社会文化可以接受的生活水平”⑤。

从上面的贫困定义可以看出，基于物质生存视角的贫困更多的是关注客观存在的生活状况，忽视了贫困者的能力、权利、精神、社会地位等。

（二）权利、能力、人文贫困

阿玛蒂亚·森（Amartya Sen）早在 1982 年《贫困与饥荒——论权利与剥夺》一书中另辟蹊径，将饥荒引入贫困研究中，提出饥荒不仅是忍受饥饿，没有食物，实质上是权利的剥夺。他在 1998 年提出了“可行能力”贫困，在《以自由看待发展》一书中，指出收入低下虽然是现在识别贫穷的一般标准，但是贫困不仅仅是指收入水平低下，必须被视为基本可行能力的剥夺。“贫困不仅仅是相对比别人穷，而且还得不到某些基本物质社会福利的

① Lloyd G. Reynolds. Micro Economics: Analysis and Policy [M]. Richard D Irwin, 1985.

② Oppenheim, C. Poverty: The Facts [M]. London, Child Poverty Action Group, 1990.

③ Alcock, P. Understanding Poverty [M]. London: Macmillan, 1993.

④ 国家统计局．中国城镇居民贫困问题研究课题组和中国农村贫困标准课题组研报告 [Z]. 1990.

⑤ 康晓光．中国贫困与反贫困理论 [M]. 南宁：广西人民出版社，1995：1-3.

机会，即不能拥有某些最低限度的能力。贫困最终并不是收入问题，而是一个无法获得某些最低限度需要的能力问题”①。

世界银行《1990年世界发展报告：贫困问题》曾提出，贫困是指“缺乏达到最低生活水平的能力”。《2000/2001年世界发展报告：向贫困开战》延续阿玛蒂亚·森的思想，进一步指出，贫困不仅仅是指收入和消费水平低下，而且存在营养不足，身体健康状况差，受教育的机会较少，没有发言权等一系列问题。

联合国开发计划署（UNDP）在《1997年人类发展报告》中提出“人文贫困”的概念，收入的匮乏只是贫困的一部分，贫困不仅包括反映人均国民收入和支出水平的收入贫困，也包括反映公民权、政治权、文化权及基本人权的权利贫困，还包括反映人均寿命、卫生、教育、知识、信息交流、生活环境质量等因素的人力贫困、知识贫困与生态贫困等。

洪朝辉（2003）在《论中国城市社会权利的贫困》一文中提出“经济贫困其实是社会权利贫困的折射和表现，经济贫困的深层原因不仅仅是各种经济要素不足，更重要的是社会权利的贫困”②。

叶普万（2003）提出，能力贫困（人力资本贫困）是指“缺乏基本的人类能力，包括识字水平、足够营养、预防疾病、健康长寿”③。

综上所述，贫困不仅是指收入的低下，而且是基本生存发展能力和权利的剥夺引致的贫困，如受教育机会少、健康状况低下。

（三）社会排斥脆弱性贫困

欧洲经济共同体（EEC）1993年研究提出“贫困应该被理解为个人、家庭和人的群体的（物质、文化和社会）资源如此有限，以至于他们被排除在成员国可以接受的最低限度生活方式之外”④。

世界银行《2000/2001年世界发展报告：向贫困开战》也指出，“贫困不仅是指收入低微和人力资本发展不足，还包括人对外部冲击的脆弱性，即缺

---

① ［印］阿玛蒂亚·森．以自由看待发展［M］．任赜，于真译．中国人民大学出版社，2002.

② ［美］洪朝辉．论中国城市社会权利的贫困［J］．江苏社会科学，2003（2）：116.

③ 叶普万，王军．全国视野内的中国贫困问题研究［J］．山东社会科学，2003（5）：16.

④ EEC. The Institution of an official Poverty Line and Economics Policy［Z］. Welfare state program paper series，1993：53.

少发言权、权利和被社会排除在外”[①]。

酷沃（Kühl，2003）将贫困的脆弱性定义为“家庭遭受一个重大冲击并导致福利下降到一个最低水平的倾向”。脆弱性可以看作是贫困发生前的一个事前测度，因此脆弱性贫困是指家庭由于受到外部冲击陷入贫困的可能性。家庭面临的风险越大，陷入贫困的可能性越大。

唐钧（2002）通过梳理贫困的内涵，提出贫困分为三个层次：第一个层次是物质生存条件的缺乏（客观存在的生活状况）；第二个层次是相关能力的缺乏（主观的社会评价）；第三个层次是社会排斥（社会脉络造成的）。

（四）社会资本贫困

夏瑛（2007）提出城市贫困的概念，“是部分社会成员在一定的社会背景下，由于缺乏必要的资源（物质资本、人力资本和社会资本等），而在一定程度上丧失了获取收入的能力以及参与经济、社会活动的权力”。

王朝明等（2009）认为贫困的概念仍然欠缺社会资本视角，即贫困群体表现出的封闭化、边缘化倾向。姚毅（2010）认为，中国的贫困问题主要表现为收入的物质贫困状况，但这并非说明在中国并不存在能力贫困、社会排斥贫困、社会资本贫困，只是说物质资本贫困是中国贫困问题的核心，同时也要考虑人力资本和社会资本贫困。结合中国的城乡物质资本贫困，提出“贫困主要是指反映家庭物质生活状况、可行能力状况以及社会边缘化状况的收入贫困状况”[②]。

由上述文献可知，从物质生存贫困到权利、能力、人文贫困，再到社会排斥、脆弱性贫困，以及社会资本贫困，学者们对贫困内涵的认识逐步递进和完善，呈现出一个全方位的贫困轨迹图。

二、社会资本与反贫困

一部贫困研究史也是一部反贫困的斗争史，与贫困相对应的反贫困，

---

① 世界银行 . 2000/2001 年世界发展报告［M］. 北京：中国财政经济出版社，2001：15.

② 姚毅 . 中国城乡贫困动态演化的理论与实证研究：基于经济增长、人力资本和社会资本的视角［D］. 西南财经大学，2010.

有着一定的政策和制度含义。“反贫困”作为学术研究的名词首先出现在20世纪60年代缪尔达尔的《世界贫困的挑战——世界反贫困大纲》中。至今对于反贫困的理解有三种：一是减轻、缓和贫困的程度，重点是减缓贫困的程度；二是减少贫困的因素，强调反贫困的过程，重点是减少贫困人口的数量；三是消灭贫困，反贫困的终极目标是消除贫困。值得一提的是，在我国反贫困一直用“扶贫”来表示，具体是指反贫困的具体行为过程，通过一系列的帮扶措施，促进贫困地区的经济发展，提高贫困人口的收入。

20世纪80年代提出的社会资本，到90年代后期一些发展经济学家受到新制度经济学、福利经济学（诺斯、斯蒂格利茨、阿玛蒂亚·森和奥尔森等为代表）的理论影响，研究社会网络、社区参与和信任等形式的社会资本在经济发展和缓解贫困方面的重要作用。美国经济学家伍考克是第一个把社会资本同贫困、落后地区的经济社会发展相联系的，认为一个国家（或地区）的社会资本越多，对贫困和经济脆弱的抵抗能力越强①。世界银行的一系列研究报告也指出，社会资本在地区反贫困中具有极大的影响，明确提出“支持穷人积累社会资本作为反贫困的重要行动之一”②。越来越多的研究表明，政府的作用有限，鼓励和支持贫困人口通过各种非正式网络组织的参与和运作，依靠相互间的信任与合作，实现自助进而带动自身收入的增加。以家庭为例，一个家庭拥有的资产有三类：物质资本、人力资本和社会资本。家庭关系体现了收入和消费共享的作用机制，一个家庭拥有的资产越多，陷入贫困的可能性就越小。如果一个家庭拥有较少的社会资本，就会阻碍家庭人力资本和物质资本的形成和积累，阻碍家庭摆脱贫困。社会资本实质上是一种支持关系网，通过信任、互惠、合作等的作用，减少交易成本，防范和化解风险。对于贫困者而言，社会资本可以帮助其减少获取资源的成本，具有一定的社会保障功能。

---

① ［美］迈克尔·伍考克．社会资本与经济发展：一个理论综合与政策构架［A］．郗卫东，李惠斌，杨雪冬译．社会资本与社会发展［C］．北京：社会科学文献出版社，2000：240－302.

② 世界银行．2000/2001年世界发展报告：与贫困作斗争［M］．北京：中国财政经济出版社，2001.

第三节　三维资本与反贫困

本部分主要从三维资本视角认知反贫困：首先从资本演进、三维资本空间以及相互作用关系展开三维资本的论述；其次从三维资本与反贫困的作用路径图展开；最后给出本书对三维资本与反贫困的理解。

一、三维资本：物质资本、人力资本与社会资本

科尔曼（1988）提出，每个人从一出生就拥有了三种资本：一是人力资本，由于遗传天赋而形成的；二是物质资本，由于先天的条件拥有的，如土地、货币构成的物质资本；三是社会资本，由人所处的社会环境所构成的。社会资本与人力资本、物质资本一起表现为资本的三种形态。其中，物质资本是有形的，存在于看得见的物质之中；人力资本是无形的，依附于人本身，存在于个人拥有的技能、知识、健康中；社会资本与人力资本一样，也是无形的，存在于人与人之间的关系网络之中，它不依附于独立的个人，也不依附于物质生产过程之中①。

社会资本虽不像物质资本那样依附于一定的物质，也不像人力资本那样依附于具体的载体（人），但社会资本的确存在，存在于一定的社会网络之中（帕特南，1993）。福山（1995）也曾经指出，存在着三种资本：经济资本、人的资本和社会资本。经济资本即物质资本，人的资本即人力资本。奥斯特罗姆（1999）也认为，社会资本是自然资本、物质资本和人力资本的必要补充，但他也认为，继续使用自然资本概念会使研究无法开展，从某种程度上说，自然资本包含在物质资本和社会资本之中。可见，除了物质资本和人力资本外，经济活动者拥有的社会关系资源也可以纳入经济活动中，作为另一种类型的资本而发挥作用（卜长莉等，2001）。顾慈阳（2004）、顾慈阳和郑丕谔（2005）提出三维资本空间理论，由物质资本、人力资本和社会资

① ［美］詹姆斯·S. 科尔曼. 社会理论的基础：上/下［M］. 邓方译. 北京：社会科学文献出版社，1999：30－31.

本组成。在资本投入的过程中，三者缺一不可。本书遵循资本演进的规律，从物质资本、人力资本再到社会资本，探讨三维资本空间理论。

（一）物质资本、人力资本与社会资本的比较

以经济增长为例，古典经济学家将物质资本和劳动作为主要的投入要素，其中劳动可以看作是人力资本。费雪（Irving Fisher）、舒尔茨（Schultz）、贝克尔（Becker）、丹尼森（Denison）和明瑟（Jacob Mincer）等经济学家从不同视角提出人力资本理论，罗默（Romer）、卢卡斯（Lucas）、斯宾塞（Michael Spence）等经济学家将人力资本纳入经济增长理论，丰富和完善了人力资本理论。随着研究的不断深入，人与人之间的合作组织关系以及各种社会群体之间的交往变得更加重要，社会资本的提出丰富和深化了人力资本理论，进一步提高物质资本和人力资本的投资收益。

物质资本是经济增长和发展的必要物质基础和条件，基础设施和公用事业的物质资本形态如道路、桥梁、卫生设备、通信等，提高了人们的生产和生活福利。与其他资本相比，物质资本是基础，人力资本和社会资本必须依附于一定的物质资本，才能发挥高效率的生产和资源优势。另外，物质资本与人力资本呈现一定的替代性，表现为高资本密集或高劳动力密集的特征。

贝克尔（Becker）认为，人力资本不仅体现为才干、知识和技能，而且与时间、健康和寿命有关。人力资本的特性表现为[①]：（1）人格化的资本，体现为人的能力与素质，与人不可分割；（2）人力资本生产率取决于人的努力程度，需要适当的激励，这是与物质资本最大的区别；（3）人力资本的价值由各项人力资本投资的开支构成，除了计算实际费用支出，还须计算“机会成本”[②]（人力资本投资主要的成本）；（4）人力资本可以通过后天投资获取，进而对生产率和收益产生影响，可以考虑采用物质资本的投资收益分析方法，这一点与社会资本很相似。

奥斯特罗姆（1999）曾提出，社会资本与物质资本的区别表现在：（1）社会资本不会因为使用而枯竭，但会因为不使用而消失；（2）社会资本难以观察和度量，这点与人力资本有些相似；（3）社会资本难以通过外部干预而形

---

① 李守身，黄永强．贝克尔人力资本理论及其现实意义［J］．江淮论坛，2001（5）：28－35.

② 这里的机会成本，又称为影子成本，放弃收入。如果某人在校学习接受教育或者在企业接受培训，就没有额外的时间从事商品或劳务的生产，由此失去的收入。

成，这一点与物质资本和人力资本不同；（4）全国和区域性的政府机构强烈影响着个人追求社会资本的类型和范围，这一点与人力资本也有些相似。杨雪冬（2000）曾指出，物质资本、人力资本与社会资本三者具有一定的共同点：都是通过积累而形成的，存在一定的规模效应；需要不断更新；具有一定的生产性。但是，三者之间也存在一定的差异性。

（二）三维资本空间

顾慈阳（2004）首次提出三维资本空间理论，将资本空间划分为物质资本（MC）、人力资本（HC）和社会资本（SC），空间中的任何一点总资本I为三维资本的函数，表示为：$I=f(MC,HC,SC)$。而且，物质资本、人力资本和社会资本三者之间相互成正相关关系，在一定条件下能够相互转化。

三维资本模型如图1-1所示。三维资本之间可以相互转化，这里以物质资本和人力资本、人力资本和社会资本以及三维资本的自循环为例进行简单说明。

（1）物质资本和人力资本的转化。人力资本的积累需要一定的教育、培训支出，需要由物质资本提供；物质资本的积累需要通过劳动来获取，而劳动是由人力资本提供的，二者是不可分割的。

（2）人力资本和社会资本的转化。某个人的人力资本向社会资本转化过程，本质上是个人声誉和社会影响力的不断增进过程，主要通过业绩的创造、职位的晋升、学历的上升、社交活动的扩大等，从而丰富其自身的社会资本，这个过程中社会资本往往作为其副产品出现。同时，社会资本转化为人力资本的形式也很多，家庭会直接影响下一代在社交中的观念和能力，家庭环境、社会环境也会影响人力资本的创造。

（3）三维资本自循环。物质资本自循环是一种螺旋式循环，即在循环中不断地提高和扩展。人类社会的发展过程就是物质资本的不断积累过程。人力资本自循环，就个体而言，知识的积累是伴随着年龄的增加和阅历的丰富而不断提高的，人力资本逐渐积累和提高在于自身。社会资本自循环，就个体而言，是建立在以个体为中心的一个良好的社会关系网络上，随着时间的推移，社会关系网络得以扩展和延伸，从而将可能获取更多的社会资本。

（4）开放的资本空间。任何事物的运行都要依赖于一定的外界环境，三维资本亦不例外。物质资本匮乏、人力资本和社会资本缺失导致的贫困代际传递就是例证。

从三维资本的路径关系图可以看出，顾慈阳（2004，2005）认为，三种资本之间可以相互转化，呈现平行的关系，并且自身有着自循环过程。那么，三种资本之间的转化过程中，社会资本究竟以何种角色进行推演？是配角还是主角？如果是配角，社会资本对人力资本、物质资本的作用又是怎样的？

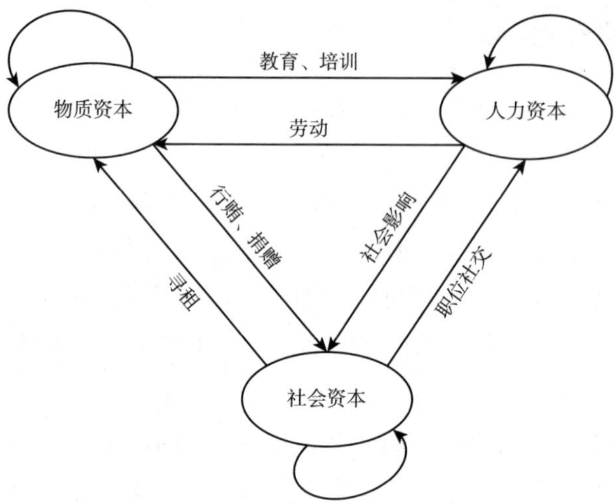

图1-1　三维资本空间模型

资料来源：顾慈阳．社会资本理论及其应用研究［D］．天津大学，2004.

（三）社会资本对物质资本、人力资本的作用

这里重点讨论社会资本对物质资本和人力资本的影响。经济学家伍考克认为社会资本仅仅是物质资本、人力资本发挥作用的助推器。以经济增长为例，李孔岳（2008）指出，社会资本不仅可以提高物质资本的配置效率，而且可以协调各种人力资本，促使人力资本产生合作效应，进而促进经济增长。

1. 社会资本对人力资本的作用

首次谈社会资本对人力资本影响的当属科尔曼（Coleman，1988），他将社会资本看作是与物质资本和人力资本平行的概念，镶嵌在人们之间的关系中。他主要使用这个概念对家庭内部和家庭之外的社区在支持人力资本形成方面的社会资本效应进行检验，结果发现社会资本供给对人力资本形成是有影响的，可以降低高中辍学率。由此可见，社会资本通过独特的个体便利了人力资本的积累。项保华和刘丽珍（2007）提出了社会资本与人力资本的转

化机制模型，并在此基础上分析社会资本对人力资本的整合效应。在微观层面上，社会资本对人力资本起到提升和催化作用，提高人力资本的总体收益。

2. 社会资本对物质资本的作用

第一，社会资本为物质资本的获取提供渠道。社会关系网络越广泛，信任越发达的地区，个体获取物质资本的渠道更加畅通，这里的物质资本指的是货币资本。第二，社会资本为物质资本的增加提供机会。家庭或企业的社会关系越多，越能够为家庭或企业的资金需求（或投资的增加）提供机会，节约交易成本和时间。第三，社会资本为物质资本的交易提供平台。家庭或企业的社会关系网规模越大，越能够为物质资本的交易提供更大的机会和平台，尤其是信任能够节约交易成本，增大交易发生的可能性。这里的物质资本指的是有形的物质资源和货币资本。

二、三维资本与反贫困的效应分析

（一）三维资本与反贫困的直接效应

1. 物质资本与反贫困

物质资本是指个人拥有的物质资源禀赋，通过改善贫困者的物质资本状况来缓解贫困，其理论基础是“经济增长能有效减少贫困”。纳克斯的“贫困恶性循环”理论、纳尔逊的“低水平平衡陷阱”、缪尔达尔的“累积性贫困”等，对贫困问题进行了经济学的理论解释，认为发展中国家的经济增长常常伴随着收入不平等的恶化，减弱经济增长的减贫效果。另一部分学者认为，随着经济的增长，通过涓流机制和扩散机制，贫困群体的收入会逐渐提高，减少绝对贫困人口，但由于贫困群体从经济增长中的间接获益小于富裕群体，相对贫困人口会增加。

结合相关的理论观点我们发现，经济增长虽然能够为贫困减少提供必要的物质基础，但贫困者的物质资本状况在实际中更能发挥减贫效应。也就是说，在经济增长的背景下，个人收入状况要受到初始要素禀赋的约束。第一，在经济增长的过程中，个人或家庭的初始要素禀赋越低，在收入分配中越处于弱势地位，难以获得经济增长的成果，从而使个人收入状况的改善受到抑制甚至恶化。第二，个人收入状况能够影响投资收益。个人收入状况越差，抵御风险的能力越弱，贫困群体处于长期贫困的状况可能性越大。第三，父辈的收入水平能够影响子女的物质资本投资，进而影响其收入，使贫困呈现代际传递的特征。

2. 人力资本与反贫困

舒尔茨曾指出，“贫困国家的经济之所以落后，其根本原因不在于物质资本短缺，而在于人力资本的匮乏和自身对人力资本的过分轻视”①。因此，贫穷国家要把发展教育、增加健康投资等在内的人力资本发展战略放在重要位置，这是发展中国家摆脱贫困的重要选择。1979 年，舒尔茨在其《穷人的经济学》演说中提出三点：一是人力资本的提高是帮助穷人摆脱贫困的决定因素。反贫困的关键是人的作用，人口素质的提高才能改善穷人的福利，而不仅仅是能源、耕地等生产要素。二是教育的结果是人口素质的提高。贫困群体受教育水平越高，个体的素质水平越高。三是贫困人口一直想摆脱贫困，人力资本短缺是导致贫困的根源。明塞（Mincer）1957 年在其博士论文《人力资本投资与个人收入分配》中提出，个人收入差别与受教育水平密切相关，并提出了人力资本投资与个人收入分配的经济数学模型，结果发现：人力资本量越大，工资水平越高；人力资本投资越大，工资增长越陡峭。加里·贝克尔（Gary Becker）1964 年从人类行为的经济学分析方法出发，将微观经济分析方法用于人力资本投资分析，以劳动收入函数来确定劳动收入分配关系。

越来越多的学者认识到人力资本在反贫困中角色的重要性。已有研究表明，个体的人力资本状况能够影响其收入状况，人力资本差异是导致收入不平等的重要因素。贫困群体尤其如此，人力资本与反贫困的作用主要体现在以下几个方面②：

第一，受教育程度影响贫困群体的收入。受教育程度越高，贫困群体收入提高的可能性越大，反贫困效果越明显。卢卡斯认为，人力资本具有“内在效应”和“外在效应”。人力资本的内在效应是指人力资本具有“收入效

---

① ［美］西奥多·W·舒尔茨．论人力资本投资［M］．吴珠华等译．北京：北京经济学院出版社，1990：16.

② 详情参阅：刘畅．社会资本视角下家庭贫困成因及收入效应研究［D］．西南财经大学，2011．廖桂蓉．中国转型期城镇贫困居民的人力资本投资研究［D］．西南财经大学，2007．张友琴，肖日葵．人力资本投资的反贫困机理与途径［J］．中共福建省委党校学报，2008（11）．

应”。贫困群体的受教育程度越高，具有的智力、知识、能力、技能等知识存量就越多，有证据显示，个体受教育年限增加一年，今后工资增长一般为10%。可见，受教育程度的提高有助于降低贫困的发生率，起到反贫困的效果。人力资本的外在效应是指人力资本与其他资本和生产要素结合的能力，在既定的技术水平下，受教育程度越高，越能够有效配置资源，提高资源的使用效率，带来更多的经济收益。另外，受教育程度还能够改善贫困群体的健康状况、子女的受教育程度、提高劳动市场的双向选择概率、促进技术进步等，可以有效缓解贫困。

第二，健康状况影响反贫困的政策效果。贫困群体的健康状况越差，体力和精力不足，进而缩短工作时间，这些又会直接降低个体的生产效率，收入状况就会变差。而且，贫困群体的健康状况会影响寿命预期，从而降低个人投资教育的动机和储蓄的动机，进而影响收入和经济增长。

第三，人力资本为贫困群体收入的提高提供长久动力，有助于降低返贫率。人力资本是人自身的能力和素质，人力资本投资一旦实现，贫困群体就拥有人力资本，在劳动力市场上可以持续性地获取固定的收入，很少产生返贫现象。因此，应该加大对贫困群体的人力资本投资力度，提升就业能力，增加收入，促进人和社会的全面发展。

3. 社会资本与反贫困

伍考克（Woolcock，1997）提出一个地区或国家拥有的社会资本越多（紧密的社会网络和公民联系），面临贫困和经济脆弱时更有利。世界银行（2001）提出支持穷人积累社会资本作为反贫困的重要行动之一。格鲁特尔特和贝斯特纳尔 2001 年在其《社会资本在发展中的作用》曾指出，“对家庭和乡村的研究成果证明，以信任和社会关系纽带为特征的民间社会资本在减贫程度中发挥了重要作用，而政府社会资本则在消除绝对贫困方面起作用”，因此得出“一般来说，社会资本有助于降低个人和国家的贫困程度”的结论。①

具体而言，社会资本与反贫困的作用机制主要体现在以下几个方面：

第一，社会资本作为一种支持性的关系网络，可以减少交易成本，特别

---

① ［美］格鲁特尔特，贝斯特纳尔．社会资本在发展中的作用［M］．黄载曦，杜卓君等译．成都：西南财经大学出版社，2004.

是对于缺乏资源的贫困群体而言，具有一定的社会保障功能。对于贫困群体而言，社会资本可以减少获取资源的成本，主要通过正式和非正式的支持网络，如家庭、亲戚、朋友、社区、民间组织或者政府等建立的以信任和支持为基础的社会关系网络。

第二，社会关系网络为贫困者提供信息支持，降低获取信息的成本。对于贫困群体而言，由于缺乏必要的社会资源，受到社会排斥，如果非正式的社会关系以及社区、非政府组织等社会资本能够为贫困群体提供就业、创业、救助等信息，则可降低获取信息的成本，使贫困者早日摆脱贫穷。

第三，信任为贫困群体提供精神支持。以信任为表现形式的社会资本能够提高社会或团体的凝聚力，使社会成员更有责任感。对于贫困群体而言，有两种信任关系，一种是贫困者与家庭的信任，另一种是贫困者与社会的信任。贫困群体会因为自身条件的限制以及外部环境的压力，使其心理上和精神上存在一定的负担。家庭以及周围人的信任、理解和支持能够使贫困者走出心理阴影，早日摆脱贫困。

第四，互惠和规范等为贫困群体提供制度支持。一方面，以互惠和规范等形式的社会资本有助于贫困者形成制度性的自助保障，约束个人行为，从而克服搭便车与机会主义行为，通过成员之间的互相学习和支持，提高贫困群体的决策能力和抵御风险的能力。另一方面，这种形式的社会资本有助于贫困者与政府之间有效互动，提高贫困群体参与的主动性，政府的决策才能更有针对性、更有效果，贫困群体也能更快摆脱贫困。①

（二）三维资本与反贫困的间接效应

从上面三维资本与反贫困的直接效应可以看出，物质资本、人力资本和社会资本都能够减缓贫困，只是作用机制不同而已。但是，三维资本之间是否存在一定的相互作用，进而影响反贫困？这是本部分要分析的问题。

首先，物质资本与人力资本也可以相互影响，进而对反贫困产生间接效应。以家庭为例，家庭拥有的物质资本越多，也就意味着收入和财富越充裕，就会有更多的剩余资金进行人力资本投资，提高人力资本的水平。人力资本水平一旦提高，便可能产生更多的收益，物质资本的积累也就越多，从而提

① 本部分主要借鉴张勋．反贫困中的社会资本建设［J］．中国劳动，2008（6）：20－21.

高家庭的收入和生活水平。贫困家庭亦不例外，政府对贫困家庭的最低生活保障，能够为贫困者提供一定的物质资本，而且随着免费义务教育的实施，贫困家庭受教育水平将会得到提高，除了维持基本的生活开支以外，人力资本将给贫困家庭带来持续的收入来源，进一步提高物质资本水平，缓解贫困。

其次，社会资本与物质资本之间也存在一定的相互作用，进而对反贫困产生影响。仍以家庭为例，拥有一定社会关系的家庭，能够筹集到资金或者固定资产，从而帮助其创业，提高家庭收入。同时，拥有一定资金或资产的家庭，能够有一定的资金用于维持社会关系网络，从而扩大其社交范围，特别是对于贫困家庭而言，一定的社会关系网络能够帮助其就业或创业，从而实现反贫困的目的。

最后，社会资本与人力资本也存在相互作用，并不是独立的。对于贫困家庭来说，社会关系网络、信任、互惠等形式的社会资本，能够帮助其提高人力资本投资，从而给家庭带来持续的收入。人力资本投资的积累和扩大，也能够促进社会资本的累积，社会关系网络进一步扩大，可能有更多的机会提高家庭收入，摆脱贫困。

这三个命题将在后面的实证部分进行证明。

三、三维资本与反贫困路径

刘天伦（2010）曾指出，家庭社会资本分别影响家庭物质资本和家庭人力资本的投入，一方面，家庭社会资本能够降低融资成本，增加家庭物质资本投资额度，进而加大对人力资本的投资；另一方面，通过家庭社会资本的整合作用，可以实现等量的物质资本和人力资本投入，取得加倍的收入。任栋（2011）提出，当物质资本积累到一定程度，生存需求得到满足后，按照马斯洛的“需求层次理论”，就会有更高层次的精神需求，如人力资本和社会资本。物质资本的增加会加大对人力资本和社会资本的投入。同理，人力资本积累也会实现物质资本和社会资本的增加。人力资本的回报可以保证物质资本得到改善，提高个体的社会地位。而且，人力资本积累对物质资本的获取和社会资本的形成有一定的自发促进作用。黄玉娜（2011）提出，政府扶贫部门通过具体的物质资本、人力资本和社会资本反贫困政策投入，干预贫困家庭的资本建设，促进家庭的收入增加以缓解贫困。整个过程分为两个环节：投资和生产环节。反贫困，既要考虑家庭三维资本对反贫困的直接影响，还要考虑家庭社会资本对家庭物质资本和人力资本的影响。在此基础上，本书提出三维资本与反贫困的路径，如图 1 –2 所示。

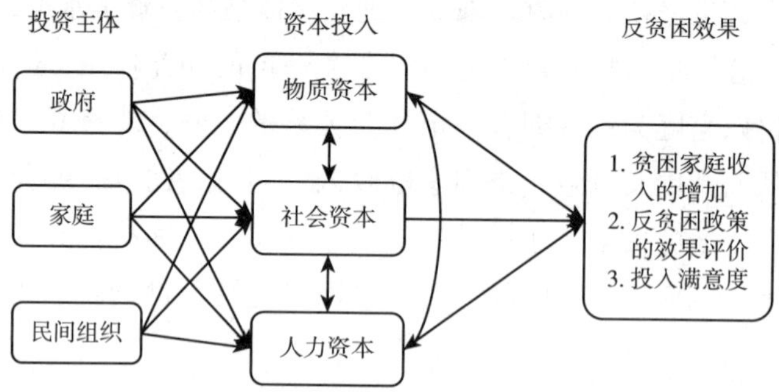

图 1 –2　三维资本与反贫困路径

从图 1 –2 可以看出，政府、家庭和民间组织作为投资主体，投入物质资本、人力资本和社会资本，最后实现贫困家庭收入的增加，投入满意度的改善，达到反贫困的政策效果。本书重点考察家庭对物质资本、人力资本和社会资本的投入，用家庭收入的增加来衡量减贫的效果。除了三维资本的直接反贫困效应之外，还有三维资本的交互作用对反贫困的间接效应。

第四节　精准扶贫相关文献综述

一、国内外研究

（一）国外研究综述

在国外，关于这方面的文献研究较少，一方面是由于国外一直从贫困和反贫困的角度研究这一问题，另一方面是因为精准扶贫的说法在国外提出的时间相对较晚，所以使用的研究方法和先进的理论成果也就较少。笔者在外文数据库中输入“Poverty alleviation”“Poverty alleviation mechanism”等关键词进行主题搜索时得到的论文数据很少，即使把搜索范围放大为“扶贫”和“扶贫机制”，发现在这一领域内国外专家学者对此的成果也较少。再把主题扩充为绩效指标体系的构建和评价研究方面的主要文献，能够找到相对应的就少之又少，大部分也都是中国学者发表的外文文章。外文文献当中，经过细致分类，大多从三个角度分析扶贫问题，分别是贫困与反贫困，如何进行瞄准性的扶贫，以及实行什么样的政策去扶贫，在他们的研究成果中，很多思想也包含精准扶贫的理念原理，但是对扶贫的关注大多还体现在对很多的扶贫经验的评价和总结、采用何种模式扶贫的商讨和构建怎样的机制扶贫等方面。

当今国际社会上，最具权威性和影响力的经济组织应该就数世界银行了，关注全世界的最为焦点的贫困问题。世界银行在《人力资本开发与减轻贫困》（1980 年）中提到当今世界贫困包含的问题主要有四个方面，即文化程度几乎为零、身体状况差、收入过低、营养供给严重不足。2000 年《与贫困作斗争》这一新的世界发展报告，从更深层、更新标准解释了新时代贫困的主要概念，“贫困不仅包括经济和身体的贫困不足，同时还包括当个人的风险承受能力不足和面临风险来临时的无知脆弱性，还有无法清楚表达自己的需要和缺乏影响自己或他人的影响力”。瑞典经济学家末达尔（Myrdal，1991），在研究阻碍东南亚某些国家主要经济发展的重要因素时，系统的从政治、社会、经济这三个方面分别阐述了当今发展中国家面对的严峻形势，应该首先从经济的方向进行改革，以转变目前的贫困现状，同时也提出相应的解决建议。在反贫困问题上，该学者也系统地对缪尔达尔所倡导的反贫困理论的构成贡献了自己的真知灼见，为反贫困的下一步研究提供另一种不同的视角。森（Sen，2001）美国著名的经济学家，在他的观点中，社会最重要的发展本质是以人为本，而且以人为本不仅包括人的身体健康状态、文化程度等方面。致使人口贫穷的主要原因是个人能力的严重缺乏与不足，最明显地体现在工资收入的低下。这种新的研究思路对不发达地区和国家的脱贫提供了的新的方法出路。

吴永辉（NG Wingfai，2000）认为乡镇才是实施扶贫政策最能看到有效的回馈的地方，要将最多的资源倾斜到乡镇和乡村，具有低成本高绩效的优势。扶贫瞄准方法包括需求评估法、体系瞄准法、自身瞄准法以及社区瞄准法四种。埃拉米雷斯（E Ramirez）、巴鲁阿（ME Barua）、冈萨雷斯（R Gonzalez，2014）等学者主要研究社区作为自给扶贫资源进行自力更生的自我扶贫途径的潜在能力，其作为支撑的理论工具则为资源优势论，最后的结果论证了进行社区扶贫的举措取得成功的原因在于市场为主导作用，其次是结合了共同理念。麦地那·穆尼兹（Medina Muñoz，2016）构建了一个旅游扶贫影响的实证研究框架，包括地理范围、分析层次、旅游环境、学习方法和贫困程度等方面。Yuheng Li、Baozhong Su、Yansui Liu（2017）对13个省份22个贫困县的2075户家庭进行了一项全国性调查，用翔实的数据和证据探讨有针对性的扶贫政策是怎么实施的，揭示了该政策的缺陷，如无法准确识别贫困，存在脱贫问题和被动扶贫等，并指出对政策改进的影响。

（二）国内研究综述

国内学者在这方面研究较多，同时方向也多样化，有从财政、旅游、政府、金融精准扶贫绩效等方面进行研究的，也有学者们从文化、政治、旅游、经济、社会、地缘、生态等进行研究。胡善平，杭琍（2017）的观点认为，应该从项目过程视角中构建涵盖绩效评估、资源投入量、过程精细管理等多要素在内的综合指标体系。构建一个完善的精准扶贫绩效指标体系，既有利于改善政府扶贫工作治理的有效性，又有利于整个社会呈现良性的流动以及维护社会的公平，从而推动工作进展的科学性和精密化。张琪烽（2017）以河南省Z县为例对河南省精准扶贫方式进行了细致研究，他指出对某个地方精准扶贫政策和方式的研究，必须结合其当地实际情况和执行效果来进行分析。地处豫西南的河南省Z县，以精准扶贫为导向，近年来结合当地的实际情况，采取多种措施，探求多种路径，形成产业精准扶贫、金融精准扶贫、文化精准扶贫、“互联网+”精准扶贫等多种方式，推动该县的精准扶贫工作。

指标体系的构建方法有很多种，但也要因地制宜地选择，当代我国对于设计方法的研究和实践也是不胜枚举。常见的有人工神经网络法、因子分析法、主成分分析法、成本效益法、得分排序法、功效系数法、模糊分析法等。在国内对于精准扶贫的综合评估办法大体上分为两大类，即定性测量和定量分析，李延（2016）用层次、主成分和聚类三种分析法，把系统和层次结构论与扶贫绩效的考核联系起来，更能全方位考察出整个工作成果的好坏。陈爱雪、刘艳（2018）在研究这一课题时采用层次分析法的设计评估方法，建立的精准扶贫绩效评价体系包括5个一级指标和15个二级指标，并逐层分析。魏名星、李名威（2017）等依据AHP层次分析法对选取的指标予以赋权，分别从精准识别、精准帮扶、精准管理3个维度，构建了扶贫绩效评价的指标体系。该指标的可操作性在河北省2016年度的扶贫绩效评价中予以了实证。田翠翠（2017）在管理熵和管理耗散结构理论的指导下，推导出基于管理熵的重庆高山纳凉村旅游精准扶贫绩效评价模型。

二、相关概念和理论基础

（一）相关概念

1. 贫困线的定义

贫困线的概念是以人均消费的大致水平为定义依据，在普遍意义上经济学理论认为，贫困主要是指在物质、社交和精神生活等方面处于一个落后的状态。国家统计局对此也下定一个论断：贫困就是指“出现经济上的困难，日常收入花费在维持生活上的经济水平达不到规定的最低的生活标准线的水平，缺乏最基本的生活保障和得到最紧急的服务需求。”在我国不同的经济发展阶段相应存在不同的贫困标准线，比如1986年的贫困线为206元，2000年的贫困线为865元，2008年的贫困线为1067元，2010年的贫困线为1196元，2011年的贫困线为2300元，2016年贫困线约为3000元，2017年的贫困线为3208元。所以，贫困线的标准是以收入是否能满足最基本的生活需要设定的，而低于这个线的群体就定义为贫困人口。

2. 精准扶贫的具体内涵

精准扶贫的含义从字面上理解就是精确地去扶持每一个贫困的人，具体实施到贫困县、贫困村、贫苦户，就要根据其不同的贫困原因、差异化的农户状况，运用最合理有效的科学方案对具体的贫困个人开展精确瞄准、定点帮扶，科学管理的方式方法。

“精准扶贫”的内涵是在不断深化的。2012年底习近平到河北考察时指出，不要用“手榴弹炸跳蚤”的方式开展扶贫工作，即不能大笼统地去实施扶贫政策。2013年10月，习近平在湘西视察时，第一次提出了“精准扶贫”概念，之后又具体到六个精准，即对象、资金使用、措施到位、项目安排、脱贫成效和因村派人都要精准。扶贫工作的内涵随着时代的发展也越丰富，实践性也越强。

3. 精准扶贫的工作机制

精准扶贫的工作机制包含以下三个要素：第一是精准识别。如何把贫困人口是谁通过一个有效的系统程序精准检测出来，是需要经过很多流程，层层筛选，才能确定最后的扶贫对象。第二是精准帮扶。完成上一步的识别工作后，就要确定帮扶小组，充分了解贫困人口的经济状况和现有的资源，采取一定的对策帮助贫苦人口脱贫。第三是精准管理。如何确保真实掌握每一个被帮扶人民的脱贫过程，需要应用科学有效的程序机制进行动态检测，实现扶贫对象有进有出，扶贫的信息真实可靠。

4. 精准扶贫绩效评价

扶贫绩效的好坏是整个扶贫过程的结果，也是扶贫工作最为关注的点，如何去评判是否真正脱贫，需要一个切实可行的评价体系和方法。这个评价体系是，运用一定的评价方法、量化指标及评价标准，在评价过程中，区分出优劣好坏，并评测出在所有因素中占比较大的某些因素，以便将人力物力资源向这一方向倾斜，再对所投入的预算以及得到的成果进行综合性测评的完整过程。

精准扶贫中精准评估要按照既定的扶贫目标，对扶贫工作从开始实施到后续影响进行全过程监测，根据实际监测到的数据，进行绩效评估，从而监督扶贫工作能否有效利用资源，并在规定的时间内达到精准扶贫的目标。我国扶贫工作机制实行国务院、省级、地市级、县级四级领导体制。精准扶贫工作具体实施由县乡两级政府完成。其中，贫困户识别主要采用农户申报、民主评议、公示监督和逐级审核的方式，要求公开、公平和公正。但由于扶贫信息从中央到地方，从基层政府到贫困户，中间存在着逐级的委托代理关系，再加上社会力量的多方参与，对信息认识的差异和信息传递过程中可能存在的失真、瞄准偏差、扶贫绩效不理想等问题。因此，精准扶贫绩效评估指标体系是精准扶贫监测与评估体系的重心。

（二）理论基础

1. 资源配置理论

资源配置即在一定的范围内，社会对其所拥有的各种资源在其不同用途之间分配。资源配置是指由于资源具有其特有的稀缺性，决定了在社会运行中能够以一个最优的方式把资源配置到最需要的地方，充分发挥资源的重要性，实现最好的产出，最优的投入产出模型。在精准扶贫工作推进中，各种扶贫政策、资金、人才等资源如果都能投入到最需要的贫困地区，那么扶贫绩效则会明显改善。

2. 可持续发展理论

可持续发展即为整个生态社会依靠现有的资源能够源源不断地向前发展，根据现在的扶贫脱贫的政策和实践，可持续发展也将成为脱贫工作中一项重要的评价标准。可持续发展与精准扶贫相互结合，其效果可以从经济发展和生态循环的角度体现出来，短期内的脱贫不能算可持续发展的扶贫，要为贫困地区创造出一种可供其持续性脱贫致富的方法和途径，才能实现贫困地区的人口和生态的健康发展。

3. 乡村振兴理论

中国乡村的发展关系到国民福祉，在脱贫问题上，乡村人口的致富与否，也是检验脱贫效果的最有利的一项指标。乡村形态的多元化，决定了实行乡村振兴战略精准扶贫实践，为乡村振兴战略实施提供了理论思维和实践经验。

第二部分

家庭社会资本测度

第二章　家庭社会资本测量之调查方案设计

社会资本是人与人之间的关系和社会关系网络中产生的信任、互惠规范的准则，能够给投资主体带来一定收益的社会资源。社会资本作为一种资本形态，具有一定的“资本性”和“社会性”。虽然本书给出了社会资本的定义，但是如何测度社会资本仍然是研究重点，亦是研究的难点。社会资本构成要素的无形性和多样性，不同层面的社会资本产生机制的来源不同，社会资本结果的多样性和不确定性等，导致社会资本测度较为困难。总的来说，目前社会资本测度存在三个问题①：一是社会资本概念和测度难以统一；二是不能依靠单一的指标来测度社会资本；三是社会资本的时间和空间差异性。由于社会资本难以用一个综合性的指标来概括，本书尝试构建家庭社会资本测量的调查问卷，探索一种测量贫困家庭社会资本的调查方法。

为了全面考察不同经济发展水平地区的城市和农村贫困家庭的社会资本存量情况，以及政府反贫困政策对贫困家庭和社区的投入—产出效果，我们展开了一系列调查方案和问卷设计研究。由于社会资本难以用一个综合性的概念或指标来表示，因此问卷设计的一个核心是围绕贫困家庭社会资本测量展开，这也是本章要说明的重心。

第一节　调查方案的设计

调研的主题是围绕贫困家庭的物质资本、人力资本和社会资本存量，以及政府反贫困投入、家庭特征等方面。调研的目的是了解贫困家庭的资本存

① 李六．社会资本：形成机制与作用机制研究［D］．复旦大学，2010.

量情况，以及社会资本对居民家庭收入的影响，及时跟踪政府反贫困投入的实施效果。调查将从家庭特征变量、政府投入变量、家庭的社会资本状况、家庭的社会资本培育和利用程度，以及个人经济地位的评估五个方面进行。

本次调查，既要反映不同地区贫困家庭的共性，又要反映城乡贫困家庭的差异，囿于调查时间和经费的约束，因此调查方式选择典型调查和随机抽样相结合。课题组从南到北选取了6省区3市7县作为典型调研地区，在当地政府和扶贫办人员的推荐下选择了东部、中部、西部地区的国家级贫困县、企业改制下岗集中城区和老工业基地城区，选取一些有代表性的典型社区和村庄（见表2－1），采取随机抽样的方式选择贫困家庭，面对面的问卷调查获取原始数据，以期对全国贫困地区的家庭社会资本存量、政府反贫困投入进行了解。

一、调查方式的选择

典型调查是根据调查目的和要求，在对调查对象进行初步分析的基础上，有意识地选取少数具有代表性的典型单位，进行深入细致地调查研究，借以认识同类事物的发展变化规律及本质的一种非全面调查。该种调查法较为细致，适用于对新情况、新问题的调研。使用典型调查法时须注意所选的对象要具有代表性，能够集中地有力地体现问题和情况的主要方面。典型调查法具有省时、省力的优点，但也有不够准确的缺点。典型调查一般用于调查样本太大，而调查者又对总体情况比较了解，同时又能比较准确地选择有代表性对象的情况。

典型调查的代表性主要体现在三个方面：第一，基于典型地区的调查。由于贫困地区既存在一定的共性，也存在一定的个性差异。因此，分别选取了东、中、西部地区的贫困县或贫困群体集中的地区。第二，基于典型社区和村庄的调查。城市和乡村由于生存环境、资源等的条件差异，使得城乡贫困存在一定的特殊性，由此选择了典型的城市社区和村庄分别作为调查对象。第三，基于典型特征的调查。由于贫困家庭的贫困成因不同，调研地区选取有贫困县、老工业城市区、城乡统筹国家级实验区、结构调整和下岗失业集中区等。

随机抽样是一种抽样调查方法。抽样调查是一种非全面调查，它是从全部调查研究对象中，抽选一部分单位进行调查，并据以对全部调查研究对象作出估计和推断的一种调查方法。显然，抽样调查虽然是非全面调查，但它的目的却在于取得反映总体情况的信息资料，因而也可起到全面调查的作用。由于贫困家庭具有一定的共性，因此本书在典型调查的基础上，随机选取贫困家庭作为样本，采用问卷调查的方法对贫困家庭的资本存量概况等进行调查，掌握贫困家庭的资本存量以及政府反贫困投入等。因此样本相对来说具有一定的代表性，能够对总体作出推断。

二、调研地区的选取

调研分别于 2009 年 8 月和 2010 年 7 月进行，共走访全国东部、中部和西部 6 个省份 10 个县市千余户家庭。本次调查共收集到问卷 1085 份，其中有效问卷 985 份，农村地区 18 个村庄共 516 份问卷，城市地区有 13 个社区共 469 份问卷。调研地区的城乡分布如表 2－1 所示。

表 2－1　调查地区的城乡统计　单位：个

调研地区	典型性	农村	城市	小计
黑龙江省拜泉县远见村、建国村、永宁村	国家级扶贫县、纯农业县	107		107
黑龙江省哈尔滨市道内区工程小区社区、友谊社区，道外区大观园社区、北市场社区等	东北老工业城市区		101	101
山东省莱阳市谭格庄镇娄里村、鹤山泊村	国家级扶贫县	60		60
河南省开封市兰考县胡寨村	国家级扶贫县	25		25
内蒙古自治区和林格尔县贺家三十号村、南夭子村、台格斗村、盛春花园社区	国家级扶贫县、干旱缺水地区	110	31	141
云南省金平县仙人洞小区、元阳县新安居委会	国家级扶贫县		66	66
云南省金水河镇白石岩村、八家二村，曲靖市马街镇乌湾新寨村，元阳县南沙镇菱角塘村	国家级扶贫县	110		110
四川成都市青羊区文翁社区、武侯区大石路社区、金牛区育苗路社区、金牛区群星路社区、锦江区东怡社区	城乡统筹 国家级实验区		156	156
四川南充市顺庆区学院街社区、花园坝社区、合众街社区	结构调整和下岗失业集中区		115	115
四川南充市仪陇县红庙村、柳树店村、张爷庙村	国家级扶贫县、革命老区	104		104
合计		516	469	985

第二节　问卷的设计

根据问卷设计的需要，主要说明问卷设计的理论基础，问卷设计的过程和遇到的问题，问卷设计的项目，问卷的预调查等内容。

一、问卷设计的理论基础

问卷的正文一般包括调查的内容、被调查者的基本情况和编码三个部分。调查的内容是问卷的主体和核心，将所要调查的内容转化为精心设计的问题和答案，按逻辑顺序排列在问卷中，包括调查的问题和备选答案等，也是问卷设计的重心所在。本部分主要说明问卷设计的理论基础，问卷调查项目和调查内容的确定。

本书的问卷设计是建立在社会资本测度理论、发展经济学中的反贫困理论的基础之上，对贫困家庭的社会资本存量情况、家庭对社会资本的培育（投资）情况、家庭的收入支出情况、家庭的金融状况、政府扶贫投入—产出情况、家庭的特征等方面进行较为客观的测度。进而提出理论假设，即对主题“因素”或“概念”之间的关系进行推测性判断，也就是将所有能想到的假设，以清楚的文字表述出来：社会资本是否发挥了“穷人的资本”的作用？社会资本对贫困家庭的居民收入是否有显著的促进作用？政府反贫困政策投入是否达到一定的实施效果？政府的社会资本投入是否能够促进贫困家庭收入的增加？

综合文献资料，建立以下假设：（1）社会资本是贫困家庭居民收入的递增函数；（2）不同的政府社会资本投入，贫困家庭收入的增加也不同；（3）政府反贫困政策投入不同，反贫困效果也不同；（4）不同社会资本存量的家庭，对社会资本投资的情况也不同；（5）贫困家庭收入的满意度不同，对社会资本的投资也不同。根据假设中涉及的基本“因素”或“概念”的确切含义，提出相应的测量指标，将定性的概念定量化，即将“社会资本”“家庭收入”“政府反贫困投入—产出”“社会资本投资”等概念具体化为测量指标。这里要注意的是，问卷中的操作定义一定要有操作性，即指标要明确、客观。

随着越来越多的学者将社会资本构成要素进行量化，本书也尝试将社会资本概念转化为定量的操作性指标。林南、边燕杰、波特等认为，社会关系网络主要包含网络规模、网络水平、网络差异、网顶等。其中，网络规模就是网络成员的个数；网络水平就是网络成员在社会中的地位，可以用社会职业声望得分来反映；网络差异表示网络成员可以获取不同资源的职业个数；网顶就是关系网络的最高点，可以用网络成员的最高声望得分来测量，见图2－1。

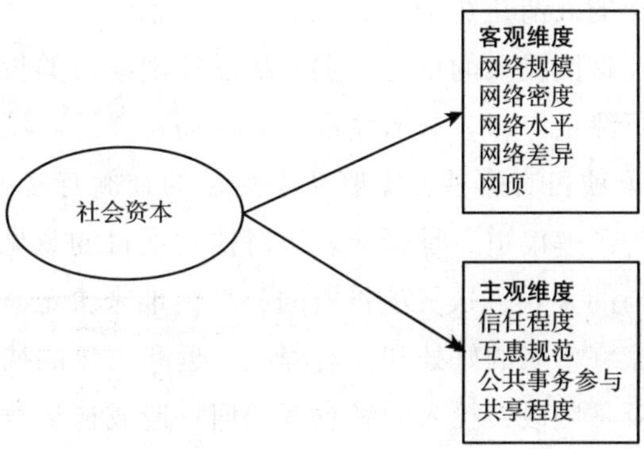

图2－1　社会资本测量

二、问卷调查项目的确定

首先，社会资本概念的量化。具体到贫困家庭而言，家庭的社会关系网络可以表现为五个方面：(1) 网络规模。家庭平时主要交往并可能给家庭带来收益的关系人的数量。(2) 网络密度。在过去的一年中，与直系亲属、好友同事、领导干部等联系的频率。(3) 网络水平。家庭交往的人中所拥有职业的社会声望平均得分。(4) 网络差异。家庭交往的人拥有的职业可能有几个。(5) 网顶。家庭交往的各类人群中所拥有的最高职业声望的得分。

认知型社会资本主要包括信任程度、互惠规范、公共事务参与和共享程度等。具体来说：(1) 信任程度。是否有过上当受骗的经历，做生意会选择怎样的合作方式，对亲朋好友、邻居、领导、同事、战友、陌生人等的信任程度打分。(2) 互惠规范。是否参加过互助组织、是否会和别家互相帮助。(3) 公共事务参与。对公共事务的关心程度、对干部选举投票情况、对公共事务决策提出意见情况、是否想参与社区公共事务等。④共享程度。平时或节假日是否会和他人或邻居分享自己做的食品，是否会和他人分享有关教育、医疗、住房、求职、保险等方面的信息和优惠政策，一般和谁分享等。

因此，家庭社会资本测量可以量化为上述问题进行。那么，家庭对社会资本的培育情况是否会影响家庭的社会资本存量，这就需要对社会资本的投资进行量化。对社会资本的培育和利用程度的测量指标有很多，一般都是采取积极主动的方式，和消息灵通的人保持联系、主动扩展关系网络、遇到大事请人帮忙、一年的人情花费等几个方面进行量化。

其次，政府反贫困投入的量化。主要从反贫困政策的投入、过程、产出等几个方面来进行测量：（1）投入情况，具体而言，针对城市和农村贫困家庭，国家扶贫政策项目有哪些？家庭从中受益的金额有多少？（2）过程情况。对扶贫项目的了解渠道、是否会表达对扶贫项目的意见、是否得到过扶贫项目资助、参与的方式、扶贫项目资助类型由谁来决定。（3）产出效果。国家扶贫政策给家庭带来的好处和受益程度，近两三年的扶贫效果与以往有何不同？对政府反贫困政策投入的满意度如何？造成扶贫效果不同的两个主要原因是什么？（4）贫困原因和最想得到的扶贫项目。导致家庭贫困的原因有哪些？如果今后还有扶贫项目，最想得到的扶贫项目和形式支持的是什么？

最后，本书的调查对象主要从贫困家庭成员的基本情况、家中务工者的情况、家庭情况、家庭经济地位的自我评价等方面进行了解：（1）家庭成员基本信息。调查者的性别、年龄、民族、政治面貌、健康状况、职业、工作年限、是否常住居民、文化程度、治病和保健的花费。（2）家中务工者的基本情况。所属单位的性质、工作地点、月收入、寻找工作的途径和花费、亲朋好友帮忙介绍工作情况。（3）家庭情况。父母亲的职业和文化程度、父辈的行政职务，家庭收入的来源（务工收入、经商等收入、财产性收入、政府救济、社会捐款救助等），家庭资产情况（住房面积、家庭金融资产、交通工具类），家庭一年总支出（日常支出、食物支出），是否有电话、电视、电脑、手机等，家庭欠款数额、申请贷款的难易度、银行贷款用途等。（4）家庭经济地位的评价。收入状况的满意度、收入改善程度、未来几年的收入状况、家庭幸福程度。

在完成操作性定义之后，就要对其展开测量。根据调研的目的，我们的调查对象是贫困家庭，具有一定的同质性，那么，测量过程就是对同质总体中每个贫困家庭在各个异质属性上的差异进行观察和记录，为后续的分析打基础。测量过程包含三个要素：测量客体、数字或符号、操作规则。测量客体就是调查对象贫困家庭，是各种异质属性的载体。本书虽然是以贫困家庭为调查对象，但测量的是家庭成员的特征、收入水平、社会资本存量情况、贫困状况、政府反贫困投入情况等，贫困家庭只是这些属性的载体。各种属性的差异需要用数字或符号来表示，如关系网络规模大小、联系的频率、信任的程度、公共事务的参与程度等，需要使用数字或符号进行记录。操作规则就是向不同属性表现分配数字或符号，一旦确定下来，只能用唯一的数字或符号来表示。

三、问卷的形成

在确定调查主题和调查对象之后，我们需要根据研究的内容确定所要调查的问题，进而获取信息。对于问题的设计要使受访者能够回答、愿意回答。从问卷调查项目和调研内容可知，按照调查的难易顺序，本书涉及五个方面：家庭的特征变量、政府反贫困投入、社会资本存量、社会资本培育和利用、家庭经济地位评估。那么，问题的确定就围绕这五个方面展开。

（一）家庭的特征变量

主要询问受访者的性别、年龄、职业、健康状况、工作年限、常住居民、家中务工者情况等。

以职业、寻找工作途径、家庭收入来源为例。

1. 您现在的职业是（ ）。

（1）无业；（2）保姆、计时工；（3）务农；（4）产业工人[①]；（5）营销员；（6）服务员；（7）个体户；（8）厨师；（9）司机；（10）经济业务人员[②]；（11）村干部；（12）护士；（13）医生；（14）警察；（15）中小学教师；（16）政府机关办事员；（17）金融机构工作人员；（18）企事业单位；（19）法律工作人员；（20）政府机关负责人；（21）大学教师；（22）科学

① 产业工人包括企业电工、建筑工人、矿工、纺织工、车工、搬运工等。

② 经济业务人员是指从事经济计划、统计、财会、审计、国际商务等业务工作的专业人员，包括经济计划人员、统计人员、会计人员、审计人员、国际商务人员、其他经济业务人员。

研究人员；(23) 工程技术人员；(24) 在校学生；(25) 其他

2. 出外寻找工作的途径是（　）。

(1) 自己应聘；(2) 亲朋好友介绍；(3) 中介、媒体等；(4) 政府组织；(5) 其他

3. 去年您的家庭收入有（　）。

(1) 工资收入；(2) 经营性收入（经商等）；(3) 财产性收入（房租等）；(4) 政府扶贫救济收入；(5) 社会捐助收入；(6) 其他收入

（二）政府反贫困投入情况

主要围绕贫困家庭受益情况、参与方式、扶贫效果、扶贫意愿、贫困成因等方面展开。以扶贫参与方式、扶贫效果为例，如表2-2所示。

表2-2　扶贫参与方式和扶贫效果的测量题项及答案设计

测量变量	题项	备选答案
扶贫参与方式	您家得到过扶贫项目的资助吗	(1) 有；(2) 没有
	若有（接上一题），参与的方式有（可以多选）	(1) 投工投劳；(2) 参与项目选择；(3) 参与项目的管理和监督；(4) 其他
扶贫政策带来的好处	国家的扶贫政策都给您家带来了哪些好处（可多选）	(1) 直接增加了现金收入；(2) 减少了支出；(3) 解决了小孩上学困难；(4) 改善了住房条件；(5) 能够治病；(6) 提高了就业技能；(7) 扩大了人际交往关系；(8) 有更多的机会了解参与社区公共事务
最想得到的扶贫项目	如果今后还有扶贫项目，您最想得到哪方面的支持（按最想得到的顺序选择四项）	(1) 技术培训；(2) 卫生保健；(3) 医疗保险；(4) 参加社区公共事务、联络人际关系；(5) 社区职业介绍；(6) 提供就业机会；(7) 小额信贷；(8) 解决小孩上学困难问题；(9) 解决住房困难问题；(10) 直接发放生活救济金或实物；(11) 其他
贫困成因	您认为导致贫困的主要原因有哪些（可选择三项）	(1) 文化素质低；(2) 缺乏就业技能；(3) 缺乏劳力；(4) 缺乏信息，缺乏合作与信任，发展机会少；(5) 与别人的交往不够，没人帮助；(6) 下岗失业；(7) 政府扶持不够
扶贫效果	您认为近两三年来政府的扶贫效果与以往有什么不同	(1) 变差了；(2) 基本相同；(3) 有一定改善；(4) 有非常大的改善
扶贫投入满意度	您对政府反贫困政策的投入情况的满意度	(1) 很不满意；(2) 不太满意；(3) 一般；(4) 比较满意；(5) 非常满意

（三）家庭社会资本存量

主要从社会资本的构成要素：网络规模、网络密度、网络水平、网络差异、网顶、信任安全感、互助互惠、公共事务参与、共享等方面展开。前五个构成要素属于结构型社会资本，主要测量家庭的社会关系网络规模和密度；后四个构成要素属于认知型社会资本，主要测量家庭的主观认知程度，镶嵌在社会关系网络中。我们逐个分析社会资本的构成要素，这些要素构成了问卷的主体部分，如表 2－3 所示。

表 2－3　社会资本测量的题项及答案设计

测量变量	题项	备选答案
网络规模	您家平时主要交往并可能为您的家庭带来收益的关系人的交往数量分别为多少	（1）亲戚；（2）朋友；（3）邻居；（4）同乡；（5）同事；（6）同学；（7）战友；（8）领导；（9）陌生人；（10）其他
网络密度	在过去的一年中（包括过年拜年），与直系亲属、亲朋好友、领导干部的联系的次数	（1）几乎不联系（2 次以内）；（2）联系一般（3～9 次）；（3）经常联系（10 次及以上）
网络水平	您家交往范围内的人所拥有的职业社会声望平均得分	不同的职业列表见附录 2
网络差异	您家交往范围内的人所拥有的不同的职业有多少	
网顶	您家交往的人群中所拥有的最高职业为	
信任程度	评价您对以下关系人的信任程度（1～10 分，越信任，分数越高）	（1）亲戚；（2）朋友；（3）邻居；（4）同乡；（5）同事；（6）同学；（7）战友；（8）领导；（9）陌生人；（11）其他
互惠互助	您和您的家人是否参加过互助组织	（1）完全不参加；（2）很少参加；（3）大部分都参加；（4）每次都参加
	如果家里有事，你家和别家互相帮助吗	（1）从没；（2）偶尔；（3）经常

续表

测量变量	题项	备选答案
对公共事务的参与	您家现在对社区公共事务的关心程度是提高还是下降了	（1）有很大下降；（2）略微下降；（3）没什么变化；（4）有一定提高；（5）有很大提高
	对于社区的公共事务，您对待的态度是	（1）这些事情与我无关； （2）参与了也没用，反正是形式； （3）想参与，但是条件不允许； （4）应积极参与，这是大家共同决定的事情
	社区集体活动您参加过吗	（1）想参加但缺乏条件；（2）从不参加；（3）很少参加；（4）有时参加；（5）经常参加
	对于当地社区干部选举等活动，您是否参与投票	（1）想参与但条件不允许；（2）从不参与；（3）偶尔参与；（4）经常参与；（5）每次都参与
	当社区里事务做决策时，您家是否参与提出意见	
共享程度	如果您家得到了稍微稀罕点的东西，您家是否与其他人分享	（1）从不； （2）偶尔； （3）经常
	过节时您家是否会向邻居等人赠送自家做的食品	
	您家得知一些关于教育、医疗、保险、住房、求职等方面的优惠政策和信息，是否会和他人分享	

（四）家庭对社会资本培育情况

主要反映家庭对社会资本的投资，也反映对家庭社会资本存量的影响，如表2－4所示。

表2－4　　　　家庭对社会资本培育的测量题项及答案设计

测量变量	题项	备选答案
主动联系获取消息	您会主动和对各种消息比较灵通的人保持联系吗	（1）几乎不；（2）偶尔；（3）不清楚；（4）有时；（5）经常

续表

测量变量	题项	备选答案
主动扩展关系网	您会不会主动通过人员交际去扩展您的关系网	（1）不会； （2）不确定； （3）会
提前搞好关系	您是否会因为感觉以后可能会求助于某人，而提前与其搞好关系	
人情花费	您家一年中用于人情往来或者搞好关系的花费	
平时多交往的看法	亲朋好友或邻居之间平时应该多交往	（1）完全不同意；（2）不太同意；（3）不确定；（4）基本同意；（5）完全同意
互相帮助的看法	是否帮助别人，就看他是否帮助过我	

（五）家庭经济地位的评估

主要是调查家庭收入满意度、幸福感等的主观感受，问卷和答案设计如表2－5所示。

表2－5　家庭经济地位评估的测量题项及答案设计

测量变量	题项	备选答案
收入状况满意度	您对您目前的家庭收入状况满意吗	（1）很不满意；（2）不太满意；（3）一般；（4）比较满意；（5）非常满意
收入改善程度	你认为近几年来您家的收入有改善吗	（1）变得很差；（2）略有变差；（3）没变化；（4）有较大改善；（5）有很大改善
未来收入状况	你认为您家未来几年的收入状况如何	（1）减少很多（2）略微减少（3）保持不变（4）略有增加（5）增加很多
家庭幸福程度	请您给您家的幸福程度打分	最高10分，最低0分

四、测量评价方法与标准

一份理想的问卷既能反映研究对象的属性，又能在一定的条件下以最小的计量误差得到所需要的信息。因此，问卷设计完成之后，需通过信度和效度来评价问卷设计的质量。

（一）测量信度的评价

信度表明问卷调查结果的一致性、稳定性和可靠性。在进行正式的问卷调查之前，需要通过初测对相关变量的有效性进行分析，并依据分析结果对题项进行删除和修正（马庆国，2002），一般采用“稳定性”“等值性”“内部一致性”三个指标进行测量。本书主要针对测量项目的内部一致性，采用 Cronbach α 系数进行评价。多数学者认为，Cronbach α 达到 0.6 即可接受（黄芳铭，2005）。抽取 100 份样本进行预调查，测得社会资本变量的信度分析 α 系数为 0.711，政府反贫困投入的信度分析 α 系数为 0.77。可见，问卷设计整体来说是很可信的。

（二）测量效度的评价

效度是对问卷是否真正测量所要测量的调查对象，考察测量的有效程度。内容效度和结构效度是衡量测量效度的两个重要指标（李怀祖，2004）。测量效度越高，表明目标测量值的测量效果越好。

内容效度反映了每个题项是否具有代表性和综合性。本书采用了两种方法来控制问卷的内容效度。首先，社会资本测量的主客观维度和题项均是在参考相关研究的基础上，结合调查研究和调查对象的特殊性产生的。其次，邀请相关的专家、学者、政府工作人员共同评价问卷的内容效度和表达方式，得到最初的调查问卷，内容效度较高。

结构效度分为两种：收敛效度与区别效度。收敛效度是指相同概念里的项目，彼此之间相关度高。区别效度是指不同概念里的项目，彼此相关度低。

收敛效度可以剔除垃圾题项，提高测量题项的解释力度。区分效度是不同题项间的差异化程度，通过探索性因子分析方法，比较因子载荷来进行评价。

本书采用探索性因子分析方法来评价研究的结构效度。在此之前，先检验变量之间的相关性，如果变量之间不相关，则不具有进行探索性因子分析的前提条件（马庆国，2002）。变量之间的相关性检验方法主要有两种：一是 KMO 样本测量。所有变量的相关系数平方和与偏相关系数平方和之差就是 KMO 统计量，介于 0 和 1 之间。越接近于 1，说明测量效度越高，越适合做因子分析。KMO 低于 0.5，不适合进行因子分析；KMO 介于 0.5 到 0.6 之间，勉强进行因子分析；KMO 大于 0.9，适合进行因子分析。二是 Bartlett 球形检验。当卡方统计值的显著性水平小于 α 时，拒绝 H_0，表明数据的测量效度较好，适合进行因子分析。

第三节　探索性因子分析

一、社会资本公因子的效度分析

探索性因子分析，是用来找出多元观测变量的本质结构，从而进行降维的分析技术。

抽取 100 份样本作为探索性因子分析的对象。从社会资本测量的问卷设计过程可知，社会资本有多个要素构成，而且每个构成要素又有一系列测量指标相对应，尤其是互惠、公共事务参与和共享程度。对互惠、公共事务参与和共享三个社会资本构成要素进行探索性因子分析，对本书提出的问卷设计的效度进行进一步检验。对 10 个观测变量进行降维分析，采用主成分分析方法提取公因子。

KMO 统计量取值越大，表示变量间的共同因素越多，越适合进行因素分析。根据凯瑟（Kaiser，1974）的观点，如果 KMO 的值小于 0.5 时不适合进行因素分析。此处的 KMO 值为 0.52，可以进行因子分析。Bartlett 球形检验的卡方值为 131.299，是显著的，说明相关矩阵间有共同因素存在，适合做因子分析。

从表 2－6 至表 2－8 可知，通过因子分析一共提取出四个公因子。第一个公因子对应的变量主要是：是否分享物品、是否分享消息和过节赠送自家做的食品，命名为“共享”因子；第二个公因子对应的变量主要是：是否参与社区事务决策、干部选举参加情况，命名为“公共事务参与”因子；第三个公因子对应的变量主要是：社区集体活动参加情况、对公共事务的态度、对公共事务的关心程度，命名为“公共事务态度”因子；第四个对应的变量是：是否互相帮助和参加频率，命名为“互惠”因子。和前面问卷设计指标相一致，从因子载荷可以看出，几个因子对应的题项具有较好的收敛效度和区分效度，社会资本变量的信度分析 α 系数为 0.711，说明社会资本测量题项的设计是有效的。

表 2－6　　**共同度**

题项	Initial	Extraction
参加频率	1.000	0.531
是否互相帮助	1.000	0.655
对公共事务的关心程度	1.000	0.515
对公共事务的态度	1.000	0.692
社区集体活动参加情况	1.000	0.595
干部选举参加情况	1.000	0.670
是否参与社区事务决策	1.000	0.646
是否分享物品	1.000	0.803
过节赠送自家做的食品	1.000	0.631
是否分享消息	1.000	0.725

注：采用主成分分析法提取因子。

表 2－7　　**总方差分析**

成分	初始特征根			提取出来的 4 个因子			旋转过后的 4 个因子		
	总和	方差（%）	累积（%）	总和	方差（%）	累积（%）	总和	方差（%）	累积（%）
1	2.299	22.988	22.988	2.299	22.988	22.988	2.002	20.018	20.018
2	1.705	17.047	40.036	1.705	17.047	40.036	1.631	16.308	36.326
3	1.341	13.412	53.448	1.341	13.412	53.448	1.479	14.789	51.115
4	1.117	11.174	64.622	1.117	11.174	64.622	1.351	13.507	64.622
5	0.990	9.902	74.524						
6	0.823	8.234	82.758						
7	0.540	5.400	88.158						
8	0.534	5.344	93.502						
9	0.376	3.760	97.262						
10	0.274	2.738	100.000						

注：采用主成分分析法提取因子。

表 2-8　　旋转因子载荷矩阵

题项	Component			
	1	2	3	4
是否分享物品	0.872	-0.026	0.132	0.154
是否分享消息	0.811	0.196	0.027	-0.169
过节赠送自家做的食品	0.629	-0.201	-0.160	0.411
是否参与社区事务决策	0.005	0.772	0.021	-0.223
干部选举参加情况	0.025	0.721	0.295	0.250
社区集体活动参加情况	-0.063	0.150	0.752	0.049
对公共事务的态度	0.066	0.511	0.653	0.026
对公共事务的关心程度	0.290	0.278	0.593	-0.035
是否互相帮助	0.294	0.226	0.060	0.717
参加频率	-0.089	-0.152	-0.007	0.707

二、结构型和认知型社会资本公因子的效度分析

将上述几个因子对应的指标进行合并求平均数，得到共享、公共事务参与和互惠三个指标，和前面的网络规模、网络密度、网络水平、网络差异、网顶和信任六个指标相结合，进行第二步探索性因子分析，进一步验证社会资本的九个构成要素，为本书提出结构型和认知型社会资本的分类提供证据。

从表 2-9 检验可知，KMO 值和 Bartlett 球形检验结果适合进行因子分析。由表 2-10、表 2-11 和表 2-12 可知，因素分析共提取四个公因子，累积方差百分比达到 71.44%。第一个公因子对应的变量为：网络水平、网顶、网络密度，命名为“关系厚度”因子；第二个公因子对应的变量为：网络规模和网络差异，命名为“关系广度”因子；第三个公因子对应的变量为：互惠和共享，命名为“互惠共享”因子；第四个公因子对应的变量为：信任程度和公共事务参与，命名为“信任参与”因子。前两个公因子均与社会关系网络有关，表现较为客观，因此将其归为“结构型社会资本”；后两个公因子均与镶嵌在社会关系网络中的互惠、共享、信任、公共事务参与等有关，表现较为主观，将其归为“认知型社会资本”。从因子分析结果可以看出，提取出来的结构型和认知型社会资本因子具有较高的效度。

表 2－9 **KMO 和 Bartlett 检验**

Kaiser-Meyer-Olkin 抽样充分性度量		0.570
Bartlett 球形检验	近似卡方分布	149.723
	自由度	36.000
	显著性	0

表 3－10 **共同度**

题项	初始值	提取值
网络规模	1.000	0.807
网络密度	1.000	0.664
网络水平	1.000	0.752
网络差异	1.000	0.780
网顶	1.000	0.807
信任程度	1.000	0.813
互惠互助	1.000	0.683
公共事务参与	1.000	0.411
共享	1.000	0.712

注：采用主成分分析法提取因子。

表 2－11 **总方差分析**

成分	初始特征根			提取出来的 4 个因子			旋转过后的 4 个因子		
	总和	方差（%）	累积（%）	总和	方差（%）	累积（%）	总和	方差（%）	累积（%）
1	2.376	26.402	26.402	2.376	26.402	26.402	1.957	21.741	21.741
2	1.960	21.779	48.182	1.960	21.779	48.182	1.699	18.880	40.621
3	1.072	11.911	60.093	1.072	11.911	60.093	1.518	16.872	57.493
4	1.021	11.345	71.438	1.021	11.345	71.438	1.255	13.945	71.438
5	0.826	9.182	80.619						
6	0.600	6.669	87.288						
7	0.582	6.471	93.760						
8	0.339	3.763	97.523						
9	0.223	2.477	100.000						

注：采用主成分分析法提取因子。

表 2-12　旋转因子载荷矩阵

题项	Component			
	1	2	3	4
网络水平	0.845	0.147	-0.003	-0.131
网顶	0.794	0.340	-0.024	-0.245
网络密度	0.580	0.154	0.527	-0.162
网络规模	0.025	0.889	0.114	0.055
网络差异	0.222	0.853	0.007	0.058
互惠互助	-0.214	0.081	0.785	0.122
共享	0.408	0.019	0.704	0.221
信任程度	-0.089	0.116	-0.034	0.889
公共事务参与	-0.079	-0.017	0.338	0.539

本章小结

本章主要回顾了调查方案设计和问卷设计的过程，并进行了社会资本测量的探索性因子分析。首先，在调查方案设计的过程中，主要涉及调查方式和方法的选择、调查地区的选取两个方面，由于调研时间和调研经费的约束，采用典型调查和随机抽样相结合的调查方式。第一阶段采用典型调查，抽取典型贫困地区中典型社区和村庄；第二阶段是随机抽样调查，随机抽取典型社区和村庄的城乡贫困家庭；第三阶段以问卷调查的方式，入户面对面访问，对家庭社会资本存量以及政府反贫困投入情况展开调查，获取第一手的调研资料。

其次，在问卷设计方面，严格遵守问卷设计的理论基础，对问卷的假设、理论基础、问卷设计的项目、问卷的形成、测量评价方法与标准进行了较为细致的梳理，并对问卷进行了初测。

最后，对社会资本的三个公因子以及社会资本的九个构成要素进行探索性因子分析，结果显示本书提出的社会资本的九个构成要素、结构型和认知型社会资本的分类是合理的。整体上来说，本书设计的调研问卷是可信的，能够对家庭社会资本存量进行较为系统准确的刻画，为后面的社会资本测度分析以及社会资本对贫困家庭居民收入关系的研究打下坚实的基础。

第三章 家庭社会资本测量的方法选择与分析

本章尝试在问卷调查的基础上，构建家庭社会资本测度指标体系，对收集的数据进行处理与分析工作，寻找家庭社会资本测量的方法。首先，梳理了社会资本测度的一般框架体系，主要从社会资本测度方法和测度模型两个方面展开，为本书社会资本测度方法和测度模型的提出奠定了基础。其次，构建社会资本测度指标体系，从结构型和认知型社会资本的视角出发，分别构建地区、社区和家庭社会资本指标体系，给出本书的家庭社会资本测度指标体系，对测度框架和指标进行解读。最后，对社会资本测度指标体系和测度模型进行实证分析，采用因子分析方法合成社会资本综合指数、结构型和认知型社会资本指数，对典型社区和村庄的社会资本进行对比分析。在此基础上构建社会资本影响因素的测度模型，详细分析每个构成要素的影响因素，对贫困家庭社会资本进行较为清晰的解读。

第一节 社会资本测度的一般理论框架

一、社会资本测度方法

社会资本和人力资本一样，直接使用一个综合性的概念来测量是不可能的，实证研究中一般是寻找合适的替代指标来粗略测度社会资本。关于社会资本测度方法的探讨，归纳起来主要有四种方法：社会网络测度法、分层测度法、投入产出法、综合测度法。

（一）社会网络测度法

主要是对社会网络进行测度，可以从“整体网”和“个体中心网”两个视角研究。实际研究较多的是对个体中心网进行测度。测度方法有提名法、定位法和社会网络分析法。社会网络分析法又分为图论法、矩阵法、网络测度法、网络位置法、关系分析模型。① 这里简要说明提名法、位置生成法和网络测度法。“提名法”需要被调查者说出社会网络成员的姓名、个人特征、相互关系等，如“讨论网”“支持网”“春节拜年网”等，优点是考察较为详细，缺点是容易遗漏信息。“位置生成法”主要考察被调查者在社会网络中的位置所能获取的资源，设计出具体的量表或问题，进而描述提及的社会网络成员的特征。优点是操作简便，缺点是不能突出社会网络中的强弱关系。网络测度法主要是通过特定的指标对社会网络的结构特征和性质进行测度，主要有四个指标：网络规模、网络水平、网络差异和网顶，代表人物边燕杰、林南等。

（二）分层测度法

分层测度法，顾名思义就是对社会资本的不同层次采用不同的测度方法和测度指标的一种方法。克瑞奇纳和施拉德（A. Krishna and E. Shrader，1999）从家庭、社区和组织三个层次构建测量社会资本的指标，包括组织和网络特点、组织和网络的信任、团结程度、网络成员的集体行为、个体信息和交流、社会凝聚力、选举与社会政治等方面。赵延东（2006）对宏观社会资本测量时使用信任量表和参与量表，对微观社会资本测量使用社会关系网络的位置生成法。王朝明等（2009）从个体、集体和国家三个层次对社会资本测度方法进行分析。个体层次的社会资本测度方法分为直接测度方法和间接测度方法；集体层次的社会资本测度方法是基于个体社会资本测度方法，以社区和企业为例；国家层次的社会资本测度法通过构建嵌入社会资本的生产函数模型进行测度，国家社会资本是一种嵌入结构的观点，包括宏观社会环境（公民自由、民主参与、政府绩效、法治水平）、社会信任、规范、制

---

① 王朝明，孙蓉，聂富强．社会资本与城市贫困问题研究：一个理论框架及四川城市社区经验证据的检验［M］．成都：西南财经大学出版社，2009：104 - 114.

度和意识形态等社会资源。但是分层测度方法很难实现微观和宏观的统一，加总问题较难实现。

（三）投入/产出法

主要借鉴人力资本的测度方法，包括收入和成本测度法。收入—产出测度法是通过使用社会资本带来的未来收入流进行折现来测度社会资本的方法。由于未来收入流存在不确定性，此种方法不可取。成本（投入）测度法是通过社会资本使用过程中投入的成本来衡量社会资本的方法。格拉泽（Glaeser，2002）从经济学的视角探讨社会资本的投资和折旧问题，建立社会资本投资模型。跟格拉泽有些相似，顾慈阳（2004）将社会资本存量分为两个部分，一部分产生收入，另一部分产生更多的社会资本，然后建立模型求均衡解。经济学家伍考克认为，社会资本仅仅是物质资本、人力资本发挥作用的助推器，如何在行为主体所获得的经济收益中，分离出因社会资本发挥作用所产生的价值，难度极大。同时，采用投入法也仍然不能避免理清消费与投资项目，社会资本折旧率的确定也是其面临的最大问题。

（四）综合测度法

综合测度法是将一系列有代表性的社会资本指标，利用统计分析方法合成一个综合性的社会资本指数。帕特南（1995）在《独自打保龄球》一书中，从社区组织生活、公共事务的参与、社区志愿活动、非正式社交和信任5个方面14个指标刻画美国各州的社会资本综合指数，如表3－1所示。

表3－1　　综合社会资本指数的测度

综合社会资本指数的构成部分	与指数的相关系数
1. 社区组织生活方面的测度	
前一年在地方组织委员会中任职（%）	0.88
前一年担任一些社团或组织的官员（%）	0.83
每1000人中公民或社区的组织数目（个）	0.78
前一年社团会议平均出席人数（人）	0.78
团体全体成员平均数（人）	0.74
2. 参与公共事务方面的测度	
1988年和1992年总统选举出席率（%）	0.84

续表

综合社会资本指数的构成部分	与指数的相关系数
前一年市镇或学校事务的公共会议出席率（%）	0.77
3. 社区志愿者活动方面的测度	
每千人口中非营利组织的数量（个）	0.82
前一年在社区项目上花费的平均时间数（小时）	0.65
前一年志愿者工作的平均时间数（小时）	0.66
4. 非正式社会交际能力方面的测度	
同意“我花很多的时间拜访朋友”（人）	0.73
前一年家庭娱乐的平均时间数（小时）	0.67
5. 社会信任方面的测度	
同意“大部分人是可以信赖的”（人）	0.92
同意“大部分人是诚实的”（人）	0.84

资料来源：[美] 罗伯特·帕特南. 独自打保龄球：美国社区的衰落与复兴 [M]. 刘波译. 北京：北京大学出版社，2011：336－338.

奥尼克斯和布伦（Onyx & Bullen，2000）用36个指标来测度澳大利亚5个地区的社会资本，最后提取8个因子来代表社会资本：对社区的参与、信任与安全感、邻居间的关系、与朋友的联系等。萨巴提尼（Fabio Sabatini，2009）通过因子分析方法从五个不同维度的200个指标中提取社会资本指数，分别是强家庭关系（黏合社会资本）、弱非正式关系（桥接社会资本）、志愿者组织（连接社会资本）、积极的政治参与和公民意识。王燕（2007）、王朝明等（2009）、林燕（2010）也采用主成分分析法将反映结构型和认知型社会资本的8个变量提取主成分，得到家庭社会资本总量指标。朱蓓（2010）采用焦点小组讨论、隶属度分析法、P－P图检验、相关分析等方法，从社区信任、社区规范、社区网络三个方面的24个评价指标来测度社区社会资本。

综合测度法实质上是将社会资本的测度指标加总整合，整体考量社会资本，在实际应用中采用的较多。综合测度方法主要包括主成分分析法、层次分析模型、模糊综合评价模型、灰色关联度分析模型、人工神经网络模型等。[①]

---

① 王朝明，孙蓉，聂富强. 社会资本与城市贫困问题研究：一个理论框架及四川城市社区经验证据的检验 [M]. 成都：西南财经大学出版社，2009：121－124.

二、社会资本测度模型

社会资本测度模型主要是围绕社会资本的影响因素展开，在对社会资本进行量化的基础上，寻找影响社会资本投资的因素，为社会资本投资理论奠定基础。代表人物有：保罗·怀特利（2000）和爱德华·格拉泽（2002）。一种测度模型是将社会资本作为因变量，影响因素作为自变量，另一种是构造目标函数和约束条件，将社会资本带来的收益最大化为目标，受到社会资本折旧的约束。

（一）社会资本测度回归模型

保罗·怀特利（Whitely，2000）从社会信任视角测度社会资本，测度模型为：

$$S_i = \alpha_i + \beta_1 L_i + \beta_2 M_i + \beta_3 V_i + \beta_4 I_i + \beta_5 SES_i + \beta_6 AGE_i + \beta_7 SEX_i + \beta_8 IDEOL_i + \beta_9 RELIG_i + u_i$$

其中，i 表示个体，S 表示个体的社会资本水平，L 表示人格指数（生活满意度），M 表示道德指数，V 表示志愿性活动，I 表示个体对国家的忠诚度，SES 表示个体的社会经济地位，AGE 表示个体的年龄，SEX 表示性别，$IDEOL$ 表示个体的意识形态，$RELIG$ 表示个体的宗教虔诚，u 表示随机扰动项。研究发现，志愿性组织面对面互动是创造信任最好的方式。①

隋广军和盖翊中（2002）在布伦和奥尼克斯（1997）界定社区社会资本8个方面②的基础上，结合保罗·怀特利（Whitely，2000）的信任测度模型，针对我国城市社区的特点，从社区的参与、信任和安全感、邻居间的联系、家庭的联系、社区规范、社会价值观和其他因素出发，构造测量个体的社区社会资本模型：

$$S_i = \alpha_i + \beta_1 C_i + \beta_2 X_i + \beta_3 L_i + \beta_4 J_i + \beta_5 G_i + \beta_6 Z_i + \beta_7 Q_i + u_i$$

---

① ［英］保罗·怀特利．社会资本的起源［A］．李惠斌，杨雪冬译．社会资本与社会发展［C］．北京：社会科学文献出版社，2000：45－73．

② 8个方面包括：对社区的参与、社会背景中的能动性、信任和安全感、邻居间的联系、家庭与朋友的联系、差异化的承受力、生活价值、工作联系。

其中，i 表示个体成员，S 表示个体社会资本水平，C 表示个体社会参与程度，X 表示个体的信任和安全感，L 表示邻居间的联系，J 表示家庭联系，G 表示社区社会规范，Z 表示社会价值，Q 表示其他因素，u 为随机扰动项。

王燕（2007）、王朝明等（2009）、林燕（2010）从社会资本的影响因素出发，构建以家庭社会资本为因变量的测度模型，影响因素有：户主年龄、民族、行政职务、政治面貌、受教育年限、父辈的特征变量、家庭对社会资本的投资、家庭是否拥有电话及电视、家庭总人数等因素。李六（2010）对个体社会资本投资的影响因素进行分析，将社会资本流量作为因变量，用被访者参与社会活动的频率来表示，年龄、性别、教育程度、婚否、收入、城市人口、移民状态作为自变量，建立个体社会资本测度回归模型。

（二）社会资本投资模型

爱德华·格拉泽（Edward Glaeser，2002）从个体社会资本形成的视角测度社会资本，将社会资本看作财富变量，提出新古典社会资本投资模型：

$$V(S_0,\cdots,S_T) = \max_{\{x_0,x_1,\cdots,x_T\}} \sum_{t=0}^{T} \beta^t [S_t R(\hat{S}_t) - w_t C(I_t)]$$

$$\text{s.t. } S_{t+1} = \phi\delta S_t + \kappa I_t, t = 0,1,\cdots,T, S_{T+1} = 0$$

其中，T 表示个体的生命周期，S_t 表示第 t 期的社会资本存量，R_t 表示社会资本乘数，$w_t C(I_t)$ 表示社会相互作用的成本（函数 C 是凸函数）。约束条件表示社会资本的转换函数，ϕ 表示移动参数；δ 表示社会资本保留率（$1-\delta$ 表示贬值率）；移动参数受到迁移概率 θ 和迁移之后保留下来的社会资本比例的影响，即有：$\phi = 1 - \theta + \theta\gamma$；$\phi\delta$ 可以理解为社会资本的预计保留参数；参数 κ 表示社会资本投资的交互转换因子，可以理解为能够转换为社会资本的社会互动边际数量。

社会资本被视为财富变量，能够带来市场和非市场收益。通过一阶导数得到均衡解可知，个体的社会资本投资受到个体对未来的贴现率、个人离开原住社区的概率、个人从事职业所需要的社会技能的回报、社会资本贬值率、个体的生命期限等因素的影响。另外，道德异质性和教育对社会资本形成也有影响，从而为政府干预社会资本形成的外部环境提供了可能。[①]

希德勒（Shideler）和克蕾欧（Kraybill，2009）在格拉泽（Glaser，2002）的基础上，将第 t 期的社会资本存量表示为不变替代弹性生产函数（CES）的形式，加入社会资本相互作用的即时效益，采用自然对数的形式，满足效用理论的要求，进一步提出社会资本投资模型：

$$V(S_0,\cdots,S_T) = \max_{\{x_0,x_1,\cdots,x_T\}} \sum_{t=0}^{T} \beta^t \left[R_t \frac{S_t^{1-\sigma}}{1-\sigma} + \eta \ln(I_t) - w(I_t + I_t^2) \right]$$

$$\text{s. t.} \quad S_{t+1} = \phi\delta S_t + \kappa I_t, S_{T+1} = 0$$

其中，η 可以理解为一阶条件下社会资本投资行为的边际效应；成本函数 $C(\cdot)$ 表示为第 t 期的投资与其平方的和，可看作社会交互作用的时间成本。

顾慈阳（2004）提出个体社会资本静态和动态的离散和连续模型，以及群体社会资本模型、社团投资模型、访友投资模型、社会资本折旧模型。[②]从个体社会资本投资模型的演化结果得知，随着时间的推移社会资本总量逐渐增长，但是具有一定的周期性，呈现先增后减的态势[③]。这里以社会资本折旧模型为例，假设个体的社会资本收益周期从 $t=0$ 到 $t=T$，每个时期的社会资本存量为 K_t，一部分（K_{1t}）用于产生收入（y_t），一部分（K_{2t}）转化为更多的社会资本（q_t）；社会资本存量的变动率为社会资本减去折旧（δK_t）；社会资本生产的投资成本用 C 表示。目标函数和约束条件分别表示为[④]：

目标函数：

$$V = \int_0^T y_t e^{-it} \mathrm{d}t$$

约束条件：

$$K_t = K_{1t} + K_{2t}, \ y_t = sK_{1t}, \ q_t = \alpha K_{2t}^{\beta}, \ \frac{\mathrm{d}K_t}{\mathrm{d}t} = q_t - \delta K_t, \ C_t = sK_{2t}$$

---

① ［美］爱德华·格拉泽．社会资本的投资及其收益［A］．曹荣湘译．走出囚徒的困境：社会资本与制度分析［C］．上海：三联书店，2003：179－195.

② 顾慈阳．社会资本理论及其应用研究［D］．天津大学，2004.

③ 一般来说，45 岁作为分水岭，从 16 岁开始，45 岁之前这个时间段随着社交活动的开展，社会资本总量迅速增加，45 岁达到最大值，45 岁之后社会资本开始下降，尤其是 60 岁之后呈现大幅度下降。

④ 顾慈阳．社会资本理论及其应用研究［D］．天津大学，2004.

其中，$s>0$，$\alpha>0$，$0<\beta<1$，δ 是社会资本折旧率。

通过求解边际成本和边际收益，均衡时二者相等求得最优的社会资本存量：

$$q_t = \left\{\frac{\alpha^{1/(1-\beta)}\beta}{i+\delta}\left[e^{-(i+\delta)t} - e^{-(i+\delta)T}\right]\right\}^{\beta/(1-\beta)}$$

社会资本存量达到最大值，之后随着时间的推移社会资本存量逐渐减少。

第二节　家庭社会资本测度指标体系

社会资本概念从产生到发展，对它的争议始终没有停息。“如何测度社会资本尚未达成共识，是社会资本概念最大的弱点之一。”[①] 由于缺乏合适的数据，社会资本和人力资本一样，直接测量较为困难，在实证研究中较多地使用替代指标；对于人力资本多使用受教育年限和工作年限来替代，而对于社会资本还没有找到一个合适的公认的综合指标或者指标体系[②]。本书尝试构建符合我国国情的贫困家庭社会资本测度指标体系，根据指标体系的构建原则，在对家庭社会资本测度指标进行系统梳理的基础上，提出本书的家庭社会资本测度指标体系。

一、测度指标体系构建原则

不论是社区社会资本测度还是家庭社会资本测度，不是单一的指标能够完全反映的，必须构建测度指标体系，尽量准确地、有效地衡量社会资本。因此，在选取社会资本测度指标时，必须满足科学性、系统性、有效性、可操作性、可比性等原则。

1. 科学性

社会资本测度指标体系中，结构和层次的划分、指标的选择、问卷的设

---

① Fukuyama, F. Social Capital and Civil Society [R]. IMF Working Paper, 2000: 1 - 19.

② ［美］格鲁特尔特，贝斯特纳尔．社会资本在发展中的作用［M］．黄载曦，杜卓君等译．成都：西南财经大学出版社，2004：8 - 9.

计等都需要满足一定的科学性，做到有理有据，与社会资本理论和定义相呼应，才能更加准确地刻画社会资本，评价的结果才更具有可信性和有效性。

2. 系统性

从社会资本的定义可知，社会资本包括社会关系网络、信任、规范等几个构成要素，测度指标也要尽可能涵盖社会资本的内涵，整个测度指标体系要尽可能含有所有的测度内容。为了更加清晰合理地构建测度指标体系，需要将其分为目标层、准则层、指标层、可操作层等若干层次，指标与指标之间尽量满足独立性。

3. 有效性

社会资本测度指标体系的构建必须能够反映社会资本的本质，与所测度对象的内涵和结构相吻合。从统计学来讲，效度是指标体系测量的结果与某种标准之间的相关度，相关度越高，测量结果越是有效。因此，社会资本测度指标体系必须尽可能反映社会资本的构成要素，提高其有效性。

4. 可操作性

不管是采用何种形式的数据，测度指标的选取应该是易于获取的数据。对于无法得到的或者获取成本较高的指标数据，应该尽量不要选取。而且，数据获取必须是真实、可靠的，尤其是以调查问卷形式获取的社会资本指标，问卷答案的设计必须科学合理，多使用量表的形式，易于量化，操作简单一些。

5. 可比性

在设计测度指标时，必须对指标体系中每个指标的内涵、统计口径、适用范围、计算方法等进行明确，使测度结果能够进行横向比较，更加清楚地掌握不同地区社会资本的情况。而且，为了便于比较不同地区的社会资本指数，尽量少用绝对指标，多用相对指标。

二、社会资本测度指标体系

自 20 世纪 90 年代以来，有关社会资本测度指标的实证研究不断涌现（Putnam，1993，1995；Deepa Narayan & Lant Pritchett，1997；Grootaert，1999；Maluccio et al.，2000；Bullen & Onyx，2000；Narayan & Cassidy，2001；Grootaer & Bastelaer，2002；Harpham et al.，2002；Kawachi et al.，2004；De Silva, 2006; Harpham, 2007)，包括家庭、社区、企业、地区等社会资本测度指标。我们主要以家庭社会资本测度指标为主线进行文献梳理和归纳。

（一）国外学者的研究

纳拉扬和普瑞切斯特（Narayan & Pritchett, 1997）在考察社会资本对家庭收入的影响时，认为社会资本包括3个维度：成员资格、组织活动的特征，个人的价值观和态度，包括对不同组织的信任，对社会凝聚力的理解等。[①] 格鲁特尔特（Grootaert, 1999）[②]、格鲁特尔特和纳拉扬（Narayan, 2000）[③] 沿着纳拉扬等（1997）的研究思路，加入更多的变量来刻画社会资本，从会员密度、异质性指标、会议出席、决策指标、成员会费、社区环境6个维度来反映社会资本综合指标。Maluccio 等（2000）从三个维度来刻画家庭社会资本，包括家庭参与组织的等级、组织的主要功能、组织内部的信任层次，合成为"正式和非正式的组织成员质量调整指数"。[④] 安德鲁和托马斯（Andrew David Mitchell and Thomas J. Bossert, 2007）[⑤] 沿着格鲁特尔特（2003）对社会资本测度的综合调查问卷（SC-IQ），从结构维度和认知维度测度社会资本。其中，结构型社会资本主要包含正式组织和非正式网络关系（朋友、非家庭成员、邻居等），正式组织主要是指参与程度、民主运行程度、与其他组织的合作性质等，采用两分法或者里克特量表的形式；认知型社会资本包含信任和团结，通过因子分析方法对社会资本进行降维分析。法比奥（Fabrio, 2009）从紧密的家庭关系、非正式的朋友或邻里关系、志愿者组

---

① Narayan, Deepa, Pritchett, Lant. Cents and sociability: household income and social capital in rural Tanzania [C]. Policy Research Working Paper Series 1796, The World Bank, 1997. Published as: Narayan, D., Pritchett, L. Cents and Sociability: Household Income and Social Capital in Rural Tanzania [J]. Economic Development and Cultural Change, 1999, 47 (7): 871 - 897.

② Christiaan Grootaert. Social Capital, Household Welfare and Poverty in Indonesia [C]. Local Level Institutions Working Paper, 1999 (6).

③ Grootaert, C., and Narayan, D. Local Institutions, Poverty and Household Welfare in Bolivia [C]. Working Paper 9. World Bank, Social Development Department, Washington, D. C. Processed. 2000.

④ Maluccio, J., Haddad L., And May J. Social Capital and Household Welfare in South Africa, 1993 - 1998 [J]. Journal of Development Studies, 2000, 36 (6): 54 - 81.

⑤ Andrew David Mitchell, Thomas J. Bossert. Measuring dimensions of social capital: Evidence from surveys in poor communities in Nicaragua [J]. Social Science & Medicine, 2007 (64): 50 - 63.

织、积极地政治参与和公民意识5个维度56个指标测度社会资本①。罗宾逊等（Robison et al.，2011）从社会关系视角测度家庭社会资本，包括家庭完整性、教育成就、诉讼、劳动力参与。②

（二）国内学者的研究

刘国亮和姜涛（2005）从家庭网络规模、网络差异、信任程度、家庭在网络中的影响力四个方面测度家庭社会资本。采用问卷调查的形式，主要包含四类问题：第一类是关于家庭经常交往的亲友、邻居、同事的数量，即网络规模；第二类是朋友最高的政治及财富级别，即网络差异；第三类是家庭对亲友、邻居、同事等的影响力程度。③ 姜涛（2006）从家庭社会关系网络的规模（规模指数）、家庭关系网络中政治和经济地位最高的人的情况（网顶指数）、家庭社会网络关系的质量（信任指数）、交往费用（费用指数）、家庭中父母的政治面貌（政治指数）5个方面来测度家庭社会资本存量。④刘国亮和武美闯（2006）⑤ 加入了社会参与变量，⑥ 剔除了家庭在网络中的影响力变量，从网络规模、网络差异、社会参与程度和信任程度四个方面测度家庭社会资本。王燕（2007）、王朝明等（2009）、林燕（2010）、刘天伦（2010）、常瑞（2011）等从社会资本的构成要素，即社会关系网络、信任、互惠、参与和共享5个方面8个构成要素测度了家庭社会资本。其中，社会关系网络包括网络规模、网络水平、网络差异和网顶；互惠包括帮助他人和接受帮助；参与包括选举参与和事务参与；共享包括平日和节日共享。

---

① Sabatini, F. Social capital as social networks: A new framework for measurement and an empirical analysis of its determinants and consequences [J]. The Journal of Socio-Economics, 2009 (38): 429-442.

② Lindon J. Robisona, Marcelo E. Siles, Songqing Jin. Social capital and the distribution of household income in the United States: 1980, 1990, and 2000 [J]. The Journal of Socio-Economics, 2011 (40): 538-547.

③ 刘国亮，姜涛. 社会资本累积与家庭收入分化 [J]. 中共济南市党校学报，2005 (3): 30-34.

④ 姜涛. 社会资本累积状态及其对家庭福利的影响 [D]. 山东大学，2006.

⑤ 刘国亮，武美闯. 家庭社会资本与家庭收入关系的实证检验 [J]. 山东经济，2006 (2): 19-22.

⑥ 社会参与变量主要包括四个部分：与关系密切亲属一年走动的频率；与关系密切朋友一年走动的频率；家庭与邻居相互走动的频率；家庭成员是否经常参加社会性活动。

三、家庭社会资本测度指标体系的选择

（一）测度框架

本书的研究对象是家庭，将社会资本划分为结构型和认知型社会资本。结构型社会资本是指社会关系网络，又称客观（现实）的社会资本；认知型社会资本包括信任、互惠、参与和共享等，又称主观（潜在）的社会资本。测度指标体系共分为四个层次：目标层、准则层、指标层和可操作层，如表3-2所示。

表3-2　　家庭社会资本测度指标体系

<table>
<tr><th>目标层</th><th>准则层</th><th>一级指标</th><th>二级指标</th><th>可操作层</th></tr>
<tr><td rowspan="13">家庭社会资本</td><td rowspan="5">结构型社会资本</td><td rowspan="5">关系网络</td><td>网络规模</td><td>可能给家庭带来收益的人数</td></tr>
<tr><td>网络密度</td><td>过去一年中与直系亲属、亲朋好友、干部联系的次数（包括拜年）</td></tr>
<tr><td>网络水平</td><td>交往人群职业声望的均值</td></tr>
<tr><td>网络差异</td><td>交往人群拥有不同职业的个数</td></tr>
<tr><td>网顶</td><td>交往人群职业声望最高分</td></tr>
<tr><td rowspan="6">认知型社会资本</td><td rowspan="2">参与</td><td>对公共事务的参与</td><td>参与选举、社区、集体、组织等活动的情况</td></tr>
<tr><td>对公共事务关心态度</td><td>对公共事务的关心态度</td></tr>
<tr><td rowspan="2">互惠信任</td><td>互相帮助</td><td>互相帮助的情况</td></tr>
<tr><td>信任程度</td><td>对亲戚、朋友、邻居、同事等的平均信任程度</td></tr>
<tr><td rowspan="2">共享</td><td>食物共享</td><td>平时或者过节分享食物</td></tr>
<tr><td>信息共享</td><td>分享求职、教育、医疗等信息</td></tr>
</table>

注：本书的家庭社会资本测度指标体系借鉴了王燕（2007）、王朝明等（2009）等的研究，在社会关系网络中加入了网络密度变量。

（二）测度指标的解读

1. 结构型社会资本

结构型社会资本是个体拥有的、能够动用的、带来一定收益的社会关系

资源，本书主要是指家庭的社会关系网络，包括网络规模、网络水平、网络差异和网顶。

（1）网络规模：通过调查家庭主要交往并且能够带来收益的人数来测量，假定交往的人数越多，网络规模越大，家庭拥有的结构型社会资本越多。

（2）网络密度：调查家庭过去一年中与直系亲属、亲朋好友、干部联系的次数（包括拜年），假定联系的次数越多，网络密度越高，家庭拥有的社会资本越多。

（3）网络水平：通过调查家庭交往的人群中职业声望从低到高排序①的平均分来表示，假定二者是正相关关系。

（4）网络差异：调查家庭交往的人群中拥有不同职业的个数，假定不同职业的个数与社会资本正相关。

（5）网顶：调查家庭交往人群中拥有最高职业的职业声望排序，职业声望越高，家庭的社会资本越大。

2. 认知型社会资本

认知型社会资本是内在的、主观的，镶嵌在社会关系网络中的信任、互惠、规范等，能够影响客观存在的结构型社会资本。本书的认知型社会资本是指信任、互惠、参与、共享等。

（1）信任：这里是指家庭对亲戚、朋友、同学、同事等交往对象的信任程度进行打分（1～10分），分值越高，信任度越高。

（2）互惠：家庭与交往人群相互帮助的程度，包括是否参加互助组织，是否帮助他人和接受过别人的帮助。

（3）参与：家庭对公共事务的关心程度，以及家庭参与地方选举、社区

---

① 职业声望最早是由社会学家马克斯·韦伯提出，他认为社会分层应该从财富、权力和声望三个方面进行考察。所谓的职业声望是指“人们对某种职业社会地位高低的看法”，是“社会舆论对一种职业的评价”。职业声望测量一般采用以下方式：首先，列出一些职业让被调查者主观感觉的声望高低程度进行等级排序，研究人员再根据被试排序的结果赋予相应的分值；然后，计算出每个职业的声望得分，再根据得分高低排列种类职业的声望等级，由此观察声望分层的基本规则。我国职业声望的测量始于20世纪80年代初期，国内职业声望调查多采用较为简单的测量方法：列出几十类职业，让被调查者评价，并赋予分值，计算出各个职业的平均得分。本书主要借鉴李春玲对职业声望得分的排序对选项进行从低到高排列，职业声望越高，序号越大。详见：李春玲．当代中国社会的声望分层：职业声望与社会经济地位指数测量［J］．社会学研究，2005（2）：74－102.

决策、宗教信仰等活动的情况①。

（4）共享：家庭平时和节日与他人分享食物、信息的情况②。

第三节　家庭社会资本测度的统计分析

利用本书提出的家庭社会资本测度指标体系，结合入户调研数据，对社会资本的测度指标、综合指数、结构型与认知型社会资本指数进行统计分析。

一、社会资本测度指标的统计分析

（一）社会资本构成要素的描述分析

本书的测度对象是家庭，从家庭社会资本的测度指标体系可知，社会资本构成要素有：关系网络、参与、信任、互惠、共享，其中关系网络包括网络规模、网络密度、网络水平、网络差异、网顶5个指标。这几个构成要素呈现怎样的数据分布特征？它们之间关系如何？我们用描述统计分析予以解答，结果如表3－3所示。

从表3－3可以看出，社会资本的九个测度指标中，网络规模的离散程度最大，信任程度最为集中。去除掉极端值，从分位数来看，结构型社会资本分布较为分散，尤其是家庭网络规模、网络水平和网顶，社会关系网络差异较大。认知型社会资本分布较为集中，差别不是很大，这说明家庭的主观认知存在一定的稳定性。从网络密度来看，贫困家庭与亲朋好友、领导干部联系较少，一年为两次左右。从信任程度来看，对周围人的评价信任程度不是很高，尤其是互惠程度较低，对公共事务的参与程度整体来说不高，共享程度整体来说还是比较高的。对于贫困家庭来说，由于经济条件不好，平时很少参加公共活动，互惠互助就会更少。因此，应该提高贫困家庭参与的积极性和主动性，这样可以获取更多的信息和就业机会，尤其是社区应该多组织

① 关心程度选项为：有很大下降、略微下降、没什么变化、有一定提高、有很大提高；参与活动选项为：想参加但条件不允许、从不参加、很少参加、有时参加、经常参加，依次为1～5分。

② 共享程度选项为：从不、偶尔、经常，依次为1～3分。

一些集体活动，让更多的贫困群体参与进来，缩小贫困家庭的社会关系网络差异，让更多的人享受到社会资本带来的优越感。

表 3-3　　家庭社会资本构成要素指标的描述统计分析

测度指标	均值	变异系数	最小值	25%分位数	中位数	75%分位数	最大值
网络规模	15.28	1.14	1	6	11	19	180
网络密度	1.94	0.44	0	1.33	2	2.33	10
网络水平	43.61	0.32	0	36.21	45.01	54.06	76.45
网络差异	3.72	0.69	1	2	3	5	20
网顶	62.38	0.32	0	46.67	72.41	72.41	87.92
信任	6.43	0.28	1	5.4	6.5	7.6	10
互惠	3.19	0.55	0	2	3	4	7
公共事务参与	3.70	0.20	1.2	3.2	3.8	4.25	5
共享	6.65	0.29	1	6	7	8	9

（二）"信任"的解读

对信任问题的研究可以追溯到经济学家亚当·斯密和社会学家韦伯。尤其是20世纪90年代以来，作为社会资本的主要构成部分，信任得到了越来越多的经济学家和社会学家的关注，社会学家认为人们之间的普遍信任或社会资本来自志愿性社团内部个体之间的互动和合作，促使信任的形成（Coleman，1988；Putnam，1993；Knack & Keefer，1997；Fukuyama，1998）。"信任"被看作是继物质资本、人力资本之后对经济增长起决定作用的重要社会资本。韦伯（1995）指出，中国人的信任是建立在血缘共同体之上，而不是信仰共同体之上，是一种难以普遍化的特殊信任。① 汉密尔顿（1990）指出，中国商人组织在市场上的可信任度取决于建立在乡亲族党基础上的行会组织。② 福山（2001）指出，社会成员之间的信任对经济效率有很大的影响，华人社会是低信任度的社会，一切社会组织都是建立在家族血缘关系的基础

① ［德］韦伯. 儒教与道教［M］. 王容芬译. 北京：商务印书馆，1995.

② ［美］汉密尔顿. 中国社会与经济［M］. 台北：张维安等译. 台湾联经出版事业公司，1990.

上，对家族之外的其他人缺乏信任，是一种缺乏普遍信任的社会。[①] 李伟民和梁玉成（2002）对关系与人际信任进行分析，提出信任虽然是以血缘家族关系为基础，但是这种关系的存在不一定意味着人际信任的存在，关系中所包含的情感性因素对人际信任有重要影响，将信任区分为特殊信任和普遍信任，分别建立在人际关系和观念信仰基础之上，两者之间并不是相互排斥的，可以同时存在。[②] 中国社会是“关系本位”的社会，核心是血缘关系，随着交往关系和范围的逐步扩大，形成了费孝通先生所说的“差序格局[③]”。张维迎和柯荣住（2002）从经济学的视角利用跨省的企业调查数据分析得知，信任与人们之间重复交易的可能性、交易的发达程度、教育水平等因素相关。[④]

本书尝试在上述基础上，将信任划分为特殊信任和普遍信任。其中，特殊信任是指个体对家庭成员、亲戚、朋友、邻居、同事、领导等的信任状况及程度；普遍信任是个体对陌生人的信任状况及程度，超出个体的社会关系网络，更多地受到社会环境、道德、文化、宗教信仰等的影响。

我们对社会资本的核心指标——信任程度进行总体和城乡分析。

从表 3 – 4 可以看出，信任程度的分布较为集中，尤其是特殊信任。普遍信任的得分很低，对陌生人基本表现为不信任。特殊信任得分较高，对周围认识的人表现为比较信任。特殊信任得分从高到低排列依次是：亲戚、村镇干部、朋友、邻居、同学、战友、同乡、同事。而且，从分布来看，分位数之间的差别不是很大，分布较为集中。由此可见，我国属于低普遍信任度、

---

① ［美］福山信任．社会美德与创造经济繁荣［M］．彭志华译．海口：海南出版社，2001.

② 李伟民，梁玉成．特殊信任与普遍信任：中国人信任的结构与特征［J］．社会学研究，2002（3）：11 – 21.

③ “差序格局”一词是费孝通先生提出的，旨在描述亲疏远近的人际格局，如同水面上泛开的连晕一般，由自己延伸开去，一圈一圈，按离自己距离的远近来划分亲疏。费孝通先生解剖中国传统社会，使用的是社会结构分析方法，为更准确地区分中国传统社会和现代社会，提出了“差序格局”和“团体格局”概念。西方社会以个人为本位，人与人之间的关系，好像是一捆柴，几根成一把，几把成一扎，几扎成一捆，条理清楚，成团体状态；中国乡土社会以宗法群体为本位，人与人之间的关系，是以亲属关系为主轴的网络关系，是一种“差序格局”。在“差序格局”下，每个人都以自己为中心结成网络。在传统结构中，每一家以自己的地位做中心，周围划出一个圈子，这个圈子是“街坊”。有喜事要请酒，生了孩子要送红蛋，有丧事要出来助殓，抬棺材，是生活上的互助机构。详见：费孝通．乡土中国生育制度［M］．北京：北京大学出版社，2008.

④ 张维迎，柯荣住．信任及其解释：来自中国的跨省调查分析［J］．经济研究，2002（10）：59 – 70.

高特殊信任度的社会，与福山（1998）的研究结论略有不同。

表 3-4　　家庭信任程度描述统计分析

信任主体	均值	变异系数	最小值	25%分位数	中位数	75%分位数	最大值
亲戚	8.07	0.27	1	7	8	10	10
朋友	7.02	0.32	1	6	8	8	10
邻居	6.72	0.35	1	5	7	8	10
同乡	6.12	0.43	1	5	6	8	10
同事	6.11	0.44	1	5	6	8	10
同学	6.52	0.43	1	5	7	9	10
战友	6.43	0.52	1	4	8	9	10
村镇干部	7.35	0.33	1	6	8	10	8
陌生人	2.15	0.73	1	1	1	3	7

对典型社区和村庄家庭的信任程度进行描述分析，如表 3-5 所示。

表 3-5　　城乡家庭信任程度的描述统计分析

信任主体	均值		25%四分位数		中位数		75%四分位数	
	城市	农村	城市	农村	城市	农村	城市	农村
亲戚	7.84	8.26	7	8	8	8	10	10
朋友	6.75	7.24	5	6	7	8	8	9
邻居	6.27	7.08	5	5	6	7	8	9
同乡	4.99	6.60	2	5	5	7	7	8
同事	6.03	6.22	5	5	6	6	8	8
同学	5.97	7.12	4.5	5	6	8	8	9
战友	4.38	7.54	1	7	4	8	8	9.5
村镇干部	7.00	7.55	5	6	8	8	9	10
陌生人	2.14	2.16	1	1	1	1	3	3

从表 3-5 和图 3-1 的描述分析可知，整体来看，农村的特殊信任得分均高于城市家庭，普遍信任相差不大。城市家庭对周围人的信任从高到低依次为：亲戚、干部、朋友、邻居、同事、同学、同乡、战友；农村家庭对周围人的信任程度从高到低为：亲戚、村镇干部、战友、朋友、同学、邻居、同乡、同事。由此可见，城市和农村家庭对周围人的信任程度依然存在一定的差

异，尤其是同乡、同学和战友的信任度有一定的差距，这与生活环境存在很大关系。对于生活在城市社区的人来说，人与人之间的交往不多，社会关系网络较为稀疏，信任程度相对于农村家庭来说，也有一定的下降，二者某种程度上互为因果。对于生活在农村的家庭来说，人与人之间交往较为频繁，尤其是农忙季节，再加上民风朴实，平时互动较多，信任程度相对来说也高一些。

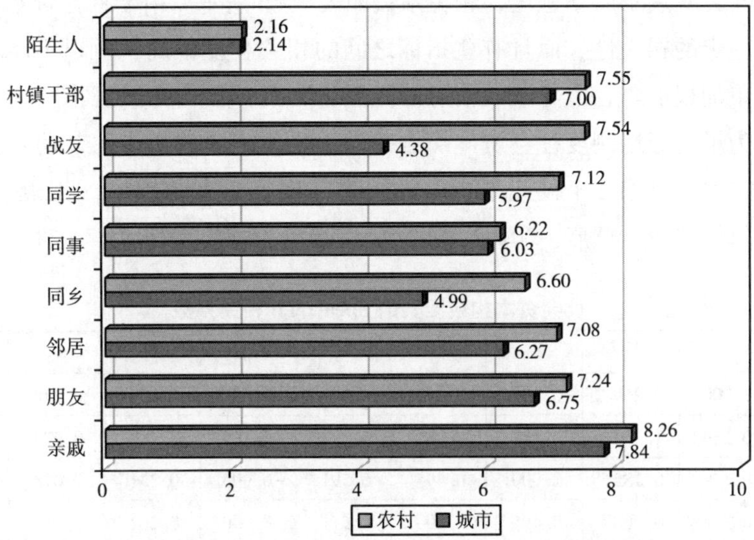

图 3－1　城市和农村家庭对周围人的平均信任程度

虽然普遍信任度很低，但是这也不能说明中国是一个低信任度的社会。随着经济和社会转型，市场经济体制的逐渐深入，传统的信任机制会受到一定程度的冲击，现代的契约机制尚未有效确立，如何防止中国滑入低信任度社会成为社会关注的焦点。本书重点关注的是基于人际关系产生的人际信任。

（三）社会资本综合指数的因子分析

1. 社会资本综合指数的描述统计分析

考虑到社会资本构成要素的各个变量不是定距变量，而是定序变量，因此这里我们没有采用简单的皮尔逊相关系数，而是采用斯皮尔曼（Spearman）相关系数检验结构型和认知型社会资本及其构成要素之间的关系。在统计学中，斯皮尔曼相关系数被定义为等级变量之间的皮尔逊相关系数。对于样本容量为 n 的样本来说，原始变量 X_i，Y_i转化为等级数据 x_i，y_i，相关系数 ρ 为：

$$\rho = \frac{\sum_i (x_i - \bar{x})(y_i - \bar{y})}{\sqrt{\sum_i (x_i - \bar{x})^2 \sum_i (y_i - \bar{y})^2}}$$

设变量 X_1 表示网络规模指标，X_2 表示网络密度，X_3 表示网络水平，X_4 表示网络差异，X_5 表示网顶，X_6 表示信任程度，X_7 表示互惠程度，X_8 表示公共事务参与，X_9 表示共享程度，相关系数如表 3-6 所示。由于社会资本九个指标存在一定的相关性，而且有些指标之间的相关程度很高，所以不能进行直接的简单加权汇总，以免造成信息的重叠，影响社会资本测度指标评价的准确性。为了更好地测度社会资本综合指数，采用因子分析方法，消除指标之间的相关关系，用几个彼此不相关的因子来代替原来的指标（王燕，2007；王朝明等，2009；林燕，2010；黄玉娜，2011；常瑞，2011）。

表 3-6　社会资本构成要素的 Spearman 相关系数

指标	X_1	X_2	X_3	X_4	X_5	X_6	X_7	X_8	X_9
X_1	1.000	0.269**	0.159**	0.357**	0.118**	0.072*	0.250**	0.174**	0.288**
X_2	0.269**	1.000	0.185**	0.268**	0.193**	0.185**	0.168**	0.074*	0.148**
X_3	0.159**	0.185**	1.000	0.495**	0.591**	-0.005	0.231**	0.078*	0.167**
X_4	0.357**	0.268**	0.495**	1.000	0.571**	0.000	0.207**	-0.013	0.133**
X_5	0.118**	0.193**	0.591**	0.571**	1.000	-0.014	0.116**	-0.062	0.021
X_6	0.072*	0.185**	-0.005	-0.0001	-0.014	1.000	0.133**	0.083*	0.066*
X_7	0.250**	0.168**	0.231**	0.207**	0.116**	0.133**	1.000	0.291**	0.310**
X_8	0.174**	0.074*	0.078*	-0.013	-0.062	0.083*	0.291**	1.000	0.361**
X_9	0.288**	0.148**	0.167**	0.133**	0.021	0.066*	0.310**	0.361**	1.000

注：** 表示在 0.01 的双侧水平下是显著的；* 表示在 0.05 的双侧水平下是显著的。

检验发现，社会资本各指标的 KMO 统计量为 0.636，可以进行因子分析。用于检验相关矩阵是否是单位阵的 Bartlett's 球形检验，即检验各变量是否各自相互独立。检验结果发现，拒绝原假设，说明各变量间存在一定的联系。因此，总体来说社会资本各指标适合作因子分析。

从公因子方差比的分析结果（见表 3-7）可以看出，按照所选标准提取相应的主成分之后，各变量中信息被提取出来的百分比，除了网络差异仅提取出 64.1%，共享提取 73.1%，互惠提取 74.8%，其余变量提取出的比例大于 80%，提取较为充分。

表 3 – 7　　　　社会资本的共同度

测度指标	初始	提取
网络规模	1.000	0.872
网络密度	1.000	0.944
网络水平	1.000	0.818
网络差异	1.000	0.641
网顶	1.000	0.885
信任程度	1.000	0.999
互惠	1.000	0.748
公共事务参与	1.000	0.947
共享	1.000	0.731

从总方差分析表的分析结果（见表 3 – 8）可以看出，我们提取出 6 个因子，累积方差百分比达到 84.269%，旋转过后的特征根均大于 1，符合提取因子的标准。

表 3 – 8　　　　社会资本的总方差分析

因子	初始特征根			提取出来的 5 个因子			旋转过后的 5 个因子		
	总和	方差（%）	累积（%）	总和	方差（%）	累积（%）	总和	方差（%）	累积（%）
1	2.574	28.597	28.597	2.574	28.597	28.597	2.198	24.426	24.426
2	1.389	15.438	44.035	1.389	15.438	44.035	1.286	14.287	38.713
3	1.007	11.193	55.228	1.007	11.193	55.228	1.126	12.512	51.225
4	0.975	10.834	66.062	0.975	10.834	66.062	1.126	12.510	63.736
5	0.856	9.514	75.576	0.856	9.514	75.576	1.066	11.841	75.576
6	0.782	8.692	84.269	0.782	8.692	84.269	1.005	11.161	84.269
7	0.680	7.553	91.821						
8	0.556	6.183	98.005						
9	0.180	1.995	100.000						

注：采用主成分分析方法提取因子。

从表 3 – 9 的因子载荷矩阵可以看出，提取出来的 6 个因子不能集中反映某些变量，因此我们选择方差最大化正交旋转（Varimax）方法，使得各因子之间仍然维持正交，但因子之间方差的差异达到最大（相对载荷平方之和达到最大）。

表 3-9　　　　因子载荷矩阵

题项	因子 Z					
	1	2	3	4	5	6
网络规模（X_1）	0.301	0.435	-0.078	0.754	-0.100	0.092
网络密度（X_2）	0.463	0.165	0.489	0.122	0.322	-0.587
网络水平（X_3）	0.798	-0.296	-0.235	-0.160	0.066	0.094
网络差异（X_4）	0.704	-0.153	-0.067	0.319	0.056	0.108
网顶（X_5）	0.815	-0.448	-0.088	-0.075	0.040	0.072
信任程度（X_6）	0.174	0.600	0.027	-0.233	0.613	0.422
互惠（X_7）	0.432	0.420	-0.270	-0.395	-0.135	-0.371
公共事务参与（X_8）	0.339	0.007	0.777	-0.181	-0.332	0.291
共享（X_9）	0.374	0.571	-0.130	-0.127	-0.479	0.060

从表 3-10 可以看出，因子 Z_1 主要反映变量网络水平（X_3）、网络差异（X_4）、网顶（X_5），称为“职业声望”因子；因子 Z_2 主要反映互惠（X_7）和共享（X_9），称为“互惠共享”因子；因子 Z_3 主要反映变量网络规模（X_1），称为“规模”因子；因子 Z_4 主要反映变量公共事务参与（X_8），称为“参与”因子；因子 Z_5 主要反映变量信任程度（X_6），称为“信任”因子；因子 Z_6 主要反映变量网络密度（X_2），称为“联系频率”因子。

表 3-10　　　　旋转因子载荷矩阵

题项	因子 Z					
	1	2	3	4	5	6
网络规模（X_1）	0.047	0.096	0.922	-0.031	0.051	0.081
网络密度（X_2）	0.137	0.074	0.097	0.118	0.052	0.945
网络水平（X_3）	0.881	0.186	-0.056	0.008	0.057	0.020
网络差异（X_4）	0.687	-0.008	0.385	0.059	0.010	0.130
网顶（X_5）	0.925	0.041	-0.048	0.113	-0.063	0.092
信任程度（X_6）	-0.004	0.112	0.053	0.020	0.990	0.051
互惠（X_7）	0.160	0.800	-0.103	-0.135	0.082	0.216
公共事务参与（X_8）	0.115	0.039	-0.023	0.958	0.019	0.114
共享（X_9）	0.030	0.758	0.290	0.226	0.068	-0.126

最后，根据提取出来的6个因子得分，按照方差贡献率加权汇总得到社会资本综合指数（SCCI）：

$$SCCI=\omega_1 Z_1+\omega_2 Z_2+\omega_3 Z_3+\omega_4 Z_4+\omega_5 Z_5+\omega_6 Z_6$$

其中，$\omega_1+\omega_2+\omega_3+\omega_4+\omega_5+\omega_6=1$。

根据表3－11的方差贡献率可以求出权重：$\omega_1=\frac{24.426}{84.269}=0.29$，同理可得 $\omega_2=0.17$，$\omega_3=0.15$，$\omega_4=\omega_5=\omega_6=0.13$。因此，家庭社会资本综合指数为：

$$SCCI=0.29Z_1+0.17Z_2+0.15Z_3+0.13(Z_4+Z_5+Z_6)$$

表3－11　　因子得分系数矩阵

题项	Component					
	1	2	3	4	5	6
网络规模（X_1）	－0.047	－0.047	0.856	－0.059	－0.035	－0.009
网络密度（X_2）	－0.095	－0.034	－0.018	－0.029	－0.045	0.995
网络水平（X_3）	0.442	0.053	－0.133	－0.085	0.067	－0.124
网络差异（X_4）	0.314	－0.150	0.317	－0.023	0.003	－0.005
网顶（X_5）	0.456	－0.067	－0.109	0.017	－0.039	－0.047
信任程度（X_6）	0.017	－0.100	－0.038	－0.004	1.019	－0.045
互惠（X_7）	－0.022	0.679	－0.232	－0.220	－0.068	0.190
公共事务参与（X_8）	－0.049	－0.028	－0.052	0.964	－0.003	－0.028
共享（X_9）	－0.091	0.617	0.188	0.214	－0.083	－0.255

社会资本综合指数与其构成要素之间的相关系数如表3－12所示。

表3－12　　社会资本综合指数与其构成要素之间的相关系数

社会资本综合指数	与指数的相关系数
网络规模（平时交往的人数）	0.483
网络密度（一年之中与亲朋好友领导等联系的频率）	0.509
网络水平（交往人群中职业社会声望平均得分）	0.672
网络差异（交往人群的职业个数）	0.652
网顶（交往人群中社会声望最高得分）	0.664

续表

社会资本综合指数	与指数的相关系数
信任程度（对周围人的评价信任程度）	0.401
互惠互助程度（与周围人的互惠程度）	0.436
公共事务参与（对社区公共事务、干部选举、决策等事务的参与和关心程度）	0.431
共享程度（食物、过节互赠、信息分享程度）	0.491

可以看出，社会资本综合指数与其构成要素之间的相关系数较高，尤其是与社会关系网络的相关程度。

2. 典型社区和村庄的社会资本综合指数比较分析

主成分分析的过程跟前面的类似，这里省略，仅将典型社区和村庄的社会资本综合指数提取出来的因子对应的变量列示出来，如表 3－13 所示。

表 3－13　　典型社区和村庄 6 个主成分因子的权重对比

因子	典型社区	权重	典型村庄	权重
因子 Z_1	网络水平（X_3） 网顶（X_5）	0.25	网络水平（X_3） 网络差异（X_4） 网顶（X_5）	0.31
因子 Z_2	网络规模（X_1） 网络差异（X_4）	0.19	公共事务参与（X_8） 共享（X_9）	0.16
因子 Z_3	互惠（X_7） 共享（X_9）	0.16	网络密度（X_2）	0.14
因子 Z_4	公共事务参与（X_8）	0.14	网络规模（X_1）	0.13
因子 Z_5	信任程度（X_6）	0.13	信任程度（X_6）	0.13
因子 Z_6	网络密度（X_2）	0.13	互惠（X_7）	0.13

从表 3－13 可知，除了第五个主成分对应的变量是信任程度相同之外，典型社区和村庄提取出来的主成分因子对应的变量存在一定的差异。由此可见，城市社区居民家庭更多关注的是社会关系网络，这与城市社区居民封闭的生活环境存在很大关系，对公共事务的参与关心程度不高。村庄居民家庭除了关注关系网络，还关注公共事务的参与和共享，这与农村的生活环境存在一定的关联性，农村居民家庭与亲朋好友、村里集体事务联系较为密切。

二、结构型和认知型社会资本的因子分析

家庭社会资本分为结构型和认知型社会资本，两种社会资本之间究竟存在怎样的关系？典型社区和村庄的结构型和认知型社会资本有何不同？我们用因子分析法予以解析。

（一）结构型和认知型社会资本指数

仿照社会资本综合指数，尝试构造结构型和认知型社会资本综合指数。我们知道，社会资本的构成要素之间存在一定的相关关系，所以，可以采用因子分析法对结构型和认知型社会资本的多个变量进行降维分析。

1. 结构型社会资本指数

通过 KMO 和 Bartlett 检验发现（见表 3－14），结构型社会资本的 KMO 统计量为 0.625，Bartlett 球形检验拒绝原假设，说明各变量间存在一定的联系。因此，结构型社会资本各指标适合作因子分析（见表 3－15 至表 3－17）。

表 3－14　　KMO 和 Bartlett 检验

Kaiser-Meyer-Olkin 抽样适当性度量		0.625
Bartlett 球形检验	近似卡方分布	1081.185
	自由度	10.000
	显著性	0

表 3－15　　结构型社会资本的共同度

题项	初始	提取
网络规模	1.000	0.931
网络密度	1.000	0.999
网络水平	1.000	0.807
网络差异	1.000	0.619
网顶	1.000	0.878

注：提取方法为主成分分析法。

表 3－16　　　　结构型社会资本的总方差分析

因子	初始特征根			提取出来的 3 个因子			旋转之后的 3 个因子		
	总和	方差（%）	累积（%）	总和	方差（%）	累积（%）	总和	方差（%）	累积（%）
1	2.314	46.278	46.278	2.314	46.278	46.278	2.134	42.671	42.671
2	1.072	21.444	67.721	1.072	21.444	67.721	1.088	21.751	64.422
3	0.847	16.946	84.667	0.847	16.946	84.667	1.012	20.245	84.667
4	0.567	11.347	96.014						
5	0.199	3.986	100.000						

表 3－17　　　　结构型社会资本的旋转因子载荷矩阵

题项	因子 Z		
	1	2	3
网络规模	0.024	0.963	0.060
网络密度	0.131	0.073	0.988
网络水平	0.895	－0.032	0.066
网络差异	0.669	0.393	0.127
网顶	0.930	－0.024	0.107

从因子分析结果可知，结构型社会资本提取出来三个因子。第一个因子代表网络水平、网络差异和网顶，称为“职业声望”因子；第二个因子代表网络规模；第三个因子代表网络密度。因此，根据提取出来的 3 个因子得分，按照方差贡献率加权汇总得到结构型社会资本综合指数（SSCCI）：

$$SSCCI = \omega_1 ZS_1 + \omega_2 ZS_2 + \omega_3 ZS_3$$

其中，$\omega_1 = 0.5$，$\omega_2 = 0.26$，$\omega_3 = 0.24$，ZS_1，ZS_2，ZS_3 表示提取出来的三个因子。

2. 认知型社会资本指数

认知型社会资本因子分析如表 3－18 至表 3－21 所示。

表 3－18　　KMO 和 Bartlett 检验

Kaiser-Meyer-Olkin 抽样适当性度量		0. 588
Bartlett 球形检验	近似卡方分布	130. 655
	自由度	6. 000
	显著性	0

表 3－19　　认知型社会资本的共同度

题项	Initial	Extraction
信任程度	1. 000	1. 000
互惠	1. 000	0. 668
公共事务参与	1. 000	0. 986
共享	1. 000	0. 628

注：提取方法为主成分分析法。

表 3－20　　认知型社会资本的总方差分析

因子	初始特征根			提取出来的 3 个主成分			旋转之后的 3 个主成分		
	总和	方差（%）	累积（%）	总和	方差（%）	累积（%）	总和	方差（%）	累积（%）
1	1. 451	36. 284	36. 284	1. 451	36. 284	36. 284	1. 278	31. 952	31. 952
2	0. 975	24. 365	60. 649	0. 975	24. 365	60. 649	1. 005	25. 137	57. 089
3	0. 857	21. 414	82. 063	0. 857	21. 414	82. 063	0. 999	24. 974	82. 063
4	0. 717	17. 937	100. 000						

注：提取方法为主成分分析法。

表 3－21　　认知型社会资本的旋转因子载荷矩阵

题项	因子 Z		
	1	2	3
信任程度	0. 115	0. 019	0. 993
互惠	0. 811	－0. 056	0. 081
公共事务参与	0. 055	0. 991	0. 018
共享	0. 777	0. 139	0. 075

从因子分析结果可知，认知型社会资本提取出来三个因子，第一个因子代表互惠共享因子，第二个因子代表公共事务参与，第三个因子代表信任程

度。因此，根据提取出来的 3 个因子得分，按照方差贡献率加权汇总得到认知型社会资本综合指数（CSCCI）：

$$CSCCI = \omega_1 ZC_1 + \omega_2 ZC_2 + \omega_3 ZC_3$$

其中，$\omega_1 = 0.39$，$\omega_2 = 0.31$，$\omega_3 = 0.3$，ZC_1，ZC_2，ZC_3 表示提取出来的三个因子。

（二）结构型和认知型社会资本的关系检验

检验结构型和认知型社会资本指数及其构成要素之间的关系，如表 3－22 和表 3－23 所示。

表 3－22　结构型和认知型社会资本及其构成要素的 Spearman 相关系数

要素	结构 SC	认知 SC	信任	互惠	参与	共享
结构 SC	1.000	0.310 **	0.086 **	0.265 **	0.214 **	0.209 **
认知 SC	0.310 **	1.000	0.590 **	0.576 **	0.534 **	0.606 **
信任程度	0.086 **	0.590 **	1.000	0.179 **	0.044	0.153 **
互惠	0.265 **	0.576 **	0.179 **	1.000	0.065 *	0.307 **
公共事务参与	0.214 **	0.534 **	0.044	0.065 *	1.000	0.045
共享	0.209 **	0.606 **	0.153 **	0.307 **	0.045	1.000

注：** 表示相关系数在 0.01 的水平下是显著的，* 表示相关系数在 0.05 的水平下是显著的。

表 3－23　认知型和结构型社会资本及其构成要素的 Spearman 相关系数

要素	认知 SC	结构 SC	网络规模	网络密度	网络水平	网络差异	网顶
认知 SC	1.000	0.310 **	0.271 **	0.263 **	0.229 **	0.213 **	0.165 **
结构 SC	0.310 **	1.000	0.535 **	0.559 **	0.729 **	0.792 **	0.663 **
网络规模	0.271 **	0.535 **	1.000	0.269 **	0.159 **	0.357 **	0.118 **
网络密度	0.263 **	0.559 **	0.269 **	1.000	0.185 **	0.268 **	0.193 **
网络水平	0.229 **	0.729 **	0.159 **	0.185 **	1.000	0.495 **	0.591 **
网络差异	0.213 **	0.792 **	0.357 **	0.268 **	0.495 **	1.000	0.571 **
网顶	0.165 **	0.663 **	0.118 **	0.193 **	0.591 **	0.571 **	1.000

注：** 表示相关系数在 0.01 的水平下是显著的。

从表 3－22 和表 3－23 可以看出，结构型和认知型社会资本及其构成要素之间存在较强的相关关系。

（三）典型社区和村庄社会资本的非参数检验

考虑到典型社区各自的样本容量较小，总体分布无法确定，采用非参数检验对典型社区的社会资本及其构成要素是否存在显著性差异作出统计推断。由于涉及13个社区，这里采用多独立样本的Kruskal-Wallis检验方法。

提出原假设：来自不同社区总体的样本中社会资本及其构成要素无显著差异。检验结果如表3－24所示。

从表3－24的检验结果来看，在0.05的显著性水平下拒绝原假设，即13个社区的社会资本及其构成要素存在显著差异。

从表4－25的检验结果可以看出，拒绝原假设，即16个典型村庄社会资本及其构成要素也存在较大差异。

三、社会资本影响因素的测度模型分析

在对家庭社会资本存量进行分析的基础上，我们对家庭社会资本存量的影响因素进行分析，以便更好地把握社会资本存量的变化，为家庭社会资本投资奠定基础。影响社会资本的因素有很多，测度方法也有很多，但须选择合适的自变量和测度模型。

（一）变量的选取

为了测度社会资本的影响因素，王燕（2007）、王朝明等（2009）、林燕（2010）选取社会资本及其构成要素作为被解释变量，户主的年龄、民族、是否担任行政职务、家庭平均受教育水平、家庭的收入、户主职业、户主的政治面貌、家庭的规模等因素作为解释变量。在此基础上，将（结构型、认知型）社会资本及其构成要素作为因变量，家庭对社会资本的培育程度①、家庭总支出、家庭人力资本、职业、家庭收入满意度、家庭幸福程度、家庭人口数等作为自变量。

① 家庭对社会资本的培育程度，即社会资本投资（见表2－3）。

表 3-24　　典型社区社会资本的 Kruskal-Wallis 检验统计结果

题项	社会资本	认知型社会资本	信任程度	互惠	公共事务参与	共享	结构型社会资本	网络规模	网络密度	网络水平	网络差异	网顶
χ^2统计量	67.877	68.089	36.562	66.63	67.046	49.141	61.103	50.674	65.876	38.109	64.222	22.065
自由度	12	12	12	12	12	12	12	12	12	12	12	12
P 值	0	0	0	0	0	0	0	0	0	0	0	0.037

表 3-25　　典型村庄社会资本的 Kruskal-Wallis 检验统计结果

题项	社会资本	认知型社会资本	信任程度	互惠	公共事务参与	共享	结构型社会资本	网络规模	网络密度	网络水平	网络差异	网顶
χ^2统计量	75.260	60.505	64.932	59.879	227.323	84.389	80.619	46.315	105.730	116.599	84.826	87.346
自由度	15	15	15	15	15	15	15	15	15	15	15	15
P 值	0	0	0	0	0	0	0	0	0	0	0	0

（二）社会资本影响因素测度模型

本书尝试以社会资本影响因素为自变量，以社会资本为因变量，构建家庭社会资本影响因素测度模型。仍然是以个体的测度为基础，将社会资本及其构成要素作为因变量（S），家庭对社会资本的培育程度（Inv）、家庭总支出（Exp）、职业（Occ）、受教育程度（Edu）、年龄（Age）、性别（Sex）、家庭特征（Z）等因素作为自变量，社会资本测度模型如下：

$$S_i = \alpha_i + \beta_1 Inv_i + \beta_2 Exp_i + \beta_3 Occ_i + \beta_4 Edu_i + \beta_5 Age_i + \beta_6 Sex_i + \beta_7 Z_i + u_i$$

其中，i 表示家庭代号；S 表示（结构型、认知型）社会资本及其构成要素；Z 表示家庭特征，有家庭总人数、父辈行政职务、父辈职业、家庭幸福感、家庭收入满意度等；u 表示随机扰动项。

家庭对社会资本的培育程度（Inv）：是指家庭为了主动扩展关系网络而投入的人情、主动联系消息灵通的人、有求于某人而提前搞好关系等的花费，是对家庭社会资本的一种投资。

家庭总支出（Exp）：为了与后面的家庭收入区分开来，这里选取家庭总支出作为影响因素之一，验证社会资本与居民收入是否存在双向因果关系。

家庭人力资本（Edu）：从前面的分析可知，家庭人力资本能够影响家庭社会资本，因此选取家庭人力资本存量作为自变量。

（三）实证分析结果

由于多元回归模型中涉及多个自变量，这里考虑采用逐步回归法进行分析（王燕，2007；王朝明等，2009；林燕，2010）。逐步回归分析法的主要思想是按照自变量对因变量的贡献率从大到小排序，对每个加入模型的变量进行检验，剔除不显著的变量，保留显著的变量，直到没有变量可以引入和剔除回归模型为止。本书采用逐步向前回归的分析方法，首先根据自变量对因变量的贡献率，选择贡献率最大的一个变量进入模型，其余变量全部剔除，然后挑选另一个贡献率最大的进入模型，直至符合标准的变量全部进入回归模型。社会资本影响因素测度模型的逐步回归结果如表 3 – 26 所示。

表 3-26　社会资本及其构成要素影响因素的回归系数

题项	社会资本	结构型	认知型	网络规模	网络密度	网络水平	网络差异	网顶	信任程度	互惠	参与	共享
(Constant)	-1.076**	-1.366**	-0.755**	-1.171**	0.903**	23.517**	-2.791**	33.440**	3.602**	4.600**	8.687**	2.904**
是否主动联系	0.078**	0.089**	0.091**	1.611**	0.060**	1.833**	0.213**	1.650**		0.161**	0.397**	0.334**
是否提前交际			-0.0002**				0.001**				-0.004**	-0.0004**
是否扩展网络							0.260**					0.408**
人情花费（取对数）	0.040**		0.035**		-0.062**		0.283**		0.198**	-0.142**		0.184**
一年总支出（取对数）	0.054**	0.110**			0.107**	1.670**	0.443**	4.409**		-0.252**	1.099**	
收入满意	0.043**	0.041**	0.047**	0.987**	0.067**					0.229**		0.154**
幸福程度	0.017**	0.018**	0.027**	0.817**		0.554**			0.139**	0.090**	-0.322**	0.083**
现在的职业		0.018**				0.484**						
性别				2.256**		2.731**	0.423**			0.351**	-1.062**	
父亲职业	0.010**	0.011**	0.010**				0.061**	0.324**	0.034**		0.124**	
父辈行政职务			0.077**	0.941**	0.079**		-0.197**	-1.729**	0.222**			0.196**
父辈文化程度										0.169**		
政治面貌	0.168**	0.179**	0.163**		0.193**		0.713**	7.274**		0.573**	1.595**	
年龄	-0.004**	-0.005**	-0.004**			-0.089**	-0.019**	-0.186**		-0.016**		-0.010**
家庭人数						-1.169**		-2.202**	0.114**		-0.413**	
可决系数	0.225	0.143	0.215	0.071	0.047	0.114	0.134	0.129	0.090	0.139	0.147	0.325
F 值	35.425	20.372	29.604	14.972	7.979	17.927	15.133	20.696	19.334	17.484	21.062	58.789

注：** 表示在 0.05 的显著性水平下变量是显著的。

由于“人情花费”和“一年总支出”变量数值较大，为了缩小变量之间的单位差距，这两个变量均采取对数的形式引入回归方程，如果没有特别说明，以下均采取此种形式。

首先来看表 3 - 26 第一列，最后提取出来的 8 个变量能够较好地解释社会资本的变化，拟合程度有较大提高。其中，年龄对社会资本的影响为负，年龄越大，社会资本的影响越小，其余系数的影响均为正。主动联系消息灵通的人，社会资本增加 0.078；人情花费支出增加 10%，社会资本增加 0.4%；一年总支出增加 10%，社会资本增加 0.54%；收入满意度增加一个单位，社会资本增加 0.043；幸福满意度增加一个单位，社会资本增加 0.017。由此可见，家庭对社会资本的培育程度、家庭幸福感和收入满意度、家庭总支出、父辈职业等变量能够正向影响家庭社会资本。家庭越主动扩展关系网络，人情花费支出越大，家庭社会资本存量越高。家庭收入满意度和幸福感越高，越倾向于扩展社会关系网络；家庭总支出越多，除了食物支出之外人际关系往来支出也会增加；父辈职业越高，子辈的社会关系网络越广泛，也倾向于增加社会资本投资，提高家庭社会资本存量。

从表 3 - 26 第三列可知，与社会资本相比，除了年龄之外，是否主动联系、一年总支出、幸福程度和收入满意度、现在的职业、户主年龄、政治面貌、父亲职业对结构型社会资本都有正向的影响。结构型社会资本体现为社会关系网络，因此主动联系消息灵通的人有利于社会关系网络的扩大。

由表 3 - 26 的第四列可知，除了年龄和可能有求于某人是否提前交际之外，其余变量的影响均为正。其中，是否提前交际的影响为负，可能是调查过程中涉及个人隐私任意作答引起的。与结构型社会资本的影响因素不同的是，一年用于人情往来的花费和主动联系消息灵通的人对认知型社会资本都有正向影响。这说明，主动扩展社会关系网络能够影响镶嵌在社会关系网络中的信任、互惠规范等。

最后我们逐个分析社会资本每个构成要素的影响因素。

（1）网络规模，主要是通过可能给家庭带来社会资本收益的人数来测度。从表 3 - 26 的第五列可知，是否主动联系消息灵通的人、幸福程度、父辈行政职务、收入满意度和性别均能够正向影响家庭社会关系网络规模。主动联系消息灵通的人是扩展社会关系网络的一种主要方式。家庭的收入满意度和幸福程度越高，越倾向于跟周围的人沟通交流，越有利于拓展社会关系网络。性别也是一个很关键的因素，户主是男性的更倾向于认识更多的人，主动增加交往人数。父辈担任行政职务，也能够认识更多的人，关系网络规模自然也会增加。

（2）网络密度，主要是测度每年与亲朋好友联系的次数。从表 3 – 26 的第六列可知，除了一年用于人情往来的花费对网络密度影响为负之外，户主的政治面貌是党员、收入满意度、主动联系消息灵通的人、一年总支出、父辈担任行政职务对网络密度均有正向影响。主动联系消息灵通的人，有利于提高亲朋好友、领导干部之间的走动，扩展联系的频率。然而，人情花费对联系频次的影响为负，一方面是牵扯到家庭隐私，另一方面可能是由于联系越频繁的家庭，亲朋好友领导之间的走动虽然频繁，可能已经成为日常开支的一部分，没有算作人情花费。

（3）网络水平，主要是测度家庭交往人群中社会职业声望得分的高低。除了家庭人数和年龄对其影响为负之外，主动联系消息灵通的人、幸福程度、现在的职业、一年总支出、户主性别是男性对其影响均为正。家庭人数的影响为负，原因可能是家庭规模大，交往的人群相似度高。现在的职业社会声望得分越高，与其交往的人群中社会声望得分也会相对较高。主动联系消息灵通的人，有利于拓展社会关系网络，结识更多社会声望得分高的人群。

（4）网络差异，主要是测度家庭交往人群中拥有职业的个数。影响因素主要由主动联系消息灵通的人、一年总支出、可能有求于某人而提前交际、人情花费、户主是党员、主动扩展社会关系网络、性别等，年龄和父辈担任行政职务对其影响为负。家庭对社会资本的培育程度（提前交际、人情花费、扩展关系网）越高，家庭交往的人群越多，拥有不同职业的个数也会增加。户主是党员的家庭，社会声望一般比较高，交往人群相对来说更大一些。另外，父辈担任行政职务的家庭，社会交往人数下降 0. 197 个，可能是由于父辈退休，交往人群下降引起的。

（5）网顶，主要测度家庭社会关系网络中拥有最高社会职业声望得分。影响的因素主要是家庭人数、一年总支出、主动联系消息灵通的人、户主是党员、父亲职业等。主动联系消息灵通的人有利于扩展家庭的社会关系网络，认识更高社会职业声望的人群。其中，家庭人数、年龄和父辈担任行政职务的影响为负，家庭人数每增加一个，家庭社会声望最高得分减少 2. 202 个单位，可能是由于贫困家庭人口越多，越容易造成贫困；父辈担任行政职务使得家庭社会声望最高得分减少 1. 729 个单位，可能与父辈退休（没有权利）有很大关系。

（6）信任程度，主要测度家庭对亲朋好友领导等各种关系人的信任程度。影响因素显著的有人情花费、父辈担任行政职务、家庭人数和父亲职业。人情往来花费越多，说明与周围人的联系更为频繁，对周围人的信任程度越高。父辈担任行政职务和父亲的职业声望越高，交往的人群职业层次也越高，越容易给子辈带来更多的信任感。

（7）互惠，主要测度家庭与交往人群中互相帮忙的程度。影响因素有是否主动联系消息灵通的人、收入满意度、政治面貌、幸福程度、性别、父辈受教育程度等。其中，年龄、一年总支出、人情花费对其影响为负。主动联系消息灵通的人，越有利于扩展家庭的社会关系网络和互动的次数，增加互惠程度。收入满意度和幸福程度越高，越倾向于帮助周围的人。但是，一年总支出和人情花费越多，可能将更多的时间花费在扩展关系网络上面，而忽视与邻居等的互惠。

（8）公共事务参与，主要测度家庭参与集体活动、干部选举等的参与程度。正的影响因素主要有一年总支出、是否主动联系消息灵通的人、政治面貌、父亲职业，可能有求于某人是否提前交际、家庭人数、幸福程度、性别等的影响为负。这说明，家庭的总支出越大、主动联系消息灵通的人、户主是党员、父亲职业越高的家庭，越积极参与公共事务，家庭人数越多、幸福程度越高、户主是男性的家庭，对公共事务参与的积极性不高，可能是由于家庭事务比较烦琐、幸福的家庭很少关注公共事务等原因引起的。

（9）共享，主要是测度家庭在日常生活或节假日与周围各种关系的人群分享食物、各种信息的程度。影响因素主要有主动联系消息灵通的人、扩展社会关系网络、人情花费、收入满意度、幸福程度、父辈担任行政职务、可能有求于某人提前交际等。也就是说，家庭对社会资本的投资越多，幸福程度和收入满意度就越高，家庭与其亲朋好友邻居共享的可能性越大。

本章小结

本书构建的家庭社会资本测度指标体系，分为结构型和认知型社会资本。对于贫困家庭而言，应该从结构型社会资本的投入着手，加大对亲朋好友等关系网络的投入；认知型社会资本也不能忽视，镶嵌在关系网络中的信任、互惠、参与和共享等主观因素也会呈现不同程度的上升，二者关系较为密切。

通过典型社区和村庄的非参数检验发现，来自不同社区/村庄总体的样本中社会资本及其构成要素存在显著差异。这说明，虽然抽取的样本都是来自贫困地区的贫困家庭，但是不同地区的社会资本构成差别较大，即便是来自同一个地区的不同社区或不同村庄，也从侧面说明每个地区都有自己独特的社会资本风貌，与当地的经济和社会环境有很大的联系。

从社会资本影响因素分析可知，家庭对社会资本的培育程度、家庭幸福感、收入满意度、父辈是否担任行政职务、职业、家庭人数等成为极为关键的因素。其中，家庭对社会资本的投资，包括主动联系消息灵通的人、人情花费、一年总支出等因素较为关键，这说明家庭的社会资本存量会受到社会资本流量投资的影响，人情花费已经成为社会资本的关键投入要素。另外，家庭的幸福感和收入满意度等主观因素也会间接影响社会资本投入，主观越幸福的家庭，收入满意度越高的家庭，相对来说对社会资本的需求更大，社会资本的存量相对较高。

综上所述，社会资本已经成为贫困家庭的关键组成部分，越来越多的贫困家庭开始意识到社会资本的重要作用。那么，社会关系网络和镶嵌在关系网络中的信任、互惠、参与和共享等因素，与贫困家庭居民收入存在怎样的关系？社会资本是否能够发挥“穷人的资本”的作用？这将是后面两章要回答的问题。

第三部分

社会资本与贫困家庭居民收入关系研究

第四章　社会资本与贫困家庭居民收入关系的初步统计分析

运用描述统计分析方法探究社会资本与居民收入的关系是本章研究的重点：根据国内外学者的研究现状探讨社会资本与居民收入的关系；对本书涉及的主要变量进行界定和分布特征的描述；对社会资本与居民收入的关系进行描述统计分析，涉及结构型、认知型社会资本，社会资本构成要素、其他特征变量等。

第一节　社会资本与居民收入关系的研究现状

一、国外学者的研究

纳拉扬（Deepa Narayan）和普瑞切斯特（Lant Pritchett，1997）使用坦桑尼亚的相关数据①进行实证研究发现，社会资本的确是两种资本，它提高了家庭收入和社会化，住户收入不仅依赖家庭社会资本也依赖于村庄社会资本。另外，社会资本也可以通过一些近似的渠道影响收入，如提供更好的公共服务，更好的现代农业投入的使用，更多的社区活动和更大的农业信贷的使用。由此可以看出，社会资本对居民收入的影响除了直接影响之外，还有一些间接影响，但最终都可以增加家庭收入。格鲁特尔特（Grootaert，1999）

① 社会资本和贫困调查数据（SCPS）及人力资源开发调查（HDRS）中的家庭收入数据。这里的社会资本包括3个维度：成员资格，组织活动的特征，个人的价值观和态度（包括对不同组织的信任，对社会凝聚力的理解等）。家庭收入用家庭人均支出来代替。

沿着纳拉扬等（1997）的思路，加入更多的变量来刻画社会资本，[①] 然后分别从整体模型和分解模型来刻画社会资本与家庭收入的关系。拥有较高的社会资本水平的住户是否生活得更好？实证研究表明，从总的社会资本指数来看，拥有较高社会资本的住户，人均支出也较大，拥有的资产也较多，有更好的机会获得贷款，更可能在过去的一年增加他们的储蓄。

马鲁奇奥等（Maluccio et al.，2000）使用面板数据建立回归模型测度南非的社会资本[②]对家庭收入的影响时发现，1998 年社会资本对家庭人均支出有较大的正向影响，与 1993 年相比社会资本回报呈现上升的趋势。保罗·温特斯（Paul Winters，2002）等在研究墨西哥乡村收入时，以墨西哥合作农场为研究对象，解释变量（资产）在自然资本（土地）、物质资本（牲畜、设备）、人力资本（教育、性别、劳动力、劳动经验和种族）、金融资本（贷款）、移民资本（美国和墨西哥移民网络）的基础上，又引入社会资本和公共资本两种资产，探讨对收入形成[③]的作用。结果发现，拥有的资产越多对收入形成影响越大，社会资本和公共资本的社区变量测度显示出这些资产对收入形成扮演重要的角色，这些影响依赖于社会资本和公共资本的类型。法比奥（Fabio，2009）通过构建结构方程模型来刻画三种不同类型的社会资本[④]与家庭人均收入、环境健康状态、就业的不确定性之间的影响。其中，其他变量（包括三种社会资本）对家庭收入影响的回归方程估计结果发现，人均收入与黏结型社会资本显著负相关，而且与桥接型社会资本有更高程度的显著负相关；相反，连接型社会资本对收入有显著的正向影响。

二、国内学者的研究

边燕杰（2004）以社会资本的网络特征为视角，借助 1999 年中国 5 个城

① 从 6 个维度：会员密度、异质性指标、会议出席、决策指标、成员会费、社区环境来反映。

② 社会资本从三个维度来刻画，家庭参与组织的等级、组织的主要功能和组织内部的信任层次，合成为“正式和非正式的组织成员质量调整指数”。

③ 这里的收入有 6 种形式：种植业收入、牲畜生产收入、个体经营收入、非农业工资收入、农业工资收入和汇款收入。他们引入 40 个社区变量，使用因子分析法提取出 8 个因子，其中 4 个公共资本因子，3 个社会资本因子——合作，正式生产安排的不足和正式农场合作组织的缺失，还有 1 个因子——合作农场的大小对社会资本和公共资本都有解释作用。

④ 三种社会资本形式：强关系的黏结社会资本、桥接型社会资本、连接型社会资本。

市的“春节拜年网”进行测量分析，研究发现：城市居民的社会网络构成和社会资本总量存在显著差异；拥有的社会资本越多，其个人和家庭的收入也越高。刘国亮等（2006）实证结果[①]发现，不同家庭的社会资本存在较大差异，家庭人力资本和家庭社会资本对家庭收入都存在正的影响，社会资本比人力资本的影响程度更大。姜涛（2006）从家庭社会资本存量[②]的角度探讨社会资本累计状态的决定因素对家庭福利水平[③]的影响，以中国28个省份的家庭抽样调查资料为实证依据，通过构建两个不包含社会资本变量和包含社会资本变量的回归模型，[④] 实证结果对比分析发现，在加入社会资本变量后，拟合优度提高，人力资本变量的系数下降，其他变量的系数基本不变，说明人力资本要通过社会关系网络才能对家庭福利产生影响。另外，社会资本对家庭福利的影响要大于人力资本。武美闯（2006）在研究家庭社会资本与家庭收入关系时，家庭社会资本指标的选取与姜涛（2006）相似，建立一元线性回归，[⑤] 提出假设：居民家庭社会资本对家庭收入有正向影响；社会资本存量高的家庭，家庭收入也较高，检验通过。

王燕（2007）以实地调查面访资料为依托，建立了农户社会资本与农户收入的回归模型，对农户社会资本进行测度分析。实证结果显示，社会资本对农户收入的增加有显著的促进作用。贺丹丹（2007）在剖析社会资本对城市居民贫困问题时发现：贫困家庭的社会资本总量及其构成要素有地区差异，流动家庭小于定居家庭；社会资本对城市贫困家庭收入的增加有显著的促进

---

① 用父母的学历和工作时间来测度家庭人力资本，设计了19个问题来测度家庭社会资本和人力资本。提出假定：家庭的社会资本对家庭收入存在影响。通过建立简单的线性回归模型，将家庭人力资本和家庭社会资本作为解释变量引入，家庭收入作为被解释变量。

② 这里的社会资本存量从5个方面诠释：家庭社会关系的网络规模（简称“规模指数”），家庭对于亲友、同事、邻居的信任程度（简称“信任指数”），朋友的最高的政治及财富级别（简称“网顶指数”），家庭成员的组织身份（简称“政治指数”）和家庭一年中与社会网络关系成员交往的花费（简称“费用指数”）。最后一个指数作为家庭社会资本存量的一个代理变量，由于直接的测度难以获取，采用家庭在一年中花费在其他网络成员的红白喜事的人情份子数额作为社会关系网络费用的代理变量。

③ 家庭福利水平用父母亲的年收入、家庭的年消费支出和家庭经常使用的交通工具等指标来表示。

④ 先从家庭社会资本累积状态的决定因素出发，以5个社会资本指数作为因变量，以家庭基本特征、家庭行为特征、家庭所在地的地理环境、家庭所在地的政府特征为影响因素，建立5个多元线性回归模型进行分析；接着以家庭福利水平作为因变量，家庭社会资本存量、家庭人力资本存量、家庭货币资本存量、家庭特征量和家庭所在地区的特征向量为自变量，构建模型。

⑤ 从家庭社会资本网络规模、家庭社会参与程度、家庭与外界信任程度、家庭社会资本网顶等指标来反映，采用主成分分析法提取4个主成分，网络规模、社会参与程度、信任程度和网络顶端。

作用。另外，与农户社会资本相比，对收入增加的效应也不同。刘天伦（2010）探讨社会资本对经济增长的微观影响机制时，以贫困家庭为研究视角，构建嵌入社会资本的家庭生产函数，利用调研数据对家庭生产函数进行实证分析，结果表明，相对于物质资本，人力资本和社会资本对家庭收入有较大作用。黄玉娜（2011）以典型地区城乡贫困家庭为研究对象，测度社会资本等因素对家庭收入的影响，利用加权最小二乘法（WLS）估计模型，结果显示：家庭物质资本、人力资本和社会资本对家庭收入都有正向的影响。相对于物质资本，人力资本和社会资本对家庭收入的影响更大，但是人力资本投入的作用大于社会资本，说明社会资本与人力资本可能存在一定的交互作用。赵剑治和陆铭（2009）通过对中国农村家庭收入的决定因素分析时发现，社会关系网络（亲友数、人情支出比和家庭人口）对收入有显著的正向作用。另外，通过对农户收入差距的分解发现，社会网络对收入差距的贡献达 12.1% ~13.4%，仅次于村庄哑变量、非农就业比重和教育。刘赟（2010）从社会资本的社会关系网络和社会信任两个维度，对农民的工资性收入的影响机理进行理论分析，并利用调查数据，[①] 仅从社会关系网络这个维度度量社会资本，对劳动力市场上农民工的收入影响进行探究，发现拥有较高社会资本存量的求职者能在劳动市场上获得较高的工资。唐为（2011）利用微观调查数据检验社会资本对中国农民收入的影响，研究发现社会关系网络、信任与和谐等对农民收入均产生了正向的影响。

第二节　变量的界定与描述分析

为了方便以后的研究工作，须对贫困家庭涉及的相关概念进行界定，刻画变量的特征，为下面社会资本与贫困家庭居民收入关系的模型构建奠定基础。

① 中国社会科学院组织的“2002 年中国农村家庭收入（CHIPS 2002）”中 2023 个农民工的调查数据。

一、主要变量的界定

1. 家庭物质资本

家庭作为微观生产单位，为了获得收入而投入到生产生活过程中的各种物质花费即为家庭物质资本。本书以贫困家庭为研究对象，调查对象主要是贫困地区的农户和城市贫困户。这些家庭的主要收入来源是务农、务工、做小本生意所得。由于调查资料的限制，我们无法获得家庭的物质资本存量数据，因此本书的物质资本存量采用贫困家庭的住房面积来取代①。

2. 家庭人力资本

与家庭物质资本不同，家庭人力资本不能够直接测度，需要借助一定的指标和统计方法来反映。有的学者采用受教育年限法，将劳动力按照学历进行分类，然后将受教育年限加权求和得到人力资本存量。它的优点是操作简单，避免主观赋权，缺点是忽略不同教育程度之间质的差异。还有的学者采用学历指数标准法，先将不同受教育水平的劳动力赋予一定的学历指数，然后将其作为权数加权求和得到人力资本存量，公式为：

$$H = \sum_{i=1}^{n} X_i W_i$$

其中，X_i表示处于第 i 级受教育水平的劳动力人数，W_i表示第 i 级受教育程度的学历指数，$i=1$，…，5。为了区分不同受教育程度之间的差别，又避免主观赋权造成的偏差，本书采用两种方法相结合计算家庭人力资本存量。

（1）按照受教育年限法将受教育水平分为五级：文盲人口，受教育年限为 3 年；小学文化程度，受教育年限为 6 年；初中文化程度，受教育年限为 9 年；高中文化程度，受教育年限为 12 年；大专及以上文化程度，受教育年限设定为 15 年。

（2）以九年义务教育作为基准，引入受教育年限的学历指数。考虑到知

---

① 赫尔南多·德·索托在其著作《资本的秘密》一书中指出，贫穷国家的人们不缺少资产，最缺的是建立合法的所有权制度，把“僵化”的资产变成“活跃”的资本。最早的拉丁文中“资本”指的是牛或家畜，货币只是资本的多种表现形式之一。为了量化僵化的资产，他的研究团队将注意力放在最真实、最容易发现的资产房地产上。受该书的启发，本书将家庭的住房面积作为家庭物质资本的替代指标。

识的累积效应，通常将学历指数设定为几何级增长或者指数增长序列，① 本书将学历指数设定为 e^i，则五级学历指数从低到高分别为：$e^{3/9}$，$e^{6/9}$，e，$e^{12/9}$，$e^{15/9}$。

（3）根据学历指数标准法代入公式：$H_j = \sum_{i=1}^{n} X_{ij} W_i$，$H_j$表示第 j 个家庭的人力资本存量，X_{ij}表示处于第 j 个家庭中第 i 级受教育水平的劳动力人数（扣除在校学生），W_i表示第 i 级受教育程度的学历指数。

3. 家庭社会资本

家庭社会资本，是指家庭成员共享的社会关系网络以及镶嵌在关系网络中的信任、互惠规范、公共事务参与和共享等。主要是对家庭社会资本存量进行测度。家庭社会资本分为结构型和认知型社会资本，主要构成要素有：网络规模、网络密度、网络水平、网络差异、网顶；信任程度、公共事务参与、互惠和共享。

4. 扶贫政策效果

扶贫政策效果，是指近两三年政府扶贫政策带来的效果，给贫困家庭带来的主观感受。有四个选项：变差、基本相同、有一定改善、有非常大改善。

5. 居民收入

居民收入，是指家庭过去一年中，由于务工、务农、经商、财产收入、政府扶持和社会支持等多种来源形成的家庭总收入。

6. 务工收入

务工收入，是指过去一年中，贫困家庭外出打工的劳动人口带来的收入，是居民收入中一个重要的组成部分，也成为贫困家庭摆脱贫困的一个重要手段。

二、变量的描述统计

从描述统计分析结果可以看出（见表 4 - 1），有些变量的分布相对来说还是比较分散的。家庭年收入均值为 15214. 85 元，月收入为 1267. 9 元，但是中位数为 10800 元，月收入平均为 900 元，这说明一半以上的人收入还是低于平均值水平。

---

① 钱雪亚等. 度量人力资本水平的三等统计方法［J］. 统计与决策，2003（10）.

表 4-1 主要变量的描述统计分析结果

题项	均值	标准差	最小值	25%分位数	中位数	75%分位数	最大值
物质资本	70.96	46.05	0	40	60	85	400
人力资本	6.099	3.56	1.396	2.79	5.44	8.23	21.32
社会资本	-9.73e-08	0.43	-1.323	-0.269	0.021	0.284	2.046
结构 SC	6.091e-08	0.61	-1.907	-0.360	0.064	0.353	3.320
认知 SC	2.244e-08	0.585	-1.790	-0.377	0.039	0.375	1.900
家庭收入	15214.85	15324.325	200	6200	10800	20000	165000
务工收入	11114.12	13401.716	0	2400	7200	15000	90000

接下来我们采用 Q-Q 图检验这些变量是否服从正态分布。对应于正态分布的 Q-Q 图，就是由标准正态分布的分位数为横坐标，样本值为纵坐标的散点图。用变量数据分布的分位数与所指定分布的分位数之间的关系曲线来进行检验。要利用 Q-Q 图鉴别样本数据是否近似于正态分布，只需要看 Q-Q 图上的点是否近似地在一条直线附近，而且该直线的斜率为标准差，截距为均值。

从图 4-1 至图 4-3 可以看出，社会资本指数、结构型和认知型社会资本指数服从正态分布；家庭人力资本、家庭物质资本也基本服从正态分布；

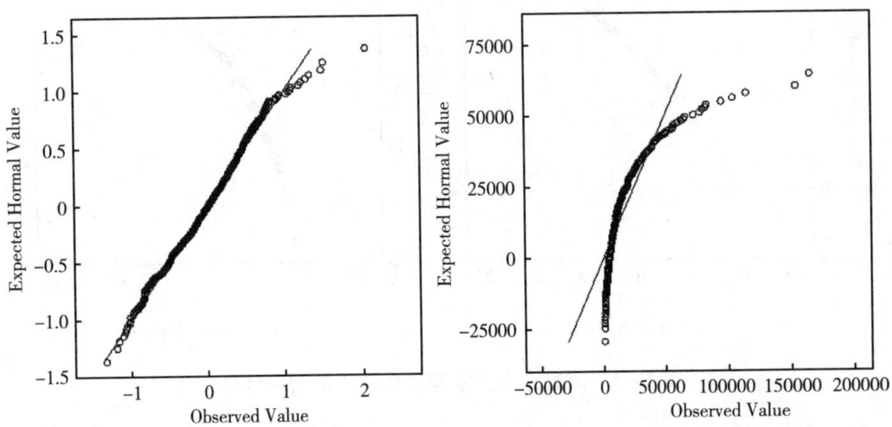

(a) 社会资本指数 (b) 去年家庭总收入

图 4-1 家庭社会资本和居民收入的 Q-Q 图

家庭收入分布偏离正态分布较大，不满足正态分布假定。因此，考虑将家庭收入取对数，看其分布是否满足正态分布。检验结果如图 4 –4 所示，取对数后的家庭居民收入的 P – P 图和残差分布图显示，家庭收入服从正态分布假定。

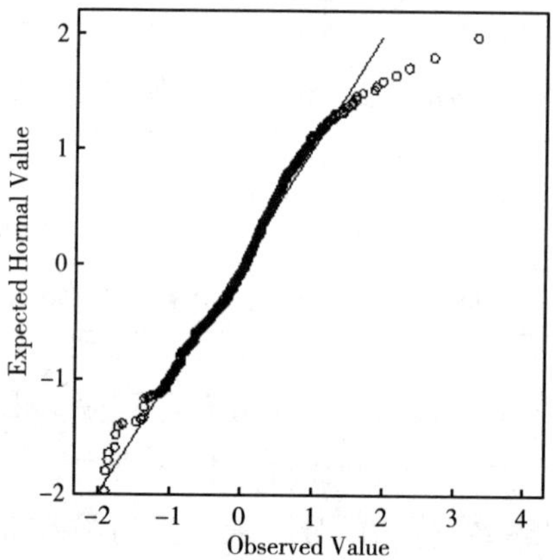

（a）结构SC

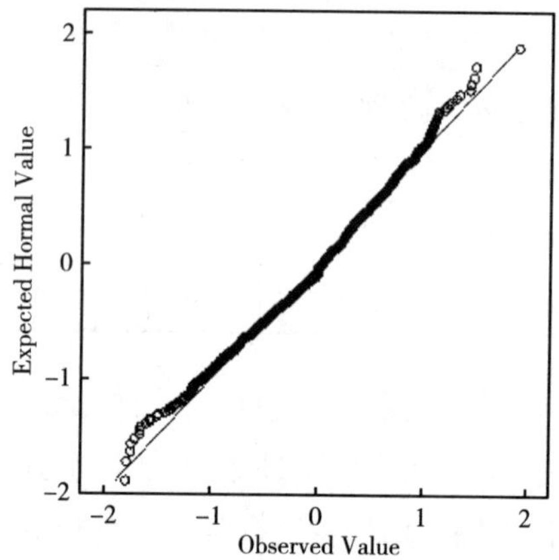

（b）认知SC

图 4 –2　结构型和认知型社会资本的 Q – Q 图

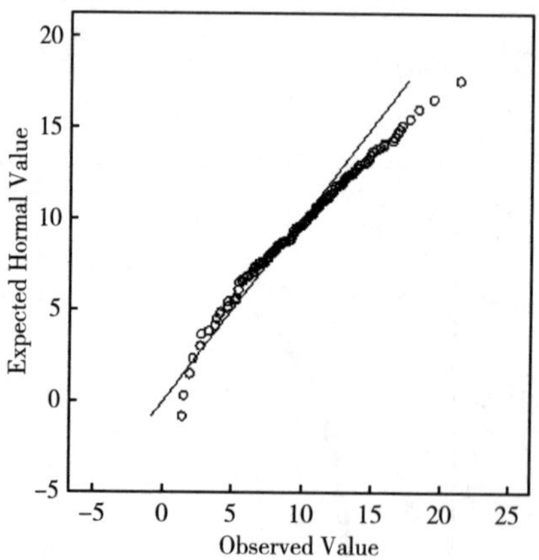

（a）家庭人力资本

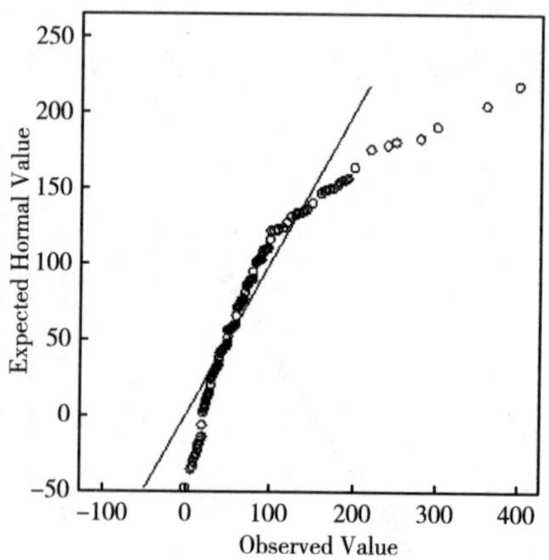

（b）家庭物质资本

图 4 –3　家庭人力资本和物质资本的 Q – Q 图

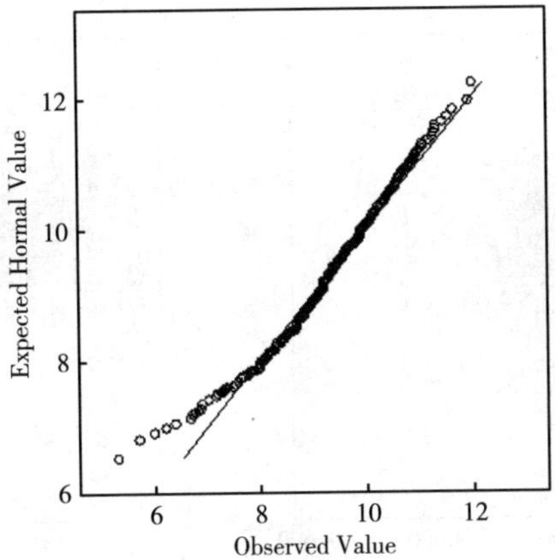

图4-4　家庭收入（取对数）的Q-Q图

第三节　社会资本与居民收入关系的描述统计分析

一、家庭社会资本与居民收入关系

分析家庭社会资本、人力资本、物质资本与居民收入之间的变化关系。由于变量之间的量纲相差较大，可能会影响数据的分析效果。考虑将变量取对数，由此可得社会资本、人力资本、物质资本与居民收入（取对数）的散点图，[①] 如图4-5和图4-6所示。

从图4-5和图4-6可以看出，家庭社会资本、人力资本、物质资本与家庭收入（取对数）存在较强的正向变化态势。进一步分析自变量和因变量之间的相关系数（见表4-2），存在较强的正相关关系，也为后面理论模型的提出奠定了基础。

① 散点图是用两组数据构成多个坐标点，考察坐标点的分布，判断两变量之间是否存在某种关联的分布模式；它表示因变量随自变量而变化的大致趋势，据此可以选择合适的函数对数据点进行拟合。

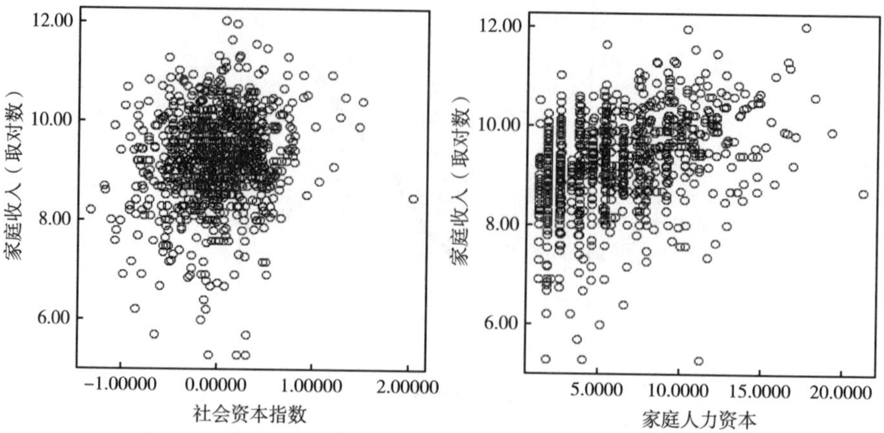

图 4-5　社会资本指数、人力资本与家庭收入的散点图

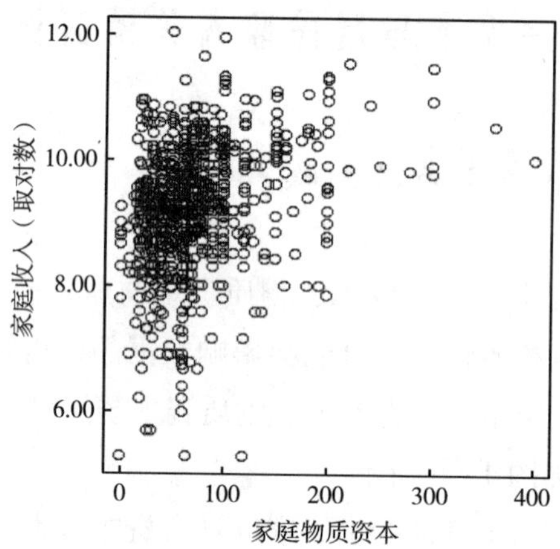

图 4-6　家庭物质资本与家庭收入的散点图

表 4-2　家庭社会资本、人力资本、物质资本与家庭收入的相关系数

项目	家庭社会资本	家庭人力资本	家庭物质资本
居民收入	0.158 **	0.375 **	0.277 **

注：** 表示在 0.01 的水平下相关系数是显著的。

二、结构型和认知型社会资本与居民收入关系

从前面变量的描述统计分析可知，结构型和认知型社会资本均服从正态分布，取对数之后的居民收入也服从正态分布。从相关系数来看（见表4－3），家庭结构性和认知型社会资本与家庭居民收入也显著正相关。

表4－3　家庭结构型、认知型社会资本与家庭收入的相关系数

项目	家庭结构型社会资本	家庭认知型社会资本
居民收入	0.158**	0.079*

注：* 表示在0.05的水平下相关系数是显著的，** 表示在0.01的水平下相关系数是显著的。

从散点图分析来看，如图4－7和图4－8所示，结构型和认知型社会资本存在较强的正向变化趋势。另外，从结构型和认知型社会资本的变化趋势来看，二者存在较明显的正向变化态势，再次验证了前面的结构型和认知型社会资本正相关。

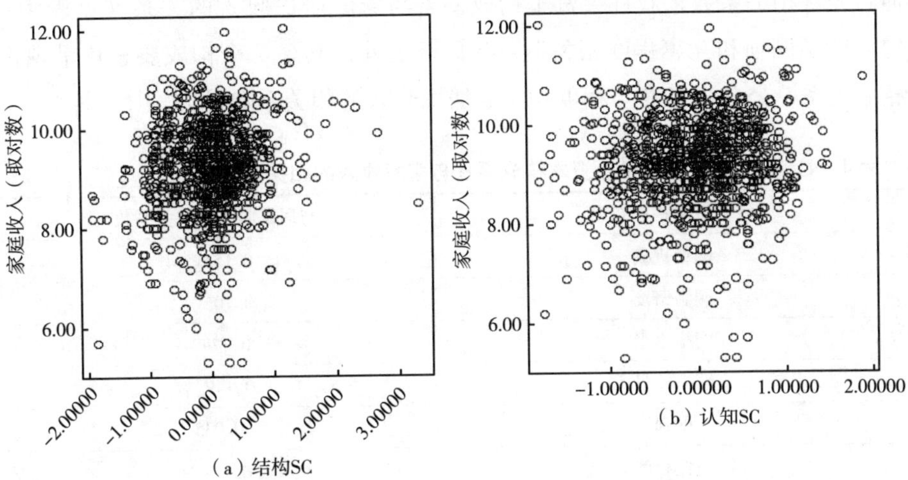

图4－7　结构型和认知型社会资本与家庭收入的散点图

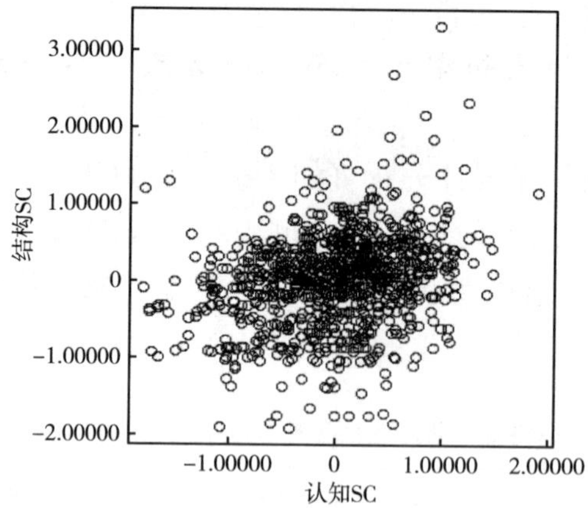

图4-8　结构型和认知型社会资本的散点图

三、社会资本构成要素与居民收入的关系

社会资本是由网络规模、网络密度、网络水平、网络差异、网顶、信任程度、互惠互助、公共事务参与和共享九个要素构成。社会资本指数与居民收入呈现一定的正相关关系，那么社会资本每个构成要素与居民收入关系如何？先从相关系数来看社会资本构成要素与家庭居民收入的关系（见表4-4），除了网顶和互惠程度相关系数不显著之外，其余7个构成要素均呈现正相关关系，公共事务参与程度和家庭居民收入的相关系数最大。

表4-4　　家庭社会资本构成要素与家庭收入的相关系数

社会资本构成要素	与居民收入的相关系数
网络规模	0.155**
网络密度	0.105**
网络水平	0.179*
网络差异	0.149**
网顶	0.035
信任程度	0.171*
互惠互助	0.059
公共事务参与	0.172**
共享程度	0.145**

注：*表示在0.05的水平下相关系数是显著的，**表示在0.01的水平下相关系数是显著的。

再来看社会资本构成要素与居民收入的散点图变化态势。

从图 4 – 9 至图 4 – 11 可以看出，以网络规模为例，网络规模与家庭收入有一定的正相关关系。网络密度和网络差异的变化不是很明显，基本呈现同向变化。从网络水平来看，网络水平和家庭收入依然呈现正向变化态势。但是网顶与居民收入的变化态势不是很明显，也从侧面说明网顶和居民收入的相关关系不显著。

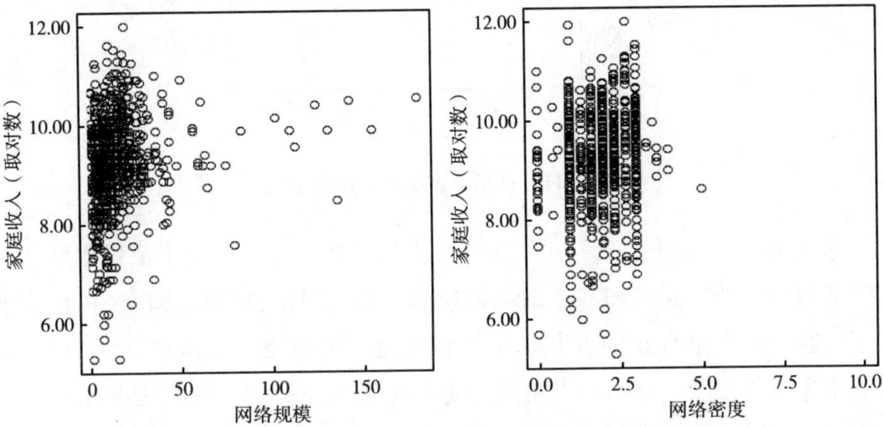

图 4 – 9　网络规模、网络密度与家庭收入的散点图

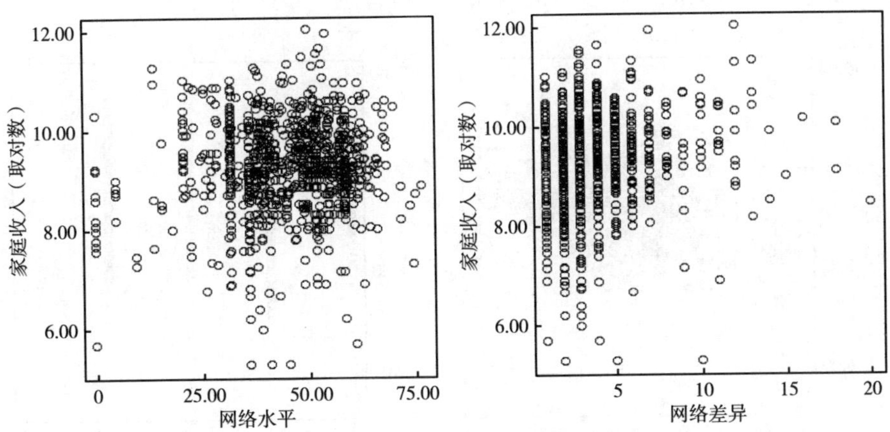

图 4 – 10　网络水平、网络差异与家庭收入的散点图

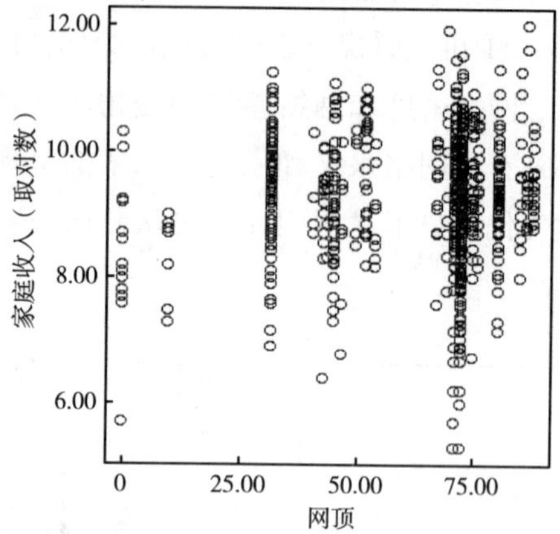

图 4－11　网顶与家庭收入的散点图

从图 4－12 至图 4－13 可以看出，认知型社会资本中除了信任程度和公共事务参与之外，互惠和共享的取值较为离散。以信任程度为例，信任程度和家庭收入基本呈现正向变化，信任程度越高的家庭，家庭收入相对较高。公共事务参与程度，显示二者呈现一定的正相关态势。共享程度和家庭收入的变化基本呈现正的变化态势。互惠和家庭收入，二者变化态势不是很明显，从某种程度上揭示了互惠互助与贫困家庭之间比较独特的一种关系，特定的社会资本与贫困家庭居民收入的内在关系有待进一步研究。

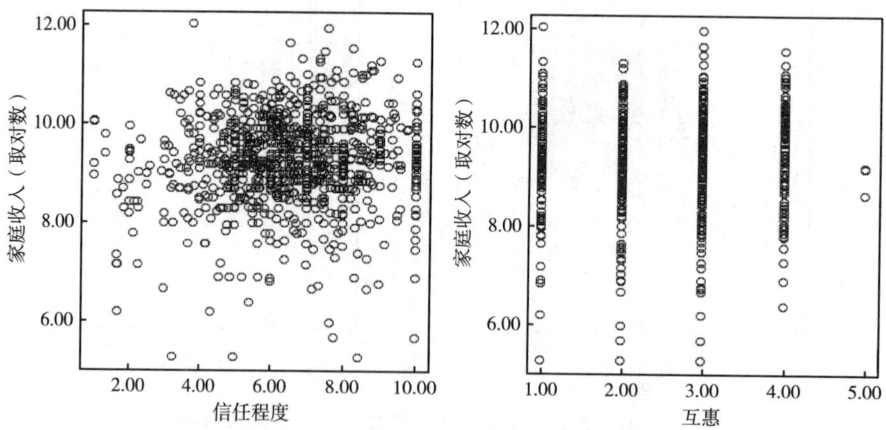

图 4－12　信任程度、互惠与家庭收入的散点图

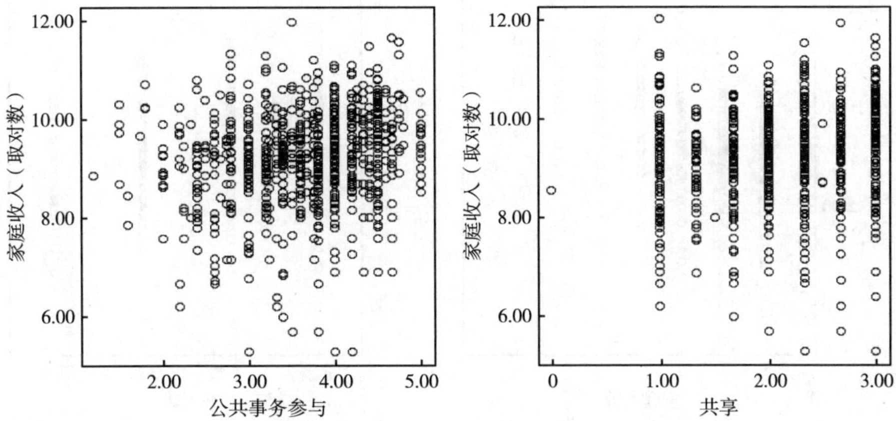

图4－13　公共事务参与、共享与家庭收入的散点图

四、其他特征变量与居民收入关系

除了家庭社会资本、人力资本和物质资本之外，其他的特征变量，如家庭人数、健康状况、家庭幸福感、收入满意度与居民收入是否有关系？从相关系数的显著性来看（见表4－5），除了年龄之外，家庭人数、健康状况①、幸福感和收入满意度与家庭收入呈现正相关。

表4－5　　其他特征变量与家庭收入的相关系数

项目	年龄	健康状况	家庭人数	幸福程度	收入满意度
家庭收入	0.021	－0.175**	0.446**	0.103**	0.189**

注：** 表示在0.01的水平下相关系数是显著的。

从图4－14至图4－16可知，人数越多的家庭，收入也越高，健康状况越好的家庭，收入也越高。从年龄的变化来看，主要分为三个阶段：20～40周岁，家庭收入较高；40～60周岁的家庭最多，收入也达到最高值；60周岁以上的家庭，收入则呈现递减的态势。从家庭幸福程度和收入满意度来看，基本呈现递增的态势，越幸福的家庭、收入满意度越高的家庭，收入也越高。

① 问卷中，健康状况分别为：1——健康，2——一般，3——患病，4——残疾，因此取值越大，家庭收入越小，二者呈负相关关系。反过来看，健康状况越好的家庭，收入越高，二者呈现正相关关系。

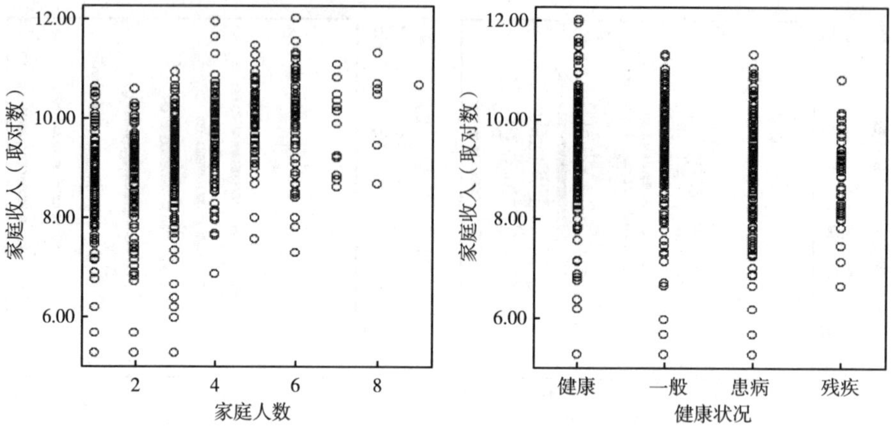

图4-14　家庭人数、健康状况与家庭收入的散点图

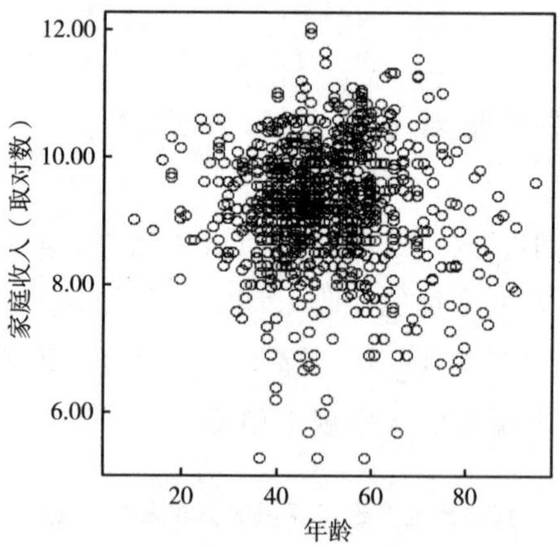

图4-15　年龄与家庭收入的散点图

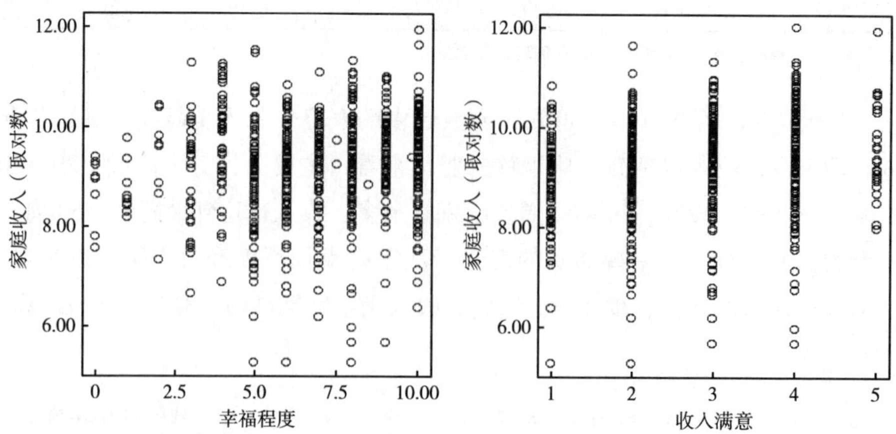

图4-16　家庭幸福程度、收入满意度与家庭收入的散点图

本章小结

本章主要采用描述统计分析方法对主要变量的分布特征、社会资本与居民收入的关系进行相关分析和变化态势描述。从变量的分布特征可知，家庭社会资本、人力资本和物质资本基本呈现正态分布，取对数之后的家庭收入也服从正态分布。从社会资本与居民收入关系来看，相关系数显示出家庭（结构型和认知型）社会资本、人力资本、物质资本和家庭收入呈现正相关关系，家庭社会资本的构成要素中除了网顶和互惠程度之外，其余构成要素与家庭收入正相关。另外，从其他特征变量与居民收入的关系发现，性别、健康状况、家庭幸福感、收入满意度等对家庭收入有正向的影响，从而为后面的模型构建奠定基础。

第五章　社会资本视角下政府扶贫与家庭收入关系研究

为了更加细致地刻画社会资本与居民收入的关系，本章考虑构建家庭生产函数和社会资本收入决定函数理论模型，就社会资本对居民收入的直接和间接效应进行实证检验。

第一节　社会资本与贫困家庭居民收入关系：模型构建

构造两种理论模型：一种是将家庭作为研究对象，构造嵌入社会资本的家庭生产函数；另一种是将家庭收入取对数作为因变量，家庭社会资本、人力资本和物质资本作为自变量，构造半对数模型。构造半对数模型是为了检验本书提出的家庭生产函数的稳定性，并形成有效的对比分析。

一、家庭生产函数

本书认为，生产要素不仅包括物质资本，还有人力资本和社会资本。而且，生产对象不单单局限于企业，当家庭作为微观生产单位出现的时候，与企业一样，家庭已经具备了投资的功能，这也与现代家庭的消费投资观念是一致的。仿照企业生产函数的形式，将家庭作为研究对象，构造家庭生产函数，从而更加清晰地刻画各种生产要素对家庭收入或产出的影响。这里的家庭生产函数是将家庭作为微观的生产单位主体，利用家庭的要素投入（物质资本、人力资本和社会资本）实现一定的家庭收入，不同于贝克尔（Becker）

提出的家庭生产函数①。

在法堪市（Fafchamps）和明藤（Minten，2002）、刘天伦（2010）和黄玉娜（2011）的基础上，构建含有和不含有社会资本的家庭生产函数模型：

$$Y = AK^{\alpha}H^{\beta} \tag{5-1}$$

$$Y = AK^{\alpha}H^{\beta}S^{\gamma} \tag{5-2}$$

其中，Y 表示家庭收入，K 表示家庭物质资本存量，H 表示家庭人力资本存量，S 表示家庭社会资本存量，α 表示家庭物质资本产出弹性，β 表示家庭人力资本产出弹性，γ 表示家庭社会资本产出弹性。

两边取对数，可得双对数回归模型：

$$\ln Y = \ln A + \alpha \ln K + \beta \ln H + \gamma \ln S \tag{5-3}$$

为了进一步刻画政府扶贫效果对居民收入的影响，引入政府反贫困政策效果变量，理论模型构建如下：

$$\ln Y = \ln A + \alpha \ln K + \beta \ln H + \gamma \ln S + \phi P \tag{5-4}$$

其中，P 表示反贫困政策效果变量，其余变量与前面的家庭生产函数相似。此外，为了验证社会资本与反贫困政策效果是否存在交互效应，② 考虑引入社会资本与扶贫政策效果交互项，同时考虑引入社会资本、人力资本与物质资本的交互项，刻画社会资本对居民收入的间接效应。模型形式如下：

$$\ln Y = \ln A + \alpha \ln K + \beta \ln H + \gamma \ln S + \phi P + \phi_1(S \times P) + \gamma_1(S \times H) + \gamma_2(S \times K) + \gamma_3(H \times K) + \varepsilon_2 \tag{5-5}$$

---

① 贝克尔将家庭生产函数看作是在一定的时间和收入约束条件下实现家庭效用最大化。家庭生产函数表示为：$U = u(Z_1, Z_2, \cdots, Z_n)$，$Z_i$ 表示家庭运用市场商品向量 x_i 及家庭自由时间向量 t_i 生产出来的，既表示商品又表示服务。受到家庭时间的限制和收入限制：$T = t_w + \sum_{i=1}^{n} t_i, I = \sum_{i=1}^{n} p_i x_i$，其中，$t_w$ 与 t_i 分别表示家庭用于劳动市场及用于生产 Z_i 的时间，p_i 和 x_i 分别表示用于生产 Z_i 的市场商品投入的价格和数量。详见：［美］贝克尔．人类行为的经济分析［M］．王业宇，陈琪译．上海：三联书店，1995：161－163.

② 在计量经济学模型中，当一个自变量对因变量的偏效应可能取决于另一个自变量的大小时，通常会考虑在模型中加入这两个自变量的交互项来分析，否则可能会遗漏变量造成偏差。不管是连续变量还是离散变量，都可能产生交互作用。尤其是在线性模型中，我们能够通过交互项的偏效应的系数是否显著来判断。详见：张爽．非线性模型中多个交互项的估计［J］．世界经济文汇，2006（3）：52－54.

二、社会资本收入决定函数

收入决定函数来源于明塞（Mincer）对人力资本影响收入分配时提出的一种重要的函数形式。本书沿着人力资本收入决定函数的研究路径，在赵剑治和陆铭（2010）、唐为和陆云航（2011）、叶初升和罗连发（2011）的基础上，建立社会资本收入决定函数，即社会资本—收入的半对数回归模型，形式如下：

$$\ln y_i = \alpha_0 + \beta_1 S_i + \beta_2 K_i + \beta_3 H_i + \beta_4 Z + u_i \tag{5-6}$$

其中，i 表示家庭，y 表示家庭收入，这里用家庭一年的支出来代替；S 表示家庭社会资本，包括社会资本总量、结构型社会资本、认知型社会资本，以及社会资本的构成要素；K 表示家庭物质资本，这里用家庭资产来代替；H 表示家庭的平均受教育水平；Z 表示家庭的特征向量，包括户主年龄、性别、政治面貌、职业、父辈受教育程度、父辈职业等；u 为随机扰动项。

引入政府反贫困政策效果变量，理论构建如下：

$$\ln Y = \alpha + \beta_1 K + \beta_2 H + \beta_3 S + \beta_4 P + \beta_5 Z + \varepsilon_3 \tag{5-7}$$

考虑加入交互项，模型进一步变为如下形式：

$$\begin{aligned}\ln Y = {} & \alpha + \beta_1 K + \beta_2 H + \beta_3 S + \beta_4 P + \beta_5 Z + \gamma_1 (S \times P) \\ & + \gamma_2 (S \times H) + \gamma_3 (S \times K) + \varepsilon_4\end{aligned} \tag{5-8}$$

第二节 社会资本与贫困家庭居民收入关系：实证检验

一、社会资本对居民收入的直接影响

（一）家庭生产函数

为了对比起见，采用包含和不包含社会资本的家庭生产函数。采用逐步回归分析法，以基准模型 5－1 为例，回归结果如表 5－1 所示。

表 5 – 1　　　　　　　　　　家庭生产函数回归系数

变量	不含社会资本的模型	含有社会资本的模型
常数项	7.536 **	7.860 **
家庭人力资本	0.385 ** (0.315)	0.393 ** (0.321)
家庭物质资本	0.237 ** (0.174)	0.207 ** (0.151)
家庭社会资本		0.212 ** (0.108)
可决系数	0.132	0.144
F 值	74.927	54.847

注：** 表示在 0.05 的显著性水平下回归系数是显著的，括号里面的是标准化之后的回归系数。

从表 5 – 1 的回归结果可以看出，回归方程是显著的，加入社会资本之后，可决系数有所提高。家庭物质资本、人力资本和社会资本投入对家庭收入有较大的正向影响。其中，家庭人力资本的产出弹性最大，其次是家庭物质资本，最后是家庭社会资本，验证了本书的第二个假设。家庭人力资本每增加 10%，家庭收入增加 3.93%；家庭社会资本每增加 10%，家庭收入增加 2.12%；家庭物质资本每增加 10%，家庭收入增加 2.07%。

为了更全面地刻画家庭生产函数，考虑加入家庭特征如户主年龄、性别、健康状况、父辈是否担任行政职务、家庭人数、是否常住居民等控制变量。逐步回归结果汇总如表 5 – 2 所示。

表 5 – 2　　　　　　　　　　家庭生产函数回归系数汇总

变量	模型 1	模型 2	模型 3	模型 4
常数项	7.519 **	7.491 **	7.43 **	5.964 **
家庭物质资本	0.186 **	0.192 **	0.189 **	0.187 **
是否有电视	0.448 **	0.435 **	0.472 **	0.467 **
是否有电脑	0.186 **	0.182 **	0.205 **	0.180 **
家庭人力资本	0.156 **	0.156 **	0.157 **	0.135 **
家庭人数	0.124 **	0.122 **	0.120 **	0.137 **
现在的职业	0.026 **	0.026 **	0.027 **	0.026 **
健康状况	–0.002 **	–0.002 **	–0.002 **	–0.002 **
家庭社会资本	0.178 **			
结构社会资本		0.150 **		
网络水平				0.259 **

续表

变量	模型 1	模型 2	模型 3	模型 4
认知社会资本			0.164 **	
互惠				-0.121 **
共享				0.278 **
可决系数	0.494	0.494	0.493	0.515
F 值	39.327	39.328	39.182	35.088

注：** 表示在 0.05 的显著性水平下回归系数是显著的。模型 1 将社会资本作为自变量，模型 2 将结构型社会资本作为自变量，模型 3 将认知型社会资本作为自变量，模型 4 将社会资本的构成要素作为自变量。

从表 5 - 2 的回归结果可以看出，加入一系列控制变量后，家庭物质资本、人力资本和社会资本的产出弹性变小，家庭是否有电视、是否有电脑、家庭人数、现在的职业、健康状况对其均有一定程度的影响。4 个回归模型中，除了社会资本变量，其余变量的回归结果差别不大。

从第二列模型 1 回归结果可知，家庭社会资本每变动 10%，家庭收入变动 1.78%；拥有电视的家庭，家庭收入高出 44.8%；拥有电脑的家庭，家庭收入增加 18.6%；家庭人数每增加一个，家庭收入增加 12.4%；现在的职业每变动一个单位，家庭收入增加 2.6%；健康状况①每下降一个单位，家庭收入减少 0.2%。从第五列模型 4 回归发现，社会资本的九个构成要素中，结构型社会资本中的网络水平、认知型社会资本中的互惠和共享对家庭收入有显著影响，其余几个要素的回归系数不显著。其中，社会关系网络中的职业社会声望平均得分每变动 10%，家庭收入变动 2.59%，共享程度每变动一个单位，家庭收入变动 27.8%。另外，互惠的回归系数为负，也就是说家庭与周围人的互惠程度越大，家庭收入越低。越是较贫困的家庭，与邻居、亲朋好友互惠的可能性越大，因为时间相对充裕一些；越是相对收入水平较高的家庭，时间相对缺乏，互惠的可能性越小。

（二）稳定性检验：社会资本收入决定函数

为了检验嵌入社会资本的家庭生产函数的稳定性，这里采用另一种社会

① 健康状况分别为：1——健康，2——一般，3——患病，4——残疾，因此取值越大，家庭收入越小，二者呈负相关关系。

资本收入决定函数，观察社会资本对家庭收入的影响是否稳定。与前面的实证分析相似，实证结果如表 5－3 所示。

表 5－3　　社会资本收入决定函数回归系数

变量	模型 1	模型 2	模型 3	模型 4
常数项	8.075 **	8.074 **	8.041 **	7.626 **
家庭物质资本	0.002 **	0.002 **	0.002 **	0.002 **
是否有电视	0.451 **	0.440 **	0.468 **	0.451 **
是否有电脑	0.209 **	0.206 **	0.234 **	0.196 **
家庭人力资本	0.04	0.04	0.041	0.032
家庭人数	0.165 **	0.164 **	0.159 **	0.168 **
现在的职业	0.026 **	0.026 **	0.029 **	0.026 **
健康状况	－0.002 **	－0.002 **	－0.002 **	－0.002 **
家庭社会资本	0.177 **			
结构社会资本		0.114 **		
网络水平				0.006 **
认知社会资本			0.054	
互惠				－0.054 **
共享				0.049 **
可决系数	0.486	0.485	0.477	0.509
F 值	43.171	42.838	47.919	37.788

注：** 表示在 0.05 的显著性水平下回归系数是显著的。模型 1 将社会资本作为自变量，模型 2 将结构型社会资本作为自变量，模型 3 将认知型社会资本作为自变量，模型 4 将社会资本的构成要素作为自变量。

从表 5－3 可以看出，家庭人力资本和认知型社会资本对收入的影响不是很显著，家庭物质资本、家庭社会资本以及结构型社会资本对收入的影响是显著的。家庭社会资本每变动一个单位，家庭收入变动 17.7%。这也从侧面说明了本书提出的家庭生产函数能够较好地刻画社会资本与居民收入的影响。

（三）城乡对比分析

由于城市社区和村庄在生产方式、收入获取等方面存在较大的差异，不同的生产投入要素对城乡收入的贡献程度必然会不同。参照之前的总体回归方法，这里将家庭生产函数和社会资本收入决定函数作为对比，采用最小二乘方法进行回归，结果如表 5 -4 所示。

表 5 -4　　两种模型的城乡回归系数

一年总支出	家庭生产函数		社会资本收入决定函数	
	城市	农村	城市	农村
常数项	7.084 **	8.620 **	8.449 **	8.494 **
家庭物质资本	0.495 ** (0.273)	0.071	0.010 ** (0.309)	0.002 ** (0.089)
家庭人力资本	0.418 ** (0.255)	0.710 ** (0.491)	0.066 ** (0.219)	0.120 ** (0.469)
家庭社会资本	0.569 ** (0.241)	0.382 ** (0.141)	0.400 ** (0.183)	0.265 ** (0.134)
可决系数	0.197	0.239	0.191	0.242
F 值	30.750	71.933	30.242	48.583

注：** 表示在 0.05 的显著性水平下回归系数是显著的，括号内的是标准化回归系数。家庭生产函数模型中生产要素都是取对数之后的变量值，社会资本收入决定函数中只有家庭收入取对数。

从表 5 -4 可以看出，城乡贫困家庭的模型回归结果存在一定程度的差异。首先来看家庭生产函数，各种投入要素中，城市贫困家庭的社会资本和物质资本产出弹性均大于农村家庭，人力资本产出弹性小于农村家庭。另外，城市和农村家庭的三种资本产出弹性系数之和均大于 1，规模报酬递增。

其次来看社会资本收入决定函数，城市和农村的三大投入要素都是显著的。城市贫困家庭的标准回归系数从大到小依次为：家庭物质资本、家庭人力资本和家庭社会资本，农村家庭依次为：家庭人力资本、家庭社会资本、家庭物质资本。这说明对于城市家庭来说，应该增加物质资本和人力资本投入，对于农村家庭来说应该加大人力资本和社会资本投入。另外，对于城市来说，家庭生产函数的可决系数大于社会资本收入决定函数，但是农村的家庭生产函数的可决系数小于社会资本收入决定函数，所以如果从模型上来说，很难判断孰优孰劣。

引入控制变量，分析城乡贫困家庭的结构型和认识型社会资本是否存在一定的差异（见表 5 -5）。

表 5－5　　城乡家庭生产函数回归系数

一年总支出	模型 1		模型 2		模型 3	
	城市	农村	城市	农村	城市	农村
常数项	7. 308 **	8. 111 **	7. 325 **	8. 173 **	7. 238 **	7. 785 **
家庭物质资本	0. 322 **	0. 048	0. 314 **	0. 052	0. 330 **	0. 067
是否有电脑	0. 411 **	0. 231 **	0. 405 **	0. 237 **	0. 440 **	0. 282 **
是否有电视	0. 366 **		0. 343 **		0. 375 **	
是否有电话	0. 122 **		0. 119 **		0. 121 **	
家庭人力资本	0. 037	0. 277 **	0. 037	0. 271 **	0. 039	0. 258 **
家庭人数	0. 142 **	0. 107 **	0. 144 **	0. 110 **	0. 140 **	0. 101 **
健康状况		－0. 002 **		－0. 002 **		－0. 002 **
现在的职业						0. 033 **
父辈行政职务		0. 116 **		0. 127 **		0. 127 **
家庭社会资本	0. 192 **	0. 225 **				
结构社会资本			0. 151 **	0. 287 **		
认知社会资本					0. 221 **	0. 036
可决系数	0. 289	0. 256	0. 291	0. 258	0. 293	0. 254
F 值	31. 284	29. 167	31. 634	29. 571	31. 850	28. 834

注：** 表示在 0. 05 的显著性水平下回归系数是显著的。模型 1 将社会资本作为自变量，模型 2 将结构型社会资本作为自变量，模型 3 将认知型社会资本作为自变量。

从表 5－5 的三个家庭生产函数回归模型可以看出，加入一系列控制变量之后，可决系数增大，回归方程整体上是显著的。（1）对于城镇家庭来说，拥有电脑的家庭收入增加 41. 1%，拥有电视的家庭收入增加 36. 6%，拥有电话的家庭收入增加 12. 2%。这也与城市贫困家庭生活环境有关，平时很少出门，主要依靠这些与外界取得联系。（2）对于农村家庭来说，父辈担任行政职务的家庭收入增加 11. 6%，健康状况每上升一个单位，家庭收入增加 0. 2%。这与农村的生产生活环境有很大关系，担任行政职务的家庭，拥有更多的社会资本资源；健康程度较好的家庭，劳动力更多，有机会获得较多的家庭收入。（3）结构型社会资本每变动 10%，城市家庭收入变动 1. 51%，农村家庭收入变动 2. 87%；认知型社会资本对城市家庭来说影响是显著的，认知型社会资本每变动 10%，城市家庭收入变动 2. 21%。但是对农村家庭来说影响不是很显著，认知型社会资本的作用还没有完全凸显出来，需要更进一步研究。

从表5－6两种函数的回归结果可以看出，社会资本的构成要素中，只有一些因素能够影响家庭收入。对于家庭生产函数来说，城市家庭的网络水平和信任程度显著影响家庭收入，网络水平每增加10%，家庭收入增加2.75%；信任程度每增加一个单位，家庭收入增加17.1%。这可能是城市家庭的交友圈子中，平均职业社会声望得分越高的家庭，家庭收入会有所增加；信任程度越高的家庭，周围的朋友更愿意与其交往，家庭收入增加的可能性也越大。

表5－6　　　　基于社会资本构成要素的城乡回归系数

一年总支出	家庭生产函数		收入决定函数	
	城市	农村	城市	农村
常数项	5.707**	6.571**	7.687**	7.311**
家庭物质资本	0.336**	0.047	0.006**	0.002**
是否有电脑	0.403**		0.339**	0.207**
是否有电视	0.417**		0.374**	0.079
是否有电话	0.124**		0.126**	
家庭人力资本	0.033	0.269**	0.037	0.079
家庭人数	0.130**	0.128**	0.129**	0.190**
健康状况				0.098**
现在的职业		0.031**		
父辈行政职务		0.133**		0.315**
母亲职业			－0.016**	
网络水平	0.275**		0.006**	
网顶		0.257**		0.005**
信任程度	0.171**	－0.226**	0.032**	
互惠				－0.050**
共享		0.369**		0.069**
可决系数	0.311	0.268	0.313	0.262
F值	29.756	26.608	26.197	22.516

注：** 表示在0.05的显著性水平下回归系数是显著的。

农村家庭的网顶、共享回归系数是显著的，共享程度每增加一个单位，家庭收入增加36.9%；网顶每变动10%，家庭收入变动2.57%。这说明农村家庭的交友圈子中社会声望得分最高的家庭，能够得到有效信息和获取收入的渠道，家庭收入增加的可能性越大；越是能够与周围的亲朋好友共享食物、信息的家庭，越是有人愿意与其交往，家庭收入越可能增加。但是，农村家庭信任程度的回归系数为负，对于社会资本收入决定函数来说，农村家庭的互惠程度显著为负，这可能是由于互惠和信任程度与居民收入之间存在复杂又独特的影响机制，有待进一步研究。

二、社会资本对居民收入的间接影响——引入交互项

贫困家庭的物质资本、人力资本和社会资本投入（包括政府投入）能够带动贫困家庭收入的增加，起到一定的反贫困效果。那么，我们需要证明的是，政府的反贫困政策效果是否会影响贫困家庭居民收入。

为了验证三维资本的交互效应是否能够对贫困家庭收入带来影响，社会资本与政府反贫困政策效果的交互效应是否能够增加贫困家庭的收入，我们选取反贫困政策投入的满意度和政府的反贫困政策效果作为变量①进行检验。

采用逐步回归分析方法，对家庭生产函数模型进行回归，如表 5－7 所示。

表 5－7　　家庭生产函数回归系数

变量	模型 1－1	模型 1－2	模型 1－3	模型 1－4	模型 1－5	模型 1－6	模型 1－7
常数项	7.356**	7.302**	7.657**	7.633**	7.497**	7.425**	7.370**
物质资本	0.264**	0.193**	0.159**	0.175**	0.185**	0.188**	0.187**
人力资本	0.398**	0.187**	0.093	0.191**	0.326**	0.185**	0.181**
家庭人数		0.119**	0.135**	0.123**	0.118**	0.121**	0.122**
现在职业		0.035**	0.034**	0.035**	0.035**	0.038**	0.038**
性别				－0.111**			
社会资本	0.203**	0.044	－0.046				
结构 SC				0.120**	0.191**		

① 主要通过两个问题来反映：一是您对政府反贫困政策的投入情况满意度：（1）很不满意；（2）不太满意；（3）一般；（4）比较满意；（5）非常满意。二是您认为近两三年来政府的扶贫效果与以往有什么不同？（1）变差了；（2）基本相同；（3）有一定改善；（4）有非常大的改善。

续表

变量	模型 1 – 1	模型 1 – 2	模型 1 – 3	模型 1 – 4	模型 1 – 5	模型 1 – 6	模型 1 – 7
认知 SC						0.141 **	0.019
扶贫效果☆	0.114 **	−0.037	0.037	0.002	−0.023	0.108 **	0.064
SC 与扶贫		0.288 **	0.233 **	0.226 **	0.272 **		0.173 **
SC 与 HC			0.144 **		−0.070 **		−0.084
可决系数	0.161	0.207	0.206	0.214	0.215	0.200	0.196
F 值	46.915	51.118	50.943	37.911	38.209	40.767	47.690

注：** 表示在 0.05 的显著性水平下回归系数是显著的。模型 1 – 1 仅含有三维资本与反贫困政策效果，模型 1 – 2 含有特征变量——社会资本与扶贫政策变量的交互项，模型 1 – 3 含有社会资本与人力资本的交互项，模型 1 – 4 含有结构型社会资本以及结构社会资本与扶贫变量的交互项，模型 1 – 5 含有结构与人力资本交互项，模型 1 – 6 含有认知型社会资本及扶贫政策变量，模型 1 – 7 含有认知型社会资本及其交互项。

实证结果发现，政府反贫困政策投入满意度变量回归系数不显著，故将其从方程中剔除，仅保留政府反贫困政策效果变量作为扶贫政策变量。

从表 5 – 7 的回归结果可以看出，六个回归方程整体来说是显著的，三维资本与政府反贫困政策效果对居民家庭收入均呈现正的影响关系。从模型 1 – 1 可以看出，政府反贫困政策效果变动一个单位，居民家庭收入变动 11.4%。从模型 1 – 2 可以看出，社会资本与政府反贫困政策效果的交互项回归系数显著，可决系数也有一定的提高，但是社会资本与扶贫政策变量的系数不再显著。模型 1 – 3 加入了社会资本与人力资本的交互项，很显然回归系数显著，但人力资本、社会资本与扶贫政策变量的系数不再显著。模型 1 – 4 考虑结构型社会资本与政策变量的影响，回归系数均是显著的，而且结构与政策变量的交互项也呈现一定的显著性。结构型社会资本每变动 10%，居民家庭收入变动 1.2%；结构与政策变量交互项变动 10%，居民家庭收入变动 2.26%。模型 1 – 5 加入结构型社会资本与人力资本的交互项，人力资本、结构型社会资本以及结构与政策变量的交互项的回归系数均有所提高，结构与人力资本的交互项回归系数显著为负。从模型 1 – 6 可以看出，认知型社会资本和反贫困政策变量的回归系数显著，认知型社会资本变动 10%，家庭收入变动 1.41%；扶贫政策变量变动一个单位，家庭收入变动 10.8%。模型 1 – 7 考虑认知型社会资本及其交互项的影响，除了认知型社会资本与扶贫政策变量的交互项回归系数显著，认知型社会资本与扶贫政策各自的回归系数不再显著，而且认知型社会资本与人力资本的交互项也不显著。

三、社会资本对务工收入的影响分析

贫困家庭居民收入来源中，一部分是来自务工收入，且务工收入占的比重也在逐步提高，因此这里单独分析社会资本对贫困家庭务工收入的影响。与前面的分析相似，务工收入是因变量，社会资本、人力资本和物质资本是自变量，回归结果如表5－8所示。

表5－8　家庭生产函数的回归系数

变量	模型1	模型2	模型3	模型4
常数项	6.831**	5.218	6.899	3.543**
家庭人力资本	0.611**（0.365）	0.674**（0.399）	0.622**（0.372）	0.718**（0.440）
家庭物质资本	0.346**（0.195）	0.607**（0.318）	0.349**（0.197）	0.463**（0.237）
家庭社会资本	0.336**（0.105）	0.309**（0.100）		
扶贫政策效果		0.188**（0.193）		
结构型SC			0.413**（0.142）	
网顶				0.549**（0.143）
可决系数	0.173	0.226	0.182	0.220
F值	32.972	26.681	34.964	32.919

注：** 表示在0.05的显著性水平下回归系数是显著的；括号里面的是标准化之后的回归系数。

从模型1可以看出，对贫困家庭来说，人力资本对务工收入的影响最大，其次是物质资本，最后是社会资本。模型2加入政府扶贫政策效果变量，可决系数有较大提高，扶贫政策效果对务工收入影响显著。从模型3可以看出，结构型社会资本对务工收入也有较大影响，认知型社会资本对务工收入的影响不大。从模型4的社会资本构成要素来看，仅有网顶对务工收入有影响，其余构成要素没有显著作用。这也从侧面说明，社会关系网络对贫困家庭来说，是比较重要的，尤其是社会关系网络中社会职业声望得分越高，对务工收入的影响越明显。

从表5－9的分析可知，作为城市社区的贫困家庭，家庭物质资本对务工收入的影响最大，其次是家庭社会资本，最后是家庭人力资本。进一步来看，结构型社会资本对务工收入影响显著，认知型社会资本依然不显著。社会资本的构成要素中，网络水平度务工收入的影响显著，其余均不显著。这说明，对于城市贫困家庭而言，社会关系网络依然很重要，尤其是关系网络中社会职业声望平均得分，平均得分越高，务工收入就会增加。

表 5－9　　　　城市贫困家庭生产函数的回归系数

变量	模型 1	模型 2	模型 3
常数项	6.836 **	7.125 **	5.526 **
家庭人力资本	0.270 ** (0.162)	0.257 ** (0.155)	0.106
家庭物质资本	0.550 ** (0.304)	0.511 ** (0.283)	0.359 ** (0.206)
家庭社会资本	0.400 ** (0.168)		
结构型社会资本		0.493 ** (0.242)	
网络水平			0.542 ** (0.190)
可决系数	0.132	0.162	0.091
F 值	12.025	15.187	7.817

注：** 表示在 0.05 的显著性水平下回归系数是显著的；括号里面的是标准化之后的回归系数。

从表 5－10 分析可知，对于农村贫困家庭来说，家庭人力资本对务工收入的影响最大，其次是物质资本，最后是社会资本，与整体回归结果一致。但是，结构型和认知型社会资本的回归系数均不显著，仅有结构型社会资本中的网络差异，对务工收入有显著影响，其余构成要素影响均不显著。这说明，对于农村贫困家庭来说，交往人群越多样性，对务工收入的影响越大。

表 5－10　　　　农村贫困家庭生产函数的回归系数

变量	模型 1	模型 2	模型 3
常数项	6.147 **	5.631 **	4.331 **
家庭人力资本	0.840 ** (0.501)	0.778 ** (0.464)	0.890 ** (0.535)
家庭物质资本	0.405 ** (0.189)	0.443 ** (0.207)	0.608 ** (0.258)
家庭社会资本	0.500 ** (0.122)		
结构型社会资本		0.108	
认知型社会资本		0.050	
网络差异			0.303 ** (0.127)
可决系数	0.279	0.266	0.342
F 值	30.094	42.420	33.073

注：** 表示在 0.05 的显著性水平下回归系数是显著的；括号里面的是标准化之后的回归系数。

本章小结

一、研究结论

首先，从社会资本与居民收入的研究现状出发，构建家庭生产函数和社会资本收入决定函数模型。利用调研数据进行实证检验，结果发现三维资本能够促进居民家庭收入的增加。将收入决定函数作为稳定性检验，结果发现社会资本的回归系数与家庭生产函数的回归系数变化不大，而家庭人力资本的回归系数不显著。由此可见，社会资本对居民收入的影响是稳定的。

其次，通过城乡对比分析研究发现，城乡家庭的回归系数存在一定的差异。社会资本的构成要素中，网络水平和信任程度能够正向影响城市贫困家庭的收入，网顶和共享程度能够正向影响农村贫困家庭的收入。这说明，对于城市贫困家庭来说，社会关系网络中职业社会声望平均得分，以及彼此的信任能够显著影响家庭收入。对于农村家庭来说，交往人群中职业社会声望越高，彼此之间共享的概率越大，越有可能获取更多的就业渠道，增加收入的可能性越大。

最后，引入扶贫政策效果变量和交互项，综合考虑社会资本与扶贫政策效果对居民家庭收入的影响，结果发现政府反贫困政策效果变量对贫困家庭居民收入有显著的促进作用，而且（结构型、认知型）社会资本与扶贫政策效果变量的交互项对居民家庭收入有显著影响。

二、研究启示

尽管本书仅采取了典型调查，随机抽取了我国部分城市和农村的典型社区与村庄的贫困家庭进行调查，但是该调查样本具有一定的代表性。

首先，对于贫困家庭而言，人力资本和社会资本的投入能够显著提高家庭收入，尤其是社会资本投入具有极大的稳定性。处于贫困地区的贫困家庭，由于缺乏必要的谋生手段，健康状况不好，受教育水平低，难以从根本上摆脱贫困。因此，政府应该加大人力资本和社会资本投入力度，为贫困群体提供就业培训、就业机会、医疗救助、社会保障、互帮互助组织等，从根本上解决贫困群体的就业难、工作机会少、收入水平低的问题。

其次，扶贫政策效果能够显著影响贫困家庭的收入。随着政府的物质资本、人力资本和社会资本投入力度的加大，政府扶贫政策取得了一定的效果。通过实证分析发现，不管是结构型还是认知型社会资本，与反贫困政策效果的交互作用能够影响贫困家庭收入。这说明，政府的扶贫政策效果也能够激发贫困家庭劳动的积极性和创造性，进而创造更多的收入，巩固反贫困政策效果。

最后，社会资本能够显著影响贫困家庭的务工收入。尤其是社会关系网络，关系网络越广泛，关系网络中社会职业声望越高，对务工收入有显著的影响。政府应该扩大贫困家庭的关系网络，以社区为单位，组织多种形式的公共集体活动，让更多的贫困群体加入进来，为更多的贫困家庭提供就业机会，进而提高务工的收入水平。

第六章　政府反贫困政策效果的评价研究——中观层次

从我国反贫困政策的扶贫主体来看，贫困问题的解决还需依靠政府的力量，那么对反贫困政策效果的评价就显得比较重要。虽然对反贫困的研究有不少，但多半是从物质资本和人力资本的视角研究，从社会资本视角进行研究的较少。因此，将家庭层次的数据上升到社区层次，对政府反贫困政策效果的有效性进行评价成为研究的落脚点。基于调研数据，在对政府反贫困政策的投入—产出进行描述分析的基础上，将数据汇总到社区层次，运用数据包络分析对典型社区和村庄的政府反贫困政策的有效性进行评价。基于对贫困家庭实际调研数据，尤其是对政府政策投入—产出效果的调查分析，延续前面的分析思路，尝试以社区和村庄为分析视角，利用数据包络分析对政府反贫困政策实施效果的有效性进行考量。

第一节　政府反贫困政策投入的描述性分析

以实际的政府投入调研资料为依托，主要从贫困成因①、反贫困政策投入、参与过程、收入效果、最想得到的扶贫项目五个方面进行描述分析。

---

① 您认为导致贫困的主要原因有哪些（可选择三项）？（1）文化素质低；（2）缺乏就业技能；（3）缺乏劳力；（4）缺乏信息，缺乏合作与信任，发展机会少；（5）与别人的交往不够，没人帮助；（6）下岗失业；（7）政府扶持不够；（8）本人患病或家中有重病人；（9）孩子上学负担重；（10）其他（请注明）。

一、贫困成因分析

贫困成因的具体分析，如表 6－1、表 6－2 和图 6－1 所示。

表 6－1　　城市贫困家庭贫困原因的频数分析

贫困原因	回答		样本（%）
	N	Percent（%）	N
文化低	171	17.4	44.4
与人交往不够	152	15.4	39.5
农业生产条件技术差	136	13.8	35.3
缺乏非农生产技能	40	4.1	10.4
缺少劳力	32	3.2	8.3
缺乏信息、合作、信任与发展机会	130	13.2	33.8
政府扶持不够	28	2.8	7.3
患病	205	20.8	53.2
孩子上学负担重	86	8.7	22.3
交通条件差	5	0.5	1.3
合计	985	100.0	255.8

表 6－2　　农村贫困家庭贫困原因的频数分析

贫困原因	回答		样本（%）
	N	Percent（%）	N
文化低	207	17.6	42.9
与人交往不够	33	2.8	6.8
农业生产条件技术差	258	21.9	53.4
缺乏非农生产技能	97	8.2	20.1
缺少劳力	84	7.1	17.4
缺乏信息、合作、信任与发展机会	109	9.2	22.6
政府扶持不够	61	5.2	12.6
患病	120	10.2	24.8
孩子上学负担重	78	6.6	16.1
交通条件差	80	6.8	16.6
生活环境恶劣	52	4.4	10.8
合计	1179	100.0	244.1

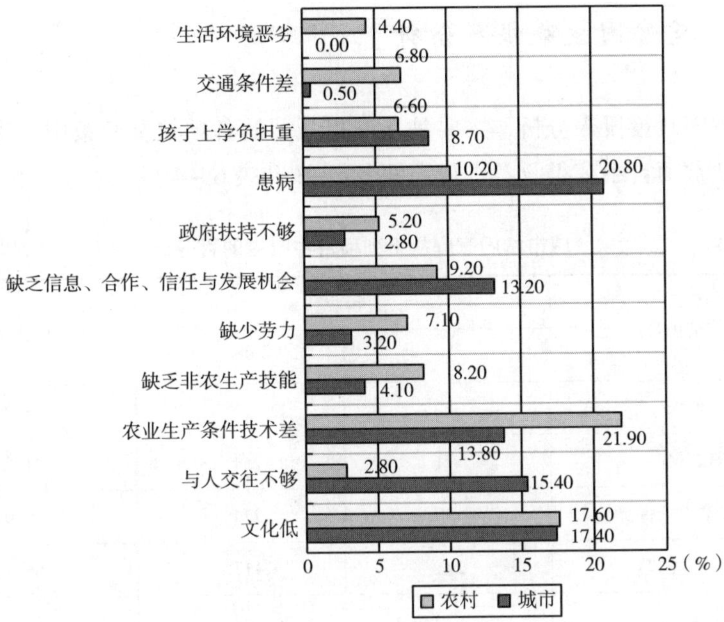

图6-1　城乡贫困原因频数

从图6-1、表6-1和表6-2的贫困成因分析可以看出，城乡家庭的贫困原因存在一定的差异性。基于典型社区的城市贫困原因的频数分析，前六位从大到小排列依次是：患病（20.8%）>文化低（17.4%）>与人交往不够（15.4%）>生产条件技术差（13.8%）>缺乏信息、合作、信任与发展的机会（13.2%）>孩子上学负担重（8.7%）。基于典型村庄的农村贫困原因的频数分析，前六位依次为：农业生产条件技术差（21.9%）>文化低（17.6%）>患病（10.2%）>缺乏信息、合作、信任与发展的机会（9.2%）>缺乏非农生产技能（8.2%）>缺少劳动力（7.1%）。

由此可见，对于城市贫困家庭来说，人力资本（健康状况、文化程度、生产技能、教育费用）投入不足占的比重最大，社会资本（与人交往、缺乏机会）不足其次。对于农村贫困家庭来说，人力资本投入不足占的比重最大（生产技能、文化程度、健康状况、劳动力缺乏），社会资本（缺乏适当的机会）投入不足也在其二。

二、反贫困政策投入分析

反贫困政策投入分析，主要是从国家开展的各项扶贫政策中，受访人员是否从扶贫项目中获得收益进行，见表6-3和表6-4。

表6-3　　城市贫困家庭从下列项目中收益的百分比

扶贫项目	是否收益		“是”的比例（%）
	是	否	
低保	362	26	93.3
养老保险	71	254	21.8
下岗基本生活保障金	30	274	9.9
年终送温暖	231	117	66.4
住房救助	50	262	16
特困补助	38	272	12.3
税费减免	8	294	2.6
小额贷款	5	298	1.7
医疗救助	91	223	29
教育救助	39	274	12.5
工伤、生育保险	5	295	1.7
就业培训	25	286	8.0
结对子	37	275	11.9
就业援助	13	290	4.3
职业介绍	23	280	7.6
公共服务建设	35	276	11.3
志愿者服务	19	283	6.3
文体活动	29	275	9.5

表 6-4　　　　农村贫困家庭从下列项目中收益的百分比

扶贫项目	是否收益		"是"的比例(%)
	是	否	
低保☆	125	223	35.9
五保供养☆☆	7	297	2.3
财政补贴	290	121	70.6
异地搬迁	3	289	1.0
自然灾害救助	70	247	22.1
特困补助	54	259	17.3
税费减免	307	101	75.2
小额贷款	77	239	24.4
扶贫贴息贷款	23	274	7.7
新农村合作医疗	384	74	83.8
医疗救助	88	226	28.0
两减一免	147	190	43.6
就业培训	21	278	7.0
产业项目开发	13	289	4.3
以工代赈☆☆☆	6	294	2.0
东西协作	15	289	4.9
结对子	54	262	17.1
就业援助	4	290	1.4
职业介绍	5	288	1.7
公共服务建设	138	208	39.9
志愿者服务	3	290	1.0
文体活动	60	258	18.9

注：农村居民最低生活保障制度，是指对共同生活的家庭成员年人均收入低于农村最低生活保障标准的农村困难居民实行差额救助的社会救济制度。

老年、残疾或者未满16周岁的村民，无劳动能力、无生活来源又无法定赡养、抚养、扶养义务人，或者其法定赡养、抚养、扶养义务人无赡养、抚养、扶养能力的，享受农村五保供养待遇。农村五保供养包括：（1）供给粮油、副食品和生活用燃料；（2）供给服装、被褥等生活用品和零用钱；（3）提供符合基本居住条件的住房；（4）提供疾病治疗，对生活不能自理的给予照料；（5）办理丧葬事宜。农村五保供养对象未满16周岁或者已满16周岁仍在接受义务教育的，应当保障他们依法接受义务教育所需费用。农村五保供养对象的疾病治疗，应当与当地农村合作医疗和农村医疗救助制度相衔接。

2005年12月国家发展和改革委员会发布的《国家以工代赈管理办法》规定，以工代赈，是指政府投资建设基础设施工程，受赈济者参加工程建设获得劳务报酬，以此取代直接救济的一种扶持政策。现阶段，以工代赈是一项农村扶贫政策。国家安排以工代赈投入建设农村小型基础设施工程，贫困农民参加以工代赈工程建设，获得劳务报酬，直接增加收入。

对于城市贫困家庭来说，政府反贫困政策的物质资本投入中，比重最大的五个扶贫项目从大到小依次为：低保、年终送温暖、养老保险、住房救助、特困补助；政府反贫困政策的人力资本投入中，比重最大的两个扶贫项目依次为：医疗救助、教育救助；政府反贫困政策的社会资本投入中，比重从大到小依次为：结对子、公共服务建设、文体活动、职业介绍、志愿者服务、就业援助。

对于农村贫困家庭来说，政府反贫困政策的物质资本投入中，比重较大的5个扶贫项目依次为：税费减免、财政补贴、低保、小额贷款、自然灾害救助；人力资本投入中，比重最大的两个扶贫项目为：新农合、两减一免；社会资本投入中，比重较大的扶贫项目依次为：公共服务建设、文体活动、结对子。

另外，调查中我们发现：对于城市贫困家庭来说，所有应答者中有17.2%的家庭曾得到其他援助。其他援助者主要是居委会、县镇政府机关、妇联、工会、志愿者协会等，援助内容主要是现金、食物、小孩上学、介绍工作。对于农村贫困家庭来说，应答者中有18%的家庭曾得到其他援助。其他援助者主要是县镇政府机关、村委会、专业技术人员、农业技术推广站、农机站等，援助内容主要是现金、食物、治病、劳务、组织参与集体文体活动和提供培训机会等。这些援助形式对于扶贫的家庭来说，还是起了一定的作用。

三、反贫困政策过程分析

反贫困政策过程分析，主要从贫困家庭的表达渠道、参与方式和资助类型决定者三个方面展开调查。

对表达渠道的频数分析发现，城市贫困家庭多半是通过街道委员会，很少一部分是通过县级扶贫部门和参与项目；农村贫困家庭多半是通过村委会，其次是参与项目和县级扶贫部门，见图6-2。

对参与方式调查的频数分析发现，一半的城市贫困家庭选择“投工投劳”，参与选择仅占13%；农村贫困家庭中，近六成的家庭选择“投工投劳”，其次是参与选择和参与监督，各占20%和13%，见图6-3。

对于资助类型决定者调查分析发现，上级决定占很大比重，其次是共同

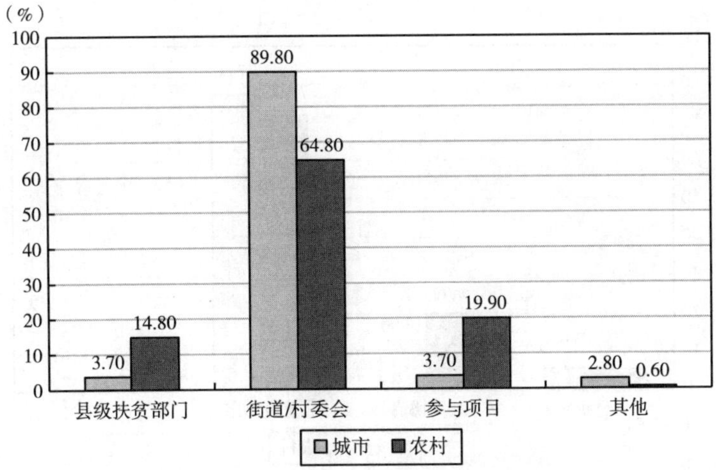

图 6-2　贫困家庭的表达渠道频数对比

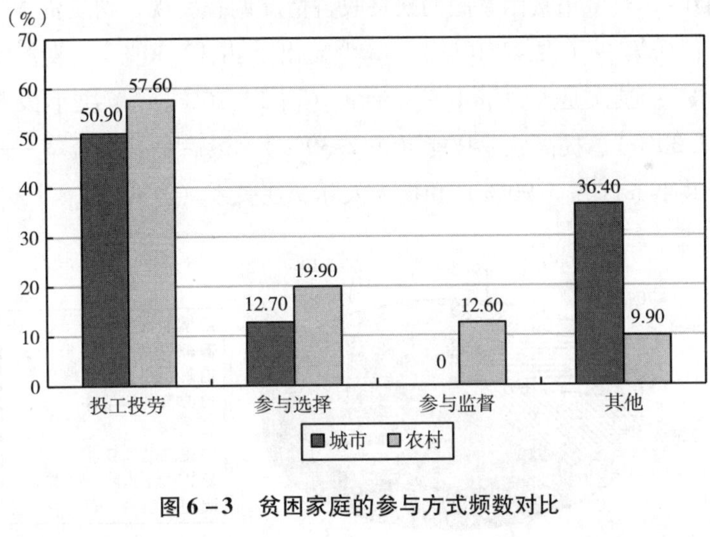

图 6-3　贫困家庭的参与方式频数对比

协商，自己决定占极少一部分，见图 6-4。

四、反贫困政策投入效果分析

政府反贫困政策投入效果分析，主要从扶贫收益情况、扶贫效果和扶贫投入的满意度三个方面展开。

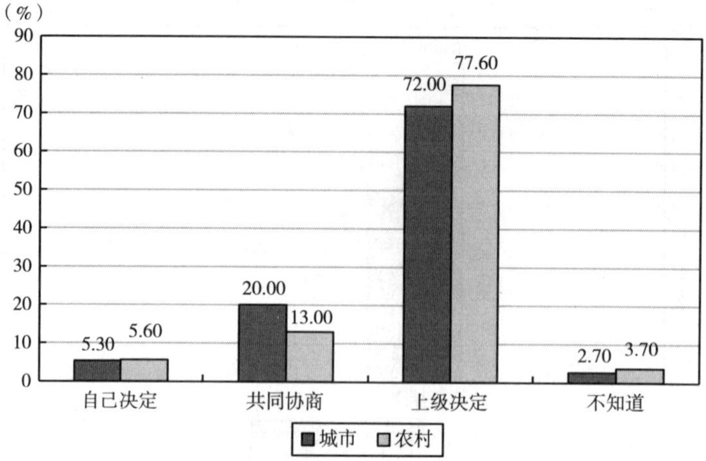

图 6－4　贫困家庭的资助类型决定者频数对比

从图 6－5 对城市贫困家庭的扶贫收益情况调查发现，物质资本——增加现金收入位居第一（占 47.10%），减少支出（占 12.50%），改善住房条件（占 4.30%）；其次是人力资本——治病（占 14.70%）、解决小孩上学难问题（占 12.30%）、提高就业技能（占 2.30%），最后是社会资本——更多机会了解公共事务（占 5.90%）和扩大人际交往关系（0.90%）。

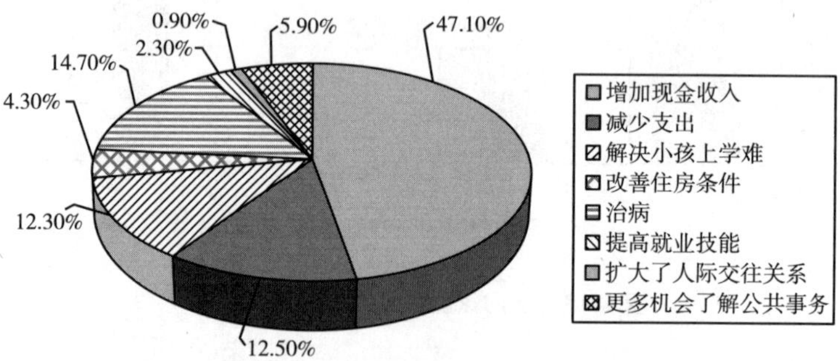

图 6－5　城市贫困家庭扶贫受益情况的频数分析

从图 6－6 可以看出，对于农村贫困家庭来说，物质资本——改善生产生活条件（33.90%）、增加现金收入（29.00%）、减少支出（16.30%），其次是人力资本——提高生产技能（16.30%），最后是社会资本——更多机会了解公共事务（4.50%）。

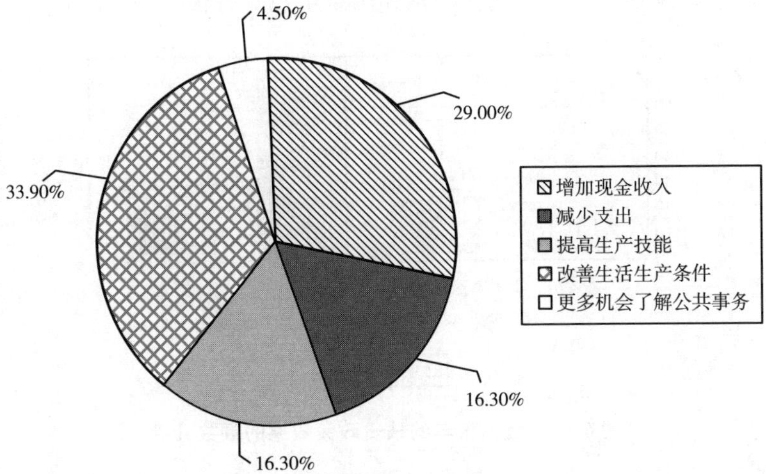

图6－6　农村贫困家庭扶贫受益情况的频数分析

从图6－7可以看出，不管是城市还是农村贫困家庭，近一半的家庭对扶贫政策投入还是比较满意的，近1/4的家庭认为扶贫政策投入一般，有近1/5的家庭对扶贫政策非常满意，非常不满意和不太满意的家庭仅占1/10。整体上来说，扶贫政策投入满意度还比较高。

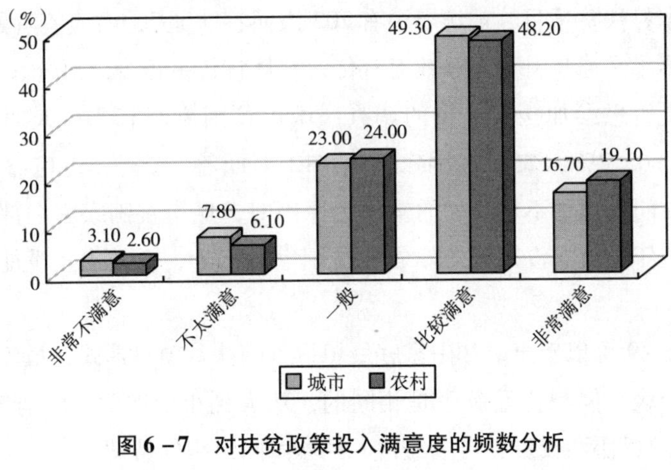

图6－7　对扶贫政策投入满意度的频数分析

从图6－8对近两三年扶贫政策效果的调查分析发现，有六成以上的家庭认为有一定改善，有1/5的家庭认为基本相同，有约15%的家庭认为有非常大的改善，认为变差的家庭仅占不到2%。整体上来说，扶贫政策效果有较大改善。进一步对扶贫效果改善的原因调查发现，近两三年扶持力度加大、低保提高、补助增加、干部责任心重和国家重视等有很大关系。

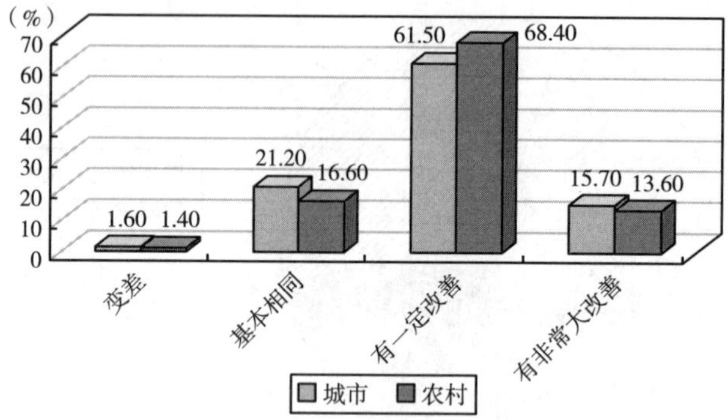

图 6-8　近两三年的扶贫政策效果的频数分析

五、最想得到的扶贫项目

对于城市典型社区的调查我们发现，是否了解本社区扶贫项目，被访者中有 135 人回答“是”，占应答者的 31.3%，了解渠道一般是通过社区委员会、政府宣传，媒体宣传占很少一部分；对于农村典型村庄的调查我们发现，是否了解本村扶贫项目，被访者中有 202 人回答“是”，占应答者的 41.7%，了解渠道多半是通过村委会和政府宣传，媒体宣传占很少一部分。

对于是否想参加扶贫项目的调查，城市贫困家庭有 216 人回答“是”，占应答者的 63.2%，农村贫困家庭有 412 人回答“是”，占应答者比重的 90.9%。在问及那些不想参加的被访者原因时，城市贫困家庭大部分人认为身体不好、年纪大、没时间等。农村贫困家庭认为，没技术、没能力、年纪大等。

从图 6-9 可以看出，贫困家庭最想得到的扶贫项目形式，虽然城乡之间比重相差较大，但是比重次序是相同的，从大到小依次为：政府统一组织、社区居民/村民协商投资、自主经营、社会民间组织的帮助。

从表 6-5 可以看出，对于城市贫困家庭来说，最想得到的扶贫项目排名前六位分别是：医疗保险（23.3%）、直接发放救济实物或现金（18.5%）、养殖业（10.6%）、解决住房（10.4%）、提供就业机会（10.3%）、解决小孩上学问题（9.5%）。

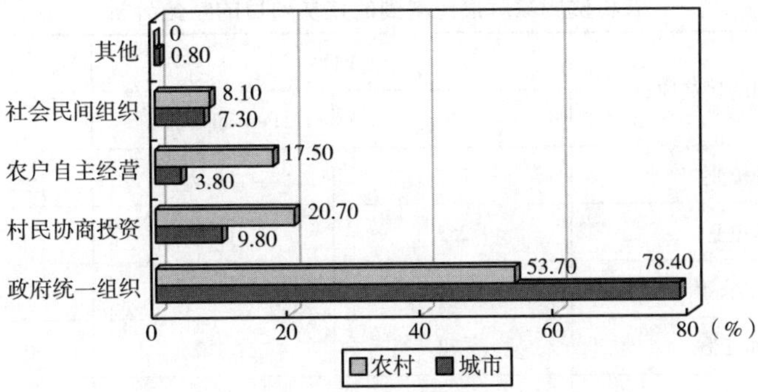

图 6-9　最想得到的扶贫项目形式的频数分析

表 6-5　城市贫困家庭最想得到的扶贫项目的频数分析

最想得到的扶贫项目	回答		样本（%）
	N	Percent（%）	N
技术培训	75	6.4	20.8
养殖业	124	10.6	34.4
医疗保险	273	23.3	75.8
社区事务、联络人际	41	3.5	11.4
社区职业介绍	44	3.8	12.2
提供就业机会	121	10.3	33.6
小额信贷	37	3.2	10.3
解决小孩上学	111	9.5	30.8
解决住房	122	10.4	33.9
直接发放救济实物或现金	217	18.5	60.3
其他	6	0.5	1.7
合计	1171	100.0	325.3

从表 6-6 可知，对于农村贫困家庭来说，最想得到的扶贫项目前六位分别是：养殖业（15.3%）、种植业（14.9%）、村镇公路（12.8%）、医疗救助（9.7%）、灌溉设施（7.2%）、技术培训（5.6%）。另外，危旧房改建、直接发放救济实物或现金、饮水工程、卫生保健等也占约 5% 的比重。

表 6-6　　　　农村贫困家庭最想得到的扶贫项目的频数分析

最想得到的扶贫项目	回答		样本（%）
	N	Percent（%）	N
种植业	247	14.9	51.2
养殖业	253	15.3	52.5
基本农田	60	3.6	12.4
饮水工程	78	4.7	16.2
村镇公路	212	12.8	44.0
灌溉设施	119	7.2	24.7
退耕还林	36	2.2	7.5
技术培训	93	5.6	19.3
卫生保健	71	4.3	14.7
医疗救助	160	9.7	33.2
合作经济组织	19	1.1	3.9
外出务工	21	1.3	4.4
沼气	16	1.0	3.3
农副产品加工	42	2.5	8.7
异地搬迁	5	0.3	1.0
教育救助	43	2.6	8.9
危旧房改建	90	5.4	18.7
直接发放扶贫资金或实物	88	5.3	18.3
合计	1653	100.0	342.9

由此可见，城乡贫困家庭最想得到的扶贫项目还是存在一定的差异。对于城市贫困家庭来说，看病、资金、住房、就业、教育占据较为重要的位置，需要加大人力资本的投入力度，物质资本和社会资本投入也应该重视。对于农村贫困家庭来说，物质资本等基础设施条件、人力资本等扶贫项目较为看重，但是除了加大对农村的物质资本和人力资本投入之外，社会资本的投入也不容忽视。

第二节　政府反贫困政策评价的数据包络分析

从前面对政府反贫困政策投入的描述性分析我们发现，贫困家庭来自政府的人力资本投入和社会资本投入存在不足。但是，政府反贫困政策确实产生了一定的实际效果，从反贫困政策的效果分析也可以窥见一斑。那么，将家庭层次的调查资料汇集到社区和村庄层次，以社区和村庄为单位的政府反贫困政策效果如何，尤其是牵扯到多个投入指标和多个产出指标的情况下，如何科学合理地评价政府反贫困政策，本书拟将数据包络分析应用于社区和村庄层次的政府反贫困政策的考量。

一、数据包络分析（DEA）方法简介

数据包络分析（DEA）是由著名运筹学家查恩斯（A. Charnes）、库珀（W. Cooper）和罗兹（Rhodes）1978 年在“相对有效评价”概念基础上发展而来的一种系统分析方法，用于分析多输入—多输出的同类决策单元的有效性。它通过使用数学规划模型比较决策单元之间的相对效率，进而对决策单元的有效性作出评价，是一种非参数分析方法。在经济学研究中，数据包络分析的思想是将一个经济系统或者一个生产过程看作是一个决策单元在一定的可能范围内，通过一定数量的生产要素投入获得一定数量的“产品”的活动。扶贫效果的评价正是这样一个多输入—多输出的同类决策单元，可以运用数据包络分析评价扶贫效果（赵广岩，2006；余俐颖，2010）。

DEA 作为一种较为客观的多指标决策方法，不需要事先给出各指标的权重系数或者根据某种方法（如层次分析方法，AHP）作出权重系数的判断，减少主观因素的影响，使得评价结果更能够有效反映决策单元的状态。归纳起来，DEA 有以下几个特点：（1）可以实现多输入—多输出的决策单元效率评价；（2）不需要实现设定决策单元的输入输出函数；（3）对每一个决策单元进行相对效率的优化，求得的相对效果和权重都是最优的；（4）DEA 的有效生产前沿剔除了非有效决策单元，仅保留有效决策单元，排除由于统计误差等因素造成的影响；（5）对于非有效决策单元，DEA 能够指出相关指标的

调整方向，并给出具体的调整值。下面简要给出 DEA 模型评价的步骤，如图 6－10 所示。

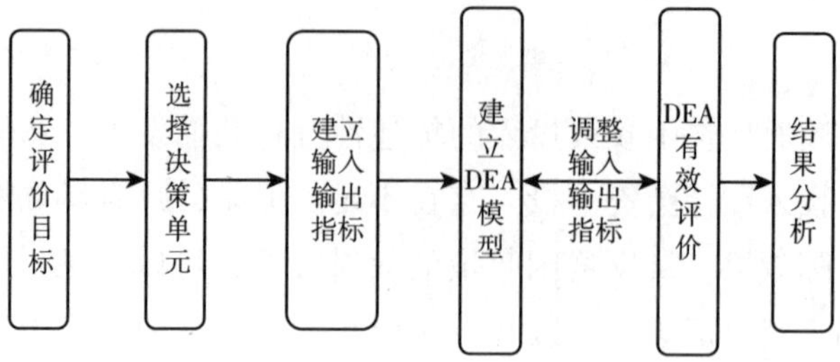

图 6－10　数据包络分析模型的评价步骤

从 DEA 模型的评价步骤可以看出，评估对象——决策单元（DMU）的选择很关键。在模型分析时，决策单元不止一个，多个决策单元的选择必须同时满足一定的要求：目标和任务相同，工作环境相同，投入产出相同。任意一个要求不满足，就不能视为同类型的 DMU。在内部结构和外部环境没有太大变化的情形下，同一个决策单元在不同时间段的分析可以视为同类型的 DMU。另外，如果将较多的决策单元放在一起组成一个集合，“同类型”的 DMU 不能得到充分反映。此时可以考虑分成几个子集，分别进行 DMU 分析，最后将分析的结果综合在一起进行再分析，也许能够得到更多有用的新信息。

在科学合理地选择输入输出指标的基础上，完成 DEA 模型的建立。目前研究 DEA 模型有几种常见的类型，比如 CCR、BCC、CCGSS、CCWH 等，这里简要介绍最基本的两个 DEA 模型：CCR 模型和 CCGSS 模型。CCR 模型是 1978 年由查恩斯（Charnes）、库珀（Cooper）和罗德斯（Rhodes）提出来的以单输入—单输出的工程效率为概念基础的第一个 DEA 模型。1984 年，查恩斯和库珀等从公理化的模型出发给出另一个刻画生产规模与技术有效的 DEA 模型，即 BCC 模型，与 CCR 模型具有相同的形式。1985 年，查恩斯等针对 CCR 模型中在某些条件下生产可能集的凸性假设的不合理性，给出了另外一个评价生产技术相对有效的 DEA 模型，即 CCGSS 模型。CCR 和 CCGSS 模型扩大了人们对生产函数的认识，也为多目标评价问题提供有效途径。前者主要用来评价决策单元的规模有效性，后者主要用来评价 DMU 的技术有效性。

在实际的应用研究中，究竟选用哪一个模型更为合适，需要了解决策单元的实际经济背景和评估的目的。其一，是选择基于投入还是基于产出的DEA模型，主要看投入和产出指标的可控性和处理性。如果投入指标不宜有太大变动，则选用基于产出的DEA模型较为合适，反之选用基于投入的DEA模型较为合适。其二，CCR模型同时具有规模有效性和技术有效性，而CCGSS模型只能评价技术有效性。前者建立在规模效益不变的假设下，生产可能集为闭凸集，后者反映规模效益可变的情形，对应的生产可能集仅为凸集。

DEA模型中CCR模型的评价原理。假定有 n 个被评价的决策单元（或部门），每个决策单元（或部门）都有 m 种类型的“输入”（对“资源”的消耗）和 s 种类型的“输出”（产生的效果），如图6－11所示。

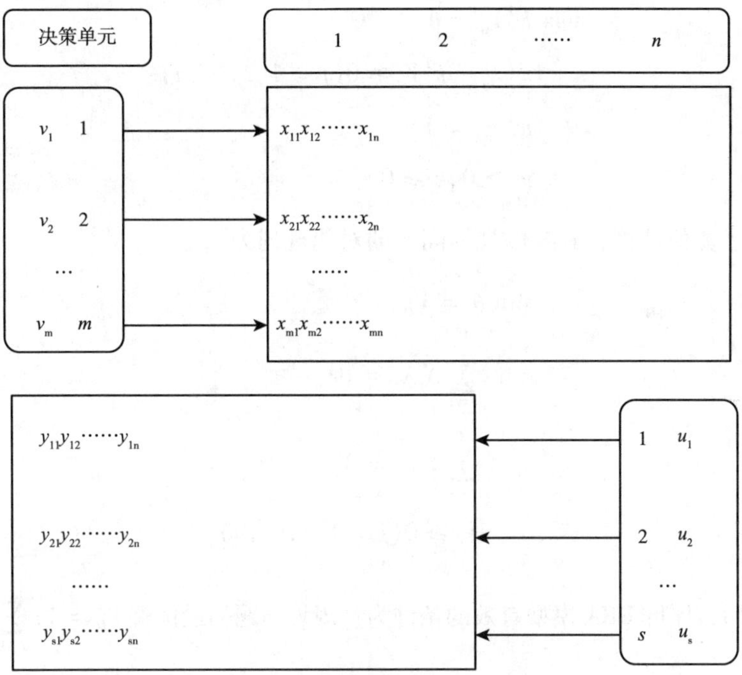

图6－11 n 个决策单元的输入与输出

图6－11中，x_{ij}表示第 j 个决策单元对第 i 种输入的投入量，$x_{ij}>0$；y_{rj}表示第 j 个决策单元对第 r 种输出的产出量，$y_{rj}>0$；v_i 表示第 i 种类型输入的一种“权”度量，$v_i \geqslant 0$；u_r 表示第 r 种类型输出的一种“权”度量，$u_r \geqslant 0$。

选择适当的权系数 V 和 U，使其满足 $h_j \leqslant 1$，$j=1, 2, \cdots, n$。

于是就有：$\sum_{r=1}^{s} u_r y_{rj} - \sum_{i=1}^{m} v_i x_{ij} \leqslant 0, j = 1, 2, \cdots, n$。

如果对任意一个决策单元j进行效率评价，则在所有$h_j(j=1, 2, \cdots, n)$都不超过1的条件下，选择权系数V和U，使得h_j达到最大。DEA模型如下：

$$\max h_0 = U^T Y_0 / V^T X_0 = V_p$$
$$\text{s.t. } h_j = U^T Y_j / V^T X_j \leqslant 1 (j = 1,2,\cdots,n)$$
$$U \geqslant 0, V \geqslant 0$$

可以看出这个规划模型是一个分式模型，经过Charnes-Cooper变换，将其转化为一个等价的线性规划模型。令$t = 1/v^T X_0$，$w = tv$，$k = tu$，则原来的CCR分式规划模型转化为：

$$\max K^T Y_0 = V_p$$
$$\text{s.t. } w^T X_j - k^T Y_j \geqslant 0 (j = 1,2,\cdots,n)$$
$$w^T X_0 = 1$$
$$w \geqslant 0, k \geqslant 0$$

为了方便计算，其线性规划问题的对偶规划为：

$$\min \theta = V_D$$
$$\text{s.t. } \sum_{j=1}^{n} X_j \lambda_j = \theta X_0$$
$$\sum_{j=1}^{n} Y_j \lambda_j = Y_0$$
$$\lambda_j \geqslant 0 (j = 1,2,\cdots,n)$$

最后，评价DEA模型有效的条件为：规划问题的最优解$V_D = 1$；$\sum_{j=1}^{n} \lambda / \theta = 1$为规模效益不变；$\sum_{j=1}^{n} \lambda / \theta < 1$为规模效益递增；$\sum_{j=1}^{n} \lambda / \theta > 1$为规模效益递减。

二、典型社区政府反贫困政策的有效性评价

首先对模型中需要的输入—输出指标进行预处理。这里将政府的物质资本、人力资本和社会资本扶贫投入作为三个输入指标，将反贫困引起的家庭收入作为其中一个输出指标，另外，我们选择政府反贫困政策效果和政府反

贫困投入满意度两个变量作为输出指标。因此，作为政府反贫困绩效的 DEA 模型一共有 6 个指标，3 个输入指标和 3 个输出指标。

其次对政府反贫困政策有效性进行评价。从数据包络分析的介绍可知，线性规划的对偶规划更容易从理论上和经济意义上进行深入分析，数据处理更为方便，因此本书也采用对偶规划来求解 DEA 模型的有效性。

建立 13 个典型社区的扶贫输入和输出指标（见表 6－7）。

表 6－7　　13 个典型社区 DEA 模型的投入和产出指标　　单位：元

典型社区	投入指标			产出指标		
	物质资本（a_i）	人力资本（b_i）	社会资本（c_i）	家庭收入（政府支持和社会扶持）（d_i）	扶贫政策效果（e_i）	扶贫投入满意度（f_i）
成都东怡社区	205488	21250	2890	100266	2.71	3.80
成都大石路社区	358020	8223	2630	74270	2.92	3.77
成都文翁社区	155688	4559	3520	77630	2.58	3.08
成都育苗路社区	327072	12490	2550	92100	3.00	3.74
成都群星路社区	135468	4800	2750	45408	2.83	3.31
南充合众街社区	196838	600	2800	147440	2.67	3.49
南充花园坝社区	208905	4400	6000	139500	2.95	3.51
南充学院街社区	156069	27640	10400	126652	3.29	4.17
黑龙江大兴小区	291874	44940	4250	171850	2.96	3.84
黑龙江工程小区	239910	1000	7100	135910	3.04	3.80
内蒙古盛春花园	150711	46140	7660	110460	3.00	3.73
云南仙人洞小区	59960	110	600	35660	3.28	3.79
云南新安居委	87096	102	0	54620	3.04	3.04

资料来源：根据本书在各个城市社区的调查问卷整理后得到。

这里以成都东怡社区为例，建立相应的线性规划模型，形式如下：

$$\min\theta = V_D$$

$$\text{s.t.}\ \sum_{i=1}^{13} a_i\lambda_i \leqslant 205488\theta,\ \sum_{i=1}^{13} b_i\lambda_i \leqslant 21250\theta,\ \sum_{i=1}^{13} c_i\lambda_i \leqslant 2890\theta$$

$$\sum_{i=1}^{13} d_i\lambda_i \geqslant 100266\ \ \sum_{i=1}^{13} e_i\lambda_i \geqslant 2.71,\ \sum_{i=1}^{13} f_i\lambda_i \geqslant 3.80$$

$$\sum_{j=1}^{13} \lambda_i = 1, \lambda_j \geqslant 0, j = 1, 2, \cdots, 13$$

规划求解可得，$\theta = 1, \sum_{j=1}^{13} \lambda_j / \theta = 1$，成都东怡社区的扶贫绩效是有效的。同理，可得其他12个社区的扶贫绩效有效性，结果如表6-8所示。

表6-8　　13个典型社区扶贫绩效有效性评价

典型社区	θ	$\sum \lambda / \theta$	规模效益
成都东怡社区	1	1	不变
成都大石路社区	1	1	不变
成都文翁社区	1	1	不变
成都育苗路社区	1	1	不变
成都群星路社区	1	1	不变
南充合众街社区	1	1	不变
南充花园坝社区	1	1	不变
南充学院街社区	1	1	不变
黑龙江大兴小区	1	1	不变
黑龙江工程小区	1	1	不变
内蒙古盛春花园	1	1	不变
云南仙人洞小区	1	1	不变
云南新安居委	1	1	不变

根据数据包络分析的模型有效性分析结果可知，本书抽取的13个典型社区的反贫困绩效有效性评价为1，说明DEA有效。也说明，这几年政府对贫困家庭的扶贫资源配置是有效的，不管是四川省成都市、南充市，还是黑龙江省哈尔滨市，还是云南省抽取的典型社区的扶贫绩效均是有效的。为了能够进一步提高城市社区的扶贫效果，应该改变扶贫的方式，将更多的物质资本投入转向更多的人力资本、社会资本投入，进而提升城市社区扶贫的有效性。

三、典型村庄政府反贫困政策的有效性评价

由于本书抽取的典型村庄有15个，为了更加细致地分析DEA模型的有效性，将其分为两个部分：西部9个典型村庄和东中部6个典型村庄。15个典型村庄的投入—产出指标数据如表6-9所示。

表 6-9　　东部、中部、西部 15 个典型村庄投入—产出指标数据　　单位：元

典型村庄	投入指标			产出指标		
	物质资本（a_i）	人力资本（b_i）	社会资本（c_i）	家庭总收入（d_i）	扶贫政策效果（e_i）	扶贫满意度（f_i）
南充红庙子村	24470	31850	232920	1283800	2.88	3.55
南充张爷庙	71318	22570	54900	2173900	3.23	2.03
南充柳树店	62081	21510	391900	1059200	3.10	3.67
云南白石岩村	77150	46300	96200	242600	3.03	4.03
云南八家二村	60550	19280	71510	250400	3.03	3.90
云南乌湾新寨村	11280	11600	16200	387100	3.03	3.97
内蒙古南夭子村	54085	10586	5010	830260	2.93	4.09
内蒙古格斗村	46498	5861	13400	410520	2.97	3.94
内蒙古三十号村	38501	4300	75000	524314	2.87	3.77
黑龙江建国村	51622	17490	101000	532500	2.94	3.66
黑龙江永宁村	31467	17080	92010	348500	2.79	3.48
黑龙江远见村	28874	10170	39048	362600	2.66	3.49
山东娄里村	7420	6930	0	563500	3.00	3.60
山东鹤山泊村	3892	8900	15000	460500	2.47	2.60
河南胡寨村	11905	1870	20000	454225	3.58	4.63

注：投入指标中物质资本包括低保、五保供养、财政补贴、税费减免、异地搬迁、自然灾害救助、特困补助等扶贫资金投入；人力资本包括新农合、医疗救助、两减一免和就业培训等扶贫资金投入；社会资本包括产业项目开发、以工代赈、小额贷款、扶贫贴息贷款、结对子、文体活动、公共服务建设等扶贫资金投入。

由于家庭收入中来自政府和社会支持的数据缺失太多，第一个收入指标用家庭总收入代替。

根据实际的调查结果可以看出，投入指标中，物质资本和人力资本扶贫投入最多的均是云南白石岩村，物质资本扶贫投入最少的是山东鹤山泊村，人力资本扶贫投入最少的是河南胡寨村；社会资本扶贫投入最多的是四川南充柳树店，投入最少的是山东娄里村。收入指标中，家庭总收入最多的是南充张爷庙，最少的是云南白石岩村；扶贫政策效果和扶贫投入满意度评价最高的是河南胡寨村，扶贫政策效果最低的是山东鹤山泊村，扶贫投入满意度最低的是四川南充张爷庙。整体上来说，扶贫更倾向于西部地区，对东部和中部地区的扶贫力度不够。另外，调查发现一些地方的农民还没有享受到低保，物质资本、人力资本和社会资本的扶贫投入力度有待进一步加大。

建立西部和东中部农村的 DEA 模型。这里以西部的四川南充市红庙子村和东部的黑龙江建国村为例，分别建立模型。

以西部四川南充红庙子为例。

$$\min\theta = V_D$$

$$\text{s. t.}\quad \sum_{i=1}^{9} a_i\lambda_i \leqslant 24470\theta,\ \sum_{i=1}^{9} b_i\lambda_i \leqslant 31850\theta,\ \sum_{i=1}^{9} c_i\lambda_i \leqslant 232920\theta$$

$$\sum_{i=1}^{9} d_i\lambda_i \geqslant 1283800,\ \sum_{i=1}^{9} e_i\lambda_i \geqslant 2.88,\ \sum_{i=1}^{9} f_i\lambda_i \geqslant 3.55$$

$$\sum_{j=1}^{9} \lambda_i = 1, \lambda_j \geqslant 0, j = 1,2,\cdots,9$$

以东部的黑龙江建国村为例：

$$\min\theta = V_D$$

$$\text{s. t.}\quad \sum_{i=1}^{6} a_i\lambda_i \leqslant 51622\theta,\ \sum_{i=1}^{6} b_i\lambda_i \leqslant 17490\theta,\ \sum_{i=1}^{6} c_i\lambda_i \leqslant 101000\theta$$

$$\sum_{i=1}^{6} d_i\lambda_i \geqslant 532500,\ \sum_{i=1}^{6} e_i\lambda_i \geqslant 2.94,\ \sum_{i=1}^{6} f_i\lambda_i \geqslant 3.66$$

$$\sum_{j=1}^{6} \lambda_i = 1, \lambda_j \geqslant 0, j = 1,2,\cdots,6$$

规划求解可得，$\theta = 1$，$\sum_{j=1}^{9} \lambda_j/\theta = 1$，四川南充红庙子村的扶贫绩效是有效的；$\theta = 1$，$\sum_{j=1}^{6} \lambda_j/\theta = 1$，东部黑龙江建国村的扶贫绩效也是有效的。同理可得其他 13 个典型村庄的扶贫绩效有效性，结果如表 6－10 所示。

表 6－10　　东部、中部、西部 15 个典型村庄扶贫绩效有效性评价

典型村庄	θ	$\sum\lambda/\theta$	规模效益
南充红庙子村	1	1	不变
南充张爷庙	1	1	不变
南充柳树店	1	1	不变
云南白石岩村	1	1	不变

续表

典型村庄	θ	$\sum\lambda/\theta$	规模效益
云南八家二村	1	1	不变
云南乌湾新寨村	1	1	不变
内蒙古南夭子村	1	1	不变
内蒙古格斗村	1	1	不变
内蒙古三十号村	1	1	不变
黑龙江建国村	1	1	不变
黑龙江永宁村	1	1	不变
黑龙江远见村	1	1	不变
山东娄里村	1	1	不变
山东鹤山泊村	1	1	不变
河南胡寨村	1	1	不变

由表6-10的有效性分析结果可知，15个典型村庄的扶贫绩效评价是有效的。尽管在扶贫投入和产出方面，村庄之间存在一定的差异，尤其是西部和东部地区的扶贫支持力度。但是从扶贫效果来看，反贫困绩效还是有一定的效果。整体上来说，政府应该转变扶贫投入的方式和方法，普及物质资本扶贫投入（低保、财政补贴、税费减免、自然灾害救助）和人力资本（新农合、医疗救助、两减一免、就业培训）的同时，社会资本的投入力度应该加大，尤其是职业介绍、公共设施服务建设、志愿者服务、就业援助等方面的社会资本扶贫措施比较缺乏。

本章小结

本章以社区层次为视角刻画政府反贫困政策效果。整体上来说，扶贫政策效果有较大改善。进一步对扶贫效果改善的原因调查发现，近两三年扶持力度加大、低保提高、补助增加、干部责任心重和国家重视等有很大关系。对于城市贫困家庭来说，需要加大人力资本的投入力度，物质资本和社会资本投入也应该重视。对于农村贫困家庭来说，物质资本等基础设施条件、人力资本等扶贫项目较为看重，但是除了加大对农村的物质资本和人力资本投入之外，社会资本的投入也不容忽视。

政府应该转变扶贫投入的方式和方法，普及物质资本扶贫投入和人力资本的同时，社会资本的投入力度应该加大，尤其是职业介绍、公共设施服务建设、志愿者服务、就业援助等方面的社会资本扶贫措施比较缺乏。

第四部分

精准扶贫背景下政府反贫困政策评价研究

本部分从三个方面展开研究，首先，基于马克思主义反贫困理论系统梳理新中国成立70周年政府反贫困政策的演变历程，只有解放和发展生产力才能实现全人类的共同富裕，才能全面消除贫困。其次，从我国贫困的地域性特征分析精准扶贫的现状，从中西部省份构建精准扶贫绩效评价指标进行综合评价。最后，结合贫困人口较多的河南省，从扶贫的现状和问题出发，构建精准扶贫指标体系，系统分析河南省不同地市精准扶贫绩效。

第七章　新中国成立 70 周年政府反贫困政策的演变

马克思主义反贫困理论在世界反贫困理论中占有重要的地位。它揭示了只有在解放和发展生产力的基础上，才能实现全人类的共同富裕。也就意味着，贫困与一定的生产力发展水平相联系，摆脱贫困只能走社会主义道路，社会主义反贫困的目标是实现共同富裕（赵茂林，2005）。因此说，马克思主义反贫困理论对中国社会主义的反贫困实践具有重要的现实指导意义。第二次世界大战以后，针对发展中国家或地区的严重贫困问题，西方发展经济学家也提出了内涵不同的反贫困理论，如刘易斯提出的著名的"二元经济"发展模式、纳克斯的贫困恶性循环理论等。但这些理论都是按照资本主义制度和市场经济模式来研究发展中国家的贫困问题的，往往缺乏对发展中国家的市场认知和实地考察，在实际运用中都存在或多或少的"水土不服"的问题。而中国作为世界上最大的发展中国家，经过改革开放的多年实践，中国政府创造出一套符合中国国情的具有中国特色的反贫困理论，在反贫困方面取得了惊人的成就，也为世界减贫事业作出了重大贡献，积累了宝贵的经验。

20 世纪 80 年代以来，政府结合中国的国情先后制定实施《国家八七扶贫攻坚计划（1994 - 2000 年）》《中国农村扶贫开发纲要（2001 - 2010 年）》《中国农村扶贫开发纲要（2010 - 2020 年）》等一系列反贫困计划。反贫困战略的演进也呈现出如下的特征：1978 年之前以社会救济式扶贫为主，1979 ~ 1984 年以体制改革推动扶贫为主，1985 ~ 1994 年以开发式扶贫为主，1995 ~ 2000 年以攻坚式扶贫为主，2001 ~ 2010 年以大扶贫为主，2010 ~ 2020 年以全面实现小康社会的精准扶贫为主，到 2020 年实现全面消除贫困的目标。随着反贫困战略的不断推进，贫困人口大幅度减少，贫困家庭的收入水平有一定程度的提高，贫困地区的基础设施建设有明显改善，最低生活保障制度也逐步完善。与此同时，我们也应该看到，随着绝对贫困的不断降低，相对贫困现象较为突出，返贫现象时有出现，特别是集中连片特殊困难地区（简称“连片特困地区”）。扶贫的模式也发生了一些变化，从开始的救济式扶贫模式，到开发式扶贫模式、参与式扶贫模式，再到救济式 + 开发式 + 参与式 + 预防式扶贫为一体的扶贫模式，扶贫的主体和参与的方式也发生了很大的变化。经济新常态下扶贫脱贫面临更加严峻的新挑战：经济增长速度放缓，扶贫开发和减贫的动力机制发生变化，减贫脱贫的路径和方式改变，新常态可能会带来扶贫脱贫资金的压力等问题（张琦等，2015）。

在政府的扶贫开发实践中，一些地区和群体可以有效地摆脱贫困，有些地区或群体却长期陷入贫困境地（孙远太，2011），政府的精准扶贫战略背后，政策瞄准不精细导致扶贫资源漏出的问题一直存在，这背后很重要的原因是微观的扶贫资源分配精准度不够（汪三贵等，2007）。从 1978 年至今，依据阶段性政策推进逻辑，我国政府的扶贫理念大致可归纳为三种形式：以物质资本投资为主导的输血式扶贫，以人力资本投资为主导的造血式扶贫，以社会资本投资为主导的协同式扶贫（靳永翥，丁照攀，2016）。现在农民的贫困问题已经不再是传统的缺衣少食等引起的生存性经济贫困，而是一个由于社会资本与社会支持不足，自身能力不足以及政策偏差、文化教育和权利保护缺位等造成的社会问题，是一种新型的贫困（张辉，2016）。关系贫困是导致贫困的重要原因，因为贫困治理应当由物质资本和人力资本范式转向社会资本范式，增加其社会资本存量（郑志龙，2007）。当前中国正处于社会的转型期，以血缘和熟人关系为特征的社会结构发生了巨大变化，随着社会结构的转型，社会资本也经历了相应的变迁。但总的来看，中国广大的农村社会资本相对封闭，良好的社会资本有助于精准扶贫的实现（何炜，刘俊生，2017）。在精准扶贫的战略下，需要在“三维资本”理论范式下，发挥物质资本的基础性作用、人力资本的智力支持作用以及社会资本的效应提升作用，建立三维资本协同反贫困机制（左宇晓，聂富强，2012；黄承伟，沈洋，2013）。

第一节　政府反贫困政策的演进历程

新中国成立70年来尤其是改革开放40年以来，中国政府实行有计划有组织的减贫方案，减贫速度明显快于全球其他国家，贫困发生率也大大低于全球平均水平，减贫人口占全球减贫总规模超七成，这在世界范围内也是一个伟大的“奇迹”。由此可见，我国在减少贫困人口、提高居民生活质量方面取得了重大进步。新中国成立之初我国农村生产力低下，农民生活水平普遍很低，处于普遍贫困状态。在实行改革开放政策以后，我国农村居民收入水平持续提高，生活水平显著提高，我国农村从普遍贫困走向整体消除绝对贫困。世界银行于2018年发布的《中国系统性国别诊断》报告称，中国在快速经济增长和减少贫困方面取得了“史无前例的成就”。联合国秘书长古特雷斯也在《2017减贫与发展高层论坛》时发贺信高度赞扬了中国的反贫困战略，称“精准减贫方略是帮助最贫困人口、实现2030年可持续发展议程宏伟目标的唯一途径。中国已实现数亿人脱贫，中国的经验可以为其他发展中国家提供有益借鉴”。

一、农村反贫困政策的历史演变

（一）初期扶贫阶段：1949～1978年

中国政府在新中国成立后，随着土地改革的不断推进，90%的农民获得了土地，激发了生产的积极性，大面积消除了贫困。由此可以看出，计划经济体制下中国政府已经开始了以发展生产、消除贫困为目标的扶贫征程。这个时期全国的经济发展水平较低、贫困现象较为普遍，再加上当时的平均分配政策，反贫困手段基本上是以社会救济为特征。但是这种战略一方面保障大部分处于贫困状况的群体勉强维持生存需求，另一方面平均分配思想阻碍了生产力的发展，使得贫困现象较为严重。真正意义上的扶贫始于改革开放后。

（二）大幅度减贫阶段：1978～1985年

由于历史和发展模式等原因，中国形成了比较明显的城乡“二元”发展格局，大多数贫困人口集中在农村地区，所以，中国的减贫首先是从拥有大量贫困人口的农村开始的。1978年，安徽凤阳小岗村的18户农民率先实行包产到户，由此拉开了中国改革开放的序幕，同时，党和政府又通过改革农产品流通体制、改革社会收入分配制度，以及对农业、农民的特殊照顾，解决了大部分贫困人口的温饱问题。有数据显示，农村贫困人口从1978年的2.5亿人减少到1985年的1.25亿人，贫困发生率从30.7%下降到14.8%，平均每年减少1786万人，下降了50%（陈端计，1999）。农民收入和消费水平都有较大程度提升，据农村抽样调查资料显示，农村劳动力的赡养系数（每个劳动力负担的人口数）也在逐渐下降，由1978年的2153人下降到1985年的1174人（林乘东，1999）。

改革开放之后，尤其是20世纪80年代以来，中国政府的反贫困行动由传统体制下分散的生活救济式扶贫向区域性开发式扶贫模式转变。1982年，全国集中连片山区的甘肃定西、河西和宁夏西海固地区作为最贫困的地区列入国家“三西”专项建设计划。1984年9月，中国政府为了帮助贫困地区尽快摆脱贫困，进一步放宽政策，给贫困地区更大的经营自主权，彻底纠正集中过多、统得过死的弊病。这个时期扶贫的主要途径是制度改革，包括土地经营制度改革（家庭联产承包责任制取代人民公社集体经营制度）、农产品流通体系的逐步确立（农产品价格改革）、合作经济的发展（乡镇企业的崛起）等。由此可见，家庭联产承包责任制和其他相关的政策变革极大地调动了农民的生产积极性，农产品产量大幅增加，农民收入迅速提高，在很大程度上缓解了中国的贫困问题。

（三）大规模开发式扶贫阶段：1986～1993年

1986年5月，随着国务院贫困地区经济开发领导小组及其办公室、全国各地专门的扶贫机构的陆续成立，扶贫专项资金的划拨，专门的优惠政策的制定，标志着由救济式扶贫向开发式扶贫模式、由道义性扶贫向制度性扶贫、由无专门组织机构向有专门组织机构扶贫的重大转变，政府开始将扶贫作为一项重要的国民经济计划提上日程。除了每年拨付2亿元专项扶贫资金帮助三西地区之外，又确立了18个连片贫困区（即老、少、边、穷山区）列入国民经济和社会发展第七个五年计划，利用贫困地区的自然资源进行开发式生产，提高贫困地区和贫困群体的自我发展和自我积累能力。与此同时，以县为扶贫开发基本单位，确立了331个国家级贫困县作为国家专项扶贫资金的重点发放地区，开始全国性的扶贫瞄准工作。随着扶贫组织机构的专业化和网络化，扶贫对象向国家级贫困县的瞄准化，扶贫资金和物资也由原来的分散和平均使用，财政拨款和资金无偿使用转向财政拨款和银行信贷相结合的有偿和无偿使用相结合的开发式扶贫政策。

扶贫政策实施效果：1986～1993年，中央政府累积拨付249亿元专项扶贫贷款，以工代赈资金89亿元，扶贫财政发展资金12912亿元。331个国家级重点扶持贫困县的农民人均收入从1986年的206元提高到1993年的483.7元。全国农村贫困人口由1985年的1.25亿人下降到1993年的8000万人，平均每年减少640万人，年均减少6.2%；贫困人口比重也从14.8%下降到8.7%。

（四）国家“八七”扶贫攻坚阶段：1994～2000年

随着扶贫任务的不断推进，农村贫困人口减少的速度有所减缓。截至1993年底全国的贫困人口约有8000万人，重点分布在中西部的秦巴贫困山区、西南大石山区、西北黄土高原区、青藏高寒山区、水库库区等。由于处于边远地带，自然条件恶劣，基础设施薄弱，社会发展水平落后，限制了边远贫困山区的发展。1994年4月15日颁布国家“八七”扶贫攻坚计划，重新修订了贫困县的标准和范围，将592个县列为国家级贫困县。国家级扶贫资金的投放结构集中用于中西部贫困状况严重的地区，与此同时一系列新政策和新措施陆续出台。主要有：（1）重点解决温饱问题。重点发展投资少、见效快、覆盖广、效益高的种养业，集资源开发和劳动密集为一体的乡镇企业，开展有计划、有组织的劳务输出，对极少数生存条件特别困难的贫困群体，实行开发式移民。（2）依托资源优势，根据市场需求，实行产业化生产，贸工农一体化、产加销一体化的扶贫经济实体，外部连接市场，内部连接农户，进而实现脱贫致富。（3）动员全社会力量参与扶贫开发工作，包括民间组织和企业，与国际组织开展扶贫开发领域的交流与合作，争取国际援助。（4）落实责任工作制。尽量做到资金、权利、任务、责任到省，扶贫攻坚目标落实到村、落实到户。

截至2000年底，贫困县农民人均纯收入由1993年的483.7元增加到了1321元，农村绝对贫困人口由8000万人下降到了3209万人，尤其是在1997~1999年，中国每年有800万贫困人口解决了温饱问题，是进入20世纪90年代以来中国解决农村贫困人口年度数量最高水平。到2000年底，国家“八七”扶贫攻坚目标基本实现。

（五）大扶贫阶段：2001~2010年

随着扶贫开发工作的深入推进，农村贫困人口减少的速度有所放慢。贫困问题也发生了一定的变化，如从极端贫困演变为贫富差距、城乡差距的扩大，从收入性贫困演变为多元贫困并存，从区域性贫困向阶层性（弱势群体、边缘群体）贫困的转移，国家级贫困县难以涵盖所有的贫困人口（占60%）。在这样的大背景下，《中国农村扶贫开发纲要（2001－2010年）》的贯彻实施，标志着政府的扶贫工作进入到一个城乡统筹发展、绝对贫困与相对贫困并存的大扶贫阶段。这个时期的扶贫开发政策呈现开发式扶贫和社会保障相结合，专项扶贫和行业扶贫、社会扶贫相结合，外部支持和自力更生相结合的特征。《中国农村扶贫开发纲要》是继《国家八七扶贫攻坚计划》之后，又一个指导中国农村扶贫开发工作的纲领性文件；2004~2008年中央政府又连续5年下发的“一号文件”，围绕三农问题进行了重要的战略部署；2008年10月，《中共中央关于推进农村改革发展若干重大问题的决定》明确提出，实行新的扶贫标准，对低收入人口全面实施扶贫政策，新标准提高到人均1196元，扶贫对象覆盖4007万人。

截至2010年，中国农村贫困人口数量降至2688万人，且世界银行公布的数据表明，在过去的25年，全球减贫事业成就的70%均来自中国，中国成为最早提前实现联合国千年发展目标中减贫目标的发展中国家。这个阶段，以整村推进为标志，扶贫瞄准目标由县为单位向以村为单位过渡，扶贫到村到户。2002年全国共有14.8万个村列入扶贫开发整村推进的范围，贫困人口的覆盖率由之前的61%上升到83%。2004年以来中央政府累积拨付30亿元财政扶贫资金，实施以劳动力转移为主要内容的“雨露计划”，对贫困家庭的劳动力开展务工技能和农业实用技术培训。

（六）全面建设小康社会的精准扶贫脱贫阶段：2011～2020年

2011年，《中国农村扶贫开发纲要（2011－2020年）》计划实施，专项扶贫、行业扶贫和社会扶贫相结合；加强国际合作，政策保障（包括财税支持、投资倾斜、金融服务、土地使用、生态建设、人才保证、重点群体）深入推进；强化扶贫资金的使用管理、责任落实、扶贫统计与贫困监测相结合；加强扶贫立法的法制化建设，加快贫困地区经济社会发展，贫困群体收入增加，促进共同富裕。

在以习近平同志为核心的党中央的坚强领导下，各地区各部门深入贯彻落实精准扶贫、精准脱贫基本方略，以前所未有的力度推进脱贫攻坚工作，推出一大批惠民举措，脱贫攻坚战取得显著成果。2014年，中央对贫困人口全面摸底，建档立卡，找准贫根儿。2015年，习近平强调，我们要立下愚公移山志，咬定目标、苦干实干，坚决打赢脱贫攻坚战。2017年，党的十九大把脱贫攻坚战作为决胜全面建成小康社会必须打赢的三大攻坚战之一，以深度贫困地区脱贫攻坚为重点，作出全面部署。

据国家统计局全国农村贫困监测调查，按现行国家农村贫困标准测算，2018年末，全国农村贫困人口1660万人，比上年末减少1386万人；贫困发生率1.7%，比上年下降1.4个百分点。分三大区域看，2018年东部、中部、西部地区农村贫困人口全面减少。东部地区农村贫困人口147万人，比上年减少153万人；中部地区农村贫困人口597万人，比上年减少515万人；西部地区农村贫困人口916万人，比上年减少718万人。2018年各省份农村贫困发生率普遍下降至6%以下。2018年中央财政补助地方专项扶贫资金达到1060.95亿元，并新增200亿元资金全部用于支持深度贫困地区脱贫攻坚。产业扶贫，健康扶贫，易地扶贫搬迁……随着十项扶贫举措到村到户到人，到2019年底将有1000万贫困人口摆脱贫困。到2020年，我们还将实现现行标准下农村贫困人口全部脱贫。

二、城市反贫困政策的演变

伴随着城市化进程的加快和城市化水平的不断提高，尤其是越来越多的农民工涌向城市，城市贫困问题日益凸显。中国城市贫困是发生在中国经济转轨与经济转型的推动下，具有一定的突发性、冲击性、过渡性等特征，具体表现在：区域性、结构性与阶层性贫困并存，自然性、历史性和转轨性贫困并存，阶段性、长期性和复杂性贫困并存（王朝明，2005）。

（一）城市贫困人口的变化特征

20 世纪 80 年代中期以来，城市贫困人口呈现逐步增加的态势，反贫困政策也经历了从扶持企业到直接救助贫困人口，从道义性扶贫到制度性扶贫，从救助制度分立到救助制度整合，从基本生活救助到综合救助，从消极救助向积极开发救助，从依托单位体制到重视社区作用的过程，城市贫困问题不容忽视（洪大用，2003）。

20 世纪 90 年代后期，中国经济转型加剧，尤其是随着企业改革和亚洲金融危机影响，中国城镇经济进入艰难的时期，下岗失业人员大量出现，城镇贫困人口增多，居民收入差距扩大等问题出现。再加上我国的劳动力市场发育和发展不健全，社会保障体系尚在转轨中，下岗失业使得一部分职工丧失工作机会，影响职工收入来源及家庭的收入水平。从全社会的角度看，部分居民收入下降可能会引发贫困发生率的上升和收入差距的进一步扩大，进而引发社会稳定问题（李实，佐藤宏，2004）。

据中国社科院发布的《中国城市发展报告 No. 4——聚焦民生》指出，物价上涨、社会保障不力、就业形势严峻导致城镇人口贫富差距不断扩大，中国城镇贫困人口在 20 世纪 90 年代后呈现不断上升的趋势。截至 2018 年底，中国城镇人口总数约为 83137 万人，其中贫困人口约 1027 万人，占城镇人口总数大约 1. 23% 。

从表 7 - 1 和图 7 - 1 可知，中国城市贫困人口在 20 世纪 80 年代中期之前有减少的态势，80 年代中期之后呈现上升的趋势，特别是 90 年代以来，城市贫困人口超过千万人，呈现明显的增长态势。2000 年达到最低点，之后又有一定程度的上升，2003 年以来呈现下降的趋势，2018 年下降到 1027 万人，贫困发生率降为约 1. 23% 。另外可以看出，我国城市低保标准也随着经济生活水平的提高呈现一定程度的上升，2018 年达到每人每年 6956. 4 元。

表 7-1 1981～2018 年中国城市贫困指标的变化

年份	贫困规模（万人）	贫困发生率（%）	贫困线（元/人·年）
1981	390	1.9	171
1982	200	0.9	169
1983	140	0.6	178
1984	80	0.3	190
1985	90	0.4	215
1986	50	0.2	226
1987	60	0.2	247
1988	70	0.2	289
1989	90	0.3	304
1990	130	0.4	321
1995	1910	5.4	2107
1998	1480	3.56	2310
1999	1340	3.14	2382
2000	1050	2.34	1875
2001	1170	2.49	624～3840
2002	1960	3.99	624～3840
2003	2235	4.36	468～3504
2004	2205	4.13	1908
2005	2234.2	4.04	1860
2006	2240.1	3.91	2035.2
2007	2272.1	3.82	2188.8
2008	2334.8	3.80	2463.6
2009	2345.6	3.70	2733.6
2010	2310.5	3.51	1404
2011	2276.8	3.35	3451.2
2012	2143.5	3.06	3961.2
2013	2064.2	2.86	4476
2014	1877	2.54	4932
2015	1701	2.24	5413.2
2016	1480.2	1.89	5935.2
2017	1261	1.57	6487.2
2018	1027	1.23	6956.4

资料来源：1981～2002 年数据来源于：洪大用．试论改革以来的中国城市贫困［J］．中国人民大学学报，2003（1）．

2003～2017 年数据来源于各年《民政事业发展统计公报》，将享受城市居民最低生活保障的人和特困人口看作城市贫困人口。

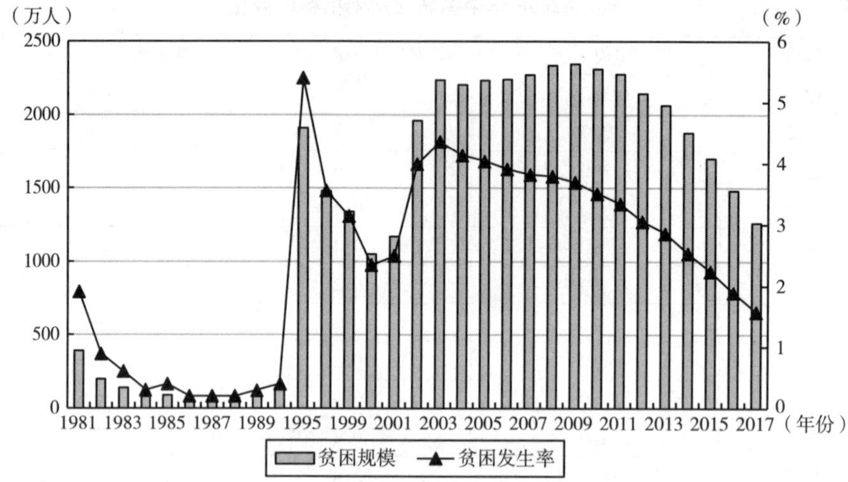

图 7－1　1981～2017 年城市贫困规模和贫困发生率变化趋势

20 世纪 80 年代中国城市贫困人口多半为"三无"人员，即无生活来源、无劳动力和无法定赡养和抚养人的特殊救济对象。由于最低生活保障制度的标准偏低，实际的城市贫困人口规模不止这些数字，以 2009 年为例，享受城市低保的有 2347.7 万人，中国社会科学院估算的城市贫困人口有 5000 万人，可见城市低保涵盖不到一半。多数研究均表明，城市贫困人口多半分布在中西部地区。以城市最低生活保障人数为标准，2005 年中部地区城市贫困人口比重为 47.5%，西部地区占 28%，东部地区占 24.5%。现阶段，中国城市贫困人口呈现多元化，除了传统的救济对象，还有市场经济产生的"新的城市贫困群体"，包括失业、下岗、离岗、退休、流动劳动力（农民工）、未就业的大学毕业生等群体（林卡，范晓光，2006）。从行业分布来看，城市贫困人口大多从事传统产业，如纺织、煤炭、建筑、交通运输等。

（二）城市扶贫方式的演变

20 世纪 80 年代中期，部分国有企业的经营困难影响到部分职工的生活水平。政府开始推进城市改革，增强国有企业的经营活力。一方面可以通过支持和激活企业，在贷款、税收、国有资产变现和土地有偿使用等方面给予困难企业一定的优惠政策，间接救助困难企业职工；另一方面也可以让企业破产，政府直接救助困难职工。90 年代中期以来，随着市场经济的发展，建立独立的社会保障体系直接救助城市贫困人口成为大势所趋，集失业保险、养老保险、医疗保险、社会救助为一体的社会保障制度逐渐完善，完成了从道义性扶贫向制度性扶贫的转变。1992 年的全国总工会发起的“送温暖活动”，后改名为“送温暖工程”，截至 2002 年累计慰问款 104.42 亿元，走访和慰问困难企业 48.2 万户次、职工家庭 3975 万户次（袁建达，2002）。随着城市居民最低生活保障制度的建立，政府不断加大社会保障的资金投入，将越来越多的城市贫困人口纳入社会保障体系，做到“应保尽保”。1999 年出台的最低生活保障制度条例规定，城市居民最低生活保障标准，按照当地维持城市居民基本生活所必需的衣、食、住费用，并适当考虑水电燃煤（燃气）费用以及未成年人的义务教育费用确定。但是，城市贫困居民除了基本的物质生活需求之外，就业、医疗、教育和住房需求显得更为迫切，因此积极探索制度化的综合救助模式成为社会保障制度完善的重点。

随着城市社区管理和服务的不断完善，重视社区在城市扶贫中的作用，大力发展社区服务，丰富社区活动，培育社区自治组织，促进贫困居民的社区参与意识，成为政府扶贫的一个重要手段。城市贫困人口很多已经远离社会，被社会边缘化，通过开展社区活动，促进社区居民的自我教育、自我服务、自我监督和自我管理，充分发挥社区的甄别、监督作用，增强社区凝聚力和相互协作的能力。社区管理人员一方面可以给城市贫困人口补充现金和实物救助，另一方面可以为贫困居民通过就业培训提供就业机会，从而摆脱贫困。

由此可见，城市扶贫政策与农村扶贫政策比较，城市贫困体现出失业性、冲击性、群体性贫困的特征，政策更偏重于基本生活保障与促进就业和再就业的政策，配套相应的政策措施。通过归纳整理政府城市扶贫政策体系，大概为三大政策体系：物质资本、人力资本和社会资本扶贫政策（王朝明等，2013）。其中，物质资本扶贫政策有劳动工资政策、收入保障政策、就业政策法规、优惠配套政策、社会保险政策（养老、工伤保险、失业保险等）、社会救助政策和住房救助政策。人力资本扶贫政策有劳动力培训政策、社会保险政策（医疗保险）、医疗救助政策、教育扶贫政策。社会资本扶贫政策有组织保障政策、社会扶贫政策和社区服务与社区建设政策法规等。随着城市扶贫瞄准的下移和城市基层管理的强化，社区将在社会资本扶贫建设中占据十分重要的位置，社区组织管理和社区服务如何注入社会资本扶贫建设，也是政府提高城市反贫困政策的战略之一。

通过改革开放40年我国政府反贫困政策历史演变，可以看出，政府始终将反贫困作为一项重要的任务，而贫困不再仅仅局限于生活水平低下，贫困标准也随着生活水平的提高在不断上调。另外经过政策梳理我们发现，贫困群体除了物质资本贫困之外，很多贫困地区的贫困群体，文化素质水平不高、处于社会的底层、越来越被边缘化，与人沟通社会交往能力逐渐消退。贫困群体人力资本和社会资本贫困并存的局面，绝对贫困与相对贫困此消彼长。

第二节　基于马克思主义反贫困理论的扶贫思想的演变

马克思主义反贫困理论揭示了只有在解放和发展生产力的基础上，才能实现全人类的共同富裕。贫困与一定的生产力发展水平相联系，摆脱贫困只能走社会主义道路，社会主义反贫困的目标是实现共同富裕。从新中国成立初期的单一性、救济式扶贫到改革开放的大力发展生产力，最后落脚到以习近平的精准扶贫思想为主导的全面建成小康社会目标。每一个阶段的反贫困政策都凝聚着领导人的心血和智慧的结晶。准确把握当前扶贫工作中心和扶贫对象的致贫因素，实现扶贫资源的供求与扶贫对象的需求对接，推动贫困人口减贫脱贫，最终实现全部脱贫，全面小康。

一、改革开放前的贫困治理思想——单一性、救济式扶贫

新中国成立初期，基础设施缺乏和技术落后，中国进行了工业化和现代化建设，开始了发展生产、消除贫困的社会主义运动。在农村首先从土地改革运动开始，经过财产的重新分配，在生产资料占有方面实现了社会公正，使得广大贫困农村生活状况得到较大改善。国家把农民组织起来形成人民公社，为消除贫困建立制度基础①。另外，通过走工业化发展道路，加快工业发展带动国民经济的发展，并通过紧急救济计划和自上而下的民政救济系统，

① 陈标平，胡传明．建国60年中国农村反贫困模式演进与基本经验［J］．求实，2009（7）．

以划拨专项资金的方式，由民政部门对农村特困人口和受灾群众实施救济，以实物的生活救济为主。救济对象主要是丧失劳动能力、无人抚养或赡养的农村“五保户”、特困户和其他生活困难群体，带有单一性和分散性特点。后来的“大跃进”运动和自然灾害严重阻碍了国民经济发展，使中国农村出现大面积饥荒，粮食供应严重不足，截至1978年，农村的绝对贫困人口为2.5亿人，占农村总人口的30.7%，农民的年人均收入只有134元[①]。

二、邓小平的贫困治理思想——大力发展生产力，先富带动后富

1978年全国贫困人口下降到5亿人，尚未解决温饱的绝对贫困人口下降到2.5亿人，贫困发生率33%。改革开放后，邓小平直接指出，要改变中国面临的贫困落后面貌，首先要大力发展生产力，摆脱贫困落后状态。1987年，邓小平把中国经济建设的“两步走”战略改为“三步走”战略。1987年中国共产党第十三次代表大会提出，中国经济建设的总体战略分三步走：第一步是到20世纪90年代，国民生产总值比80年代翻一番，解决温饱问题；第二步是到20世纪末国民生产总值再增长一倍，达到小康水平；第三步是到21世纪中叶实现现代化，社会主义中国的贫困落后面貌得到根本解决。之后邓小平通过对前几年改革开放实践的观察和反思，认识到中国区域之间的协调发展问题，他提出允许一部分地区、一部分企业、一部分群众先富起来，先富带动后富，实现共同富裕。即沿海地区发展起来以后要用更多力量来支持中西部地区发展，这也成为国家制定西部大开发、振兴东北老工业基地等战略的重要思想来源，也是中国共产党带领人民逐步脱贫的重要内在机制，引起世界银行和联合国扶贫组织的高度关注。

三、江泽民扶贫开发思想——“八七扶贫攻坚计划”

党的十三届四中全会后，江泽民将贫困上升为国家重大经济提升策略，通过大力推进“八七扶贫攻坚计划”，即从1994年开始用7年左右的时间

---

① 周彬彬，高鸿宾．对贫困的研究和反贫困实践的总结［J］．经济开发论坛，1993（1）．

"基本解决全国农村8000万贫困人口的温饱问题"。把"实现扶贫攻坚目标、到20世纪末基本解决全国农村贫困人口的温饱问题"作为"最艰巨的任务"来抓，大大推动了政府的扶贫工作进程。针对改革开放以来的地区差距、城乡差距和阶层收入差距不断扩大的挑战，要完成建设小康社会的目标，就不允许大批贫困地区的存在，因此"努力解决贫困人口的生产生活问题是我国社会主义制度优越性的一个重要体现"。这就意味着中国实行的社会主义制度能够以政府的力量协调各级各类扶贫力量共同参与反贫困事业，形成合力。中央政府安排大量扶贫资金，地方各级政府按照配套投入原则，并吸收社会资本，中央资金和地方资金总和达到2700亿元，吸收社会资本超过4600亿元。同时各级政府通过广泛宣传、组织发动并号召贫困地区群众自力更生、艰苦奋斗，形成贫困治理的根本力量。积极探索多元化的扶贫模式，坚持扶贫扶志相结合、输血造血相结合、生产和生活相结合，贫困地区要走出一条开发式扶贫的发展道路。

四、胡锦涛以人为本的贫困治理思想——"两不愁、三保障"

随着我国经济的高速平稳增长，物质财富的充裕和综合国力的稳步提高进一步夯实扶贫工作的根基。胡锦涛从扶贫标准、脱贫时间、扶贫主体、扶贫模式等维度，从更广阔的世界视角形成了以人为本的贫困思想。2002～2007年多次视察贫困地区，2011年召开全国扶贫开发会议听取十几个贫困地区汇报，并指出扶贫开发是建设中国特色社会主义事业的一项历史任务，也是构建社会主义和谐社会的一项重要内容，必须坚持以人为本的原则，真正关心贫困群众的生活。强调加大对欠发达地区和贫困落后地区的帮扶力度，继续实行东部发达地区对中西部地区的对口支援和定点帮扶，并吸引各种社会力量共同参与，拓宽扶贫开发的渠道，提升扶贫开发合力。党的十六届五中全会，中共中央提出了建设社会主义新农村的重大战略，胡锦涛指出，建设全面小康社会关键在农村，尤其是贫困地区的农村，必须毫不动摇地按照既定目标推进社会主义新农村建设，力争到2020年使贫困地区的群众"两不愁、三保障"——"两不愁"是指扶贫对象不愁吃、不愁穿，"三保障"是指保障贫困群众的义务教育、基本医疗和住房等三项最基本的生活权利。为了实现这个目标，必须坚持"五个结合"——扶贫开发和最低生活保障、城镇化、新农村建设、生态保护相结合。总的来说，胡锦涛为主导的中央领导集体赋予了反贫困新的内涵，开拓了贫困治理的新路径，积极探索贫困治理的新机制，形成了一系列贫困治理的新思想和新战略，是马克思主义贫困理论的重要时代特征的体现。

五、习近平精准扶贫思想——打赢脱贫攻坚战，建成全面小康社会

2011 年我国第一个扶贫开发十年纲要完成，率先完成联合国千年发展目标中的扶贫要求，赢得了联合国及国际社会的一致赞许。同时，贫困地区发展的深层次问题逐步暴露，贫困治理遇到新阻碍和新挑战。2013 年 11 月，习近平考察湖南湘西少数民族地区经济社会发展情况，深入贫困农户走访慰问，首次阐释了“精准扶贫”思想。习近平指出，要根据各个贫困地区、贫困家庭的不同情况，“实事求是、因地制宜、分类指导、精准扶贫”，反对“一刀切”，做好新形势下的扶贫工作。从扶贫开发的流程上阐释了“六个精准”，即“扶贫对象精准、项目安排精准、资金使用精准、措施到户精准、因村派人精准、脱贫成效精准”。2015 年 6 月，习近平在贵州召开 7 省市扶贫工作座谈会，提出“扶贫开发贵在精准，重在精准，成败之举在于精准”，必须变“大水漫灌”为“精准滴灌”。11 月，习近平在中央扶贫工作会议上发表重要讲话，提出要实现 2020 年所有贫困地区、贫困人口一起进入小康社会，最终完成扶贫攻坚战、打赢脱贫攻坚战，必须坚持精准扶贫的理念，将精准扶贫、精准脱贫思想贯彻到中央政府和各级地方政府的反贫困工作中。21 世纪必须要确保所有群众都分得改革开放的红利，实现共同富裕的远景目标，最终建成全面小康社会；不让一个困难地区掉队、不让一个家庭掉队是实现中华民族伟大复兴的中国梦的内在要求。

本章小结

通过梳理新中国成立 70 周年的政府反贫困历程和扶贫思想的演变过程可以看出，我国扶贫目标由最初的“保生存”向“保生态、促发展、惠民生”

转变；扶贫模式也从救济式扶贫、普惠式扶贫向开发式扶贫、竞争式扶贫转变，从行政区域内向区域合作的连片扶贫转变；扶贫战略也从最初的“关注扶贫政策效果的国家导向性”向着“注重外部环境改善的区域导向型”和“关注贫困人口可持续发展能力导向型”的转变。从参与式、开发式扶贫到精准式扶贫，扶贫主体的不断精准化。2020 年全面消除贫困建成全面小康社会，一个人也不能落下。

第八章　精准扶贫政策绩效评价研究
——中西部省份为例

第一节　精准扶贫区域的差异化特征

在精准扶贫思想的领导下，根据不同区域现状制定不同的贫困标准，通过农民上报、调查走访等方式对我国贫困地区进行精准识别。根据贫困地区的地理分布及区域特点，贫困区域大致可分为经济落后型、人口密集型、环境恶劣型三大类。

一、以西藏片区为例的经济落后型

西藏地区是我国西部地区最大的集中连片的特困区域，在精准扶贫政策提出以前，西藏地区主要以农牧业生产为主，生产方式落后，贫困人口规模大，经济发展极度不平衡，且对于反贫、脱贫问题仅仅依赖政府的帮扶，农民主动提升自身生产力的积极性较低，脱贫效果微乎其微。至于导致西藏地区贫困的原因，客观上来说，是由于西藏地处边境，海拔高且气候条件差，一些生活用品需要通过长途运输运送到西藏，成本较高；从主观上来看，贫困人口中，不愿外出打工，满足于靠种田维持生计的青壮年居多，是由于当地居民受教育程度不高，思想观念比较落后所致。

作为我国重点扶贫的一个大省份，从根本上解决这些问题至关重要。为此，2013 年精准扶贫思想提出后，西藏地区采取的措施除了最基本的低保政策、医疗救助以及部分居民搬迁外，还通过制定相关政策鼓励青少年读书，加大了对青少年的教育力度。由于藏区居民，尤其是农村居民主要以耕种和放牧维持生计，国家根据西藏不同地区的特点精确地制订了相关产业扶贫计划。

一方面是农牧业。由于畜牧业生产率低，牲畜的养殖周期长且方式落后，产业不景气，政府通过引进改良的牲畜品种等方式扶持该产业，由表 8-1 可知，每年牲畜存栏的数量都呈现出负增长的趋势，但是负增长率一直在减少，其中 2015 年负增长率减少的最为明显，在一定程度上说明牲畜养殖行业的情况得到了改善；同时，国家还通过投资建设引水灌溉枢纽工程等方式，充分利用有限的农作物种植面积，节省人力物力，提高农作物产出率。由表 8-1 可以看出，在种植面积增长率逐年降低的同时，粮食的总产出量稳步提高，这在一定程度上可以缓解部分家庭的贫困问题，剩余劳动力便可以外出求学或寻找能够获得更高的劳动报酬的工作。

表 8-1　　2011~2017 年西藏地区农牧业发展情况

年份	年末牲畜存栏总数（万头）	增长率（%）	农作物种植面积（千公顷）	增长率（%）	粮食总产量（万吨）	增长率（%）
2011	2185.00	-6.22	240.61	1.46	93.73	1.13
2012	2056.31	-5.89	243.95	1.39	94.89	1.24
2013	1948.31	-5.25	248.57	1.89	96.15	1.33
2014	1861.44	-4.46	250.87	0.93	97.97	1.89
2015	1832.68	-1.55	252.84	0.79	100.63	2.72
2016	1804.00	-1.56	257.91	2.01	102.34	1.70
2017	1756.39	-2.64	255.29	-1.02	103.20	0.84

资料来源：2011~2017 年《西藏自治区国民经济和社会发展统计公报》。

另一方面是旅游业。近年来，随着民俗旅游的盛行，国家也逐渐重视西藏地区旅游业发展，尤其是对风景优美、具有特色的风土人情的贫困地区进行扶持，以丹寨万达小镇为例，通过建立民风民俗特色景点，吸引了大量的游客，推动了藏区文化产业的发展。如图 8-1 所示，2014 年以来西藏地区旅游业高速发展，接待的旅游者大幅增加，城乡居民的收入也稳步提升，西藏地区生产总值有了明显的提高。另外，旅游业的发展促进了西藏贫困地区与外地的交流，有利于藏区居民改变封闭保守不愿外出务工接触外界社会的思想观念。

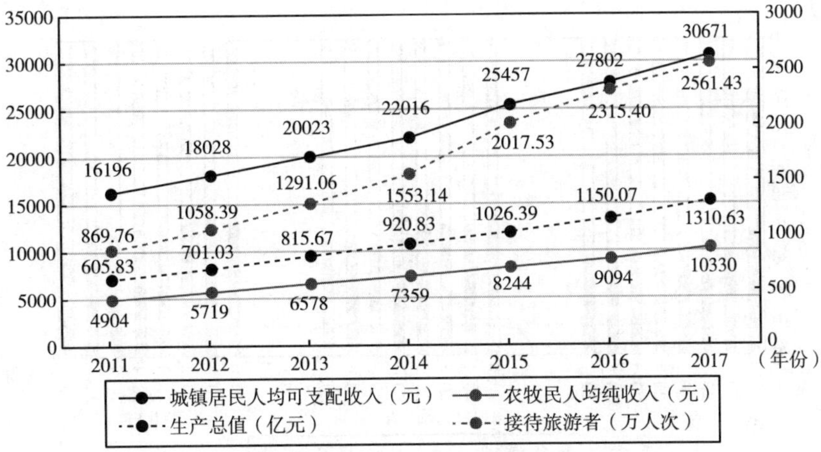

图 8－1　西藏地区旅游业、人均收入及生产总值变化情况

二、以大别山片区为例的人口密集型

大别山片区包括河南、安徽、湖北三省共 36 个贫困县，属于我国中部地区，是人口规模与密度最大的贫困片区，集原革命根据地、我国粮食主产区以及淮河低洼易涝区于一体，自然资源丰富，但由于人地关系紧张，且易受自然灾害的影响，资源无法得到充分的利用，因而该片区经济发展相对滞后。对于这一类型的贫困区域，我国主要针对劳动力的转移制定相关的精准扶贫政策，包括就业结构的调整、提供就业渠道以及就业服务体系的完善，增加贫困劳动力的社会资本。

图 8－2 为安徽、河南、湖北三省近几年就业结构的变化。可以看出，由于国家大力推动该地区的工业化和城镇化发展，第一产业的就业比重有所减少，劳动力向具有高生产率和高劳动报酬特点的第二、第三产业转移，有利于当地经济的发展。同时，国家也鼓励外出务工的高素质人才返乡创业，通过引进先进的技术和经验，提高农村贫困地区的劳动力素质以及劳动生产率。

此外，国家还通过鼓励创业、开发第三产业的就业潜力、支持中小企业发展、引导城镇劳动力向周边城市以及经济发达的地区转移、制定贫困地区劳动力在城镇就业的优先政策等方式，开拓就业市场。由图 8－3 可以看出，安徽、河南、湖北三省从业人数均有提高。同时，通过完善进城打工的农村

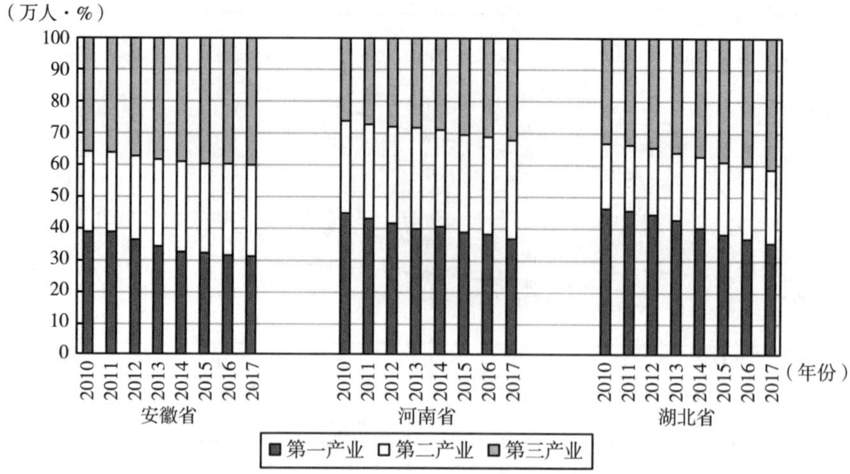

图 8－2 安徽、河南、湖北三省就业结构

劳动力以及外出务工的城镇劳动力的社会保障体系、为失业人员提供再就业机会等方式，为不同劳动群体提供有针对性的服务，在为劳动力提供就业保障的同时失业率也有了显著减少。

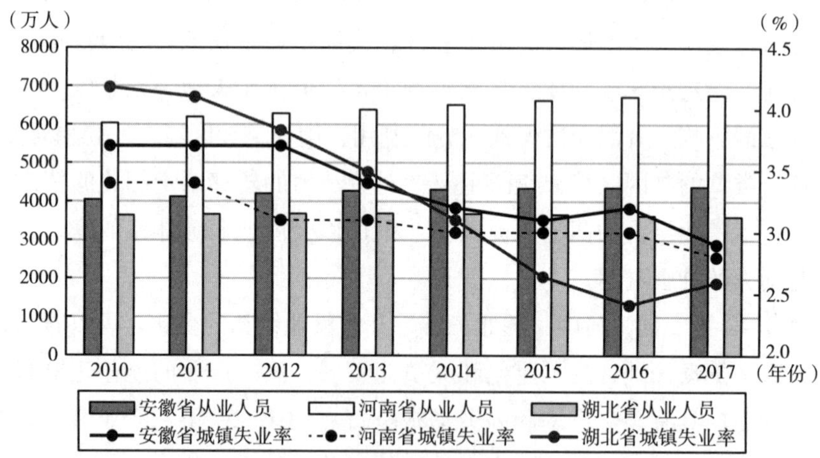

图 8－3 安徽、河南、湖北三省从业人数及城镇失业率

三、以乌蒙山片区为例的环境恶劣型

乌蒙山片区属于我国的西部地区，位于云贵高原和四川盆地连接处，且属于少数民族聚集区，温带高原气候，地形复杂，植被种类繁多，是我国重要的生态保护区。但是由于特殊的地形，乌蒙山片区自然灾害多发，有效耕地面积非常小，道路交通、医疗卫生以及房屋等基础设施相对落后，居民的思想观念也非常落后，导致该地区发展水平极其滞后。乌蒙山片区人口城镇化水平如图8－4所示，可以看出该片区大部分县区的人口城镇化程度处于20%～30%的水平，其中，四川省和云南省贫困县整体发展水平明显较贵州省落后。

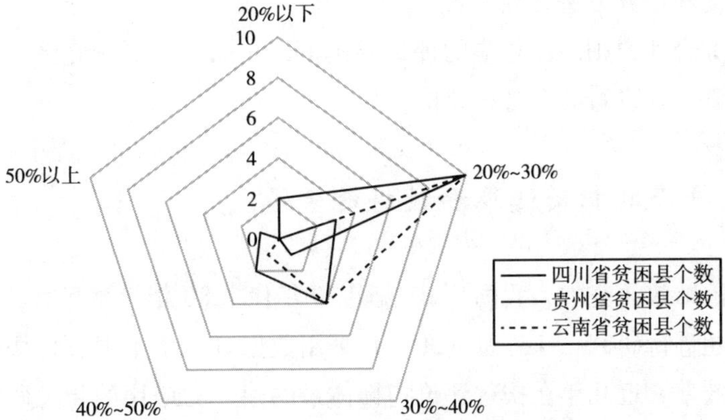

图8－4　2014年乌蒙山片区各省份人口城镇化水平雷达图

资料来源：2014～2015年《中国连片特困区发展报告》。

国家对于这一类相对落后地区的贫困问题十分重视，加大对于自然环境保护的人力、物力和财力的投入力度，以便减少水土流失等自然灾害的发生。同时，引入人工草地，扩大耕种面积，以改善原有低产低效的农业结构，实现生态移民，通过这种方式提高农业产出率，达到减贫、脱贫的目的。

第二节　精准扶贫绩效指标体系

一、指标选取原则

构建精准扶贫绩效指标体系，最重要的是指标的选取，需要遵循一定的原则：

一是系统性原则。各指标之间具有一定的逻辑关系，它们不但要从不同的侧面反映出经济系统的主要特征和状态，而且还要反映系统的内在联系。

二是简明科学性原则。各指标体系的设计及评价指标的选择必须以科学性为原则，能客观真实地反映经济发展的特点和状况，能客观全面反映出各指标之间的真实关系。

三是可比、可操作、可量化原则。指标选择上，特别注意在总体范围内的一致性，指标体系的构建是为区域政策制定和科学管理服务的，指标选取的计算量度和计算方法必须一致。

四是综合性原则。在相应的评价层次上，全面考虑影响经济、社会系统的诸多因素，并进行综合分析评价。

二、评价指标的选取和数据的来源

反贫困绩效研究中，我国从 20 世纪 70 年代末 80 年代初开始对农村和农民贫困问题进行研究，汪三贵（2007）采用数据分析了中国农村扶贫计划的村级瞄准效率。近几年在扶贫评价指标体系的建立与应用的相关研究中，总体上分为资金投入、政策支持力度、扶贫效果等多维度的指标。李凯恩（2017）采用农村贫困人口数量和农村贫困发生率作为衡量减贫效果最直接的指标，陈爱雪和刘艳（2017）在分析我国精准扶贫的内核基础上建立包含 5 个一级指标和 15 个二级指标的精准扶贫绩效评价体系。

本章借鉴罗旭来（2018）、毕祯（2012）和段妍珺（2016）等对扶贫政策绩效的评估指标。精准扶贫成效体现在许多方面，本章从基本经济发展水平（贫困程度和生活条件）、贫困程度、扶贫资金投入（专项扶贫资金投入）、资金使用成效（经济效益和社会效益）四个方面进行评估。其中，基本经济发展水平指标有乡村消费品零售总额、乡村消费品零售总额增长率、乡村就业人员、地区生产总值、农村居民人均可支配收入、农村居民人均生活消费支出、高等教育招生人数、粮食产量；扶贫资金投入指标有财政专项扶贫资金投入和农村居民人均生活消费支出增长率；资金使用成效指标有脱贫“摘帽”贫困县个数和农村居民家庭恩格尔系数；贫困程度的指标有贫困人口数量、贫困发生率、新增高速公路里程和城镇化水平。本章共选取 16 项评价指标，具体如表 8 - 2 所示。

表 8－2　指标编号

指标编码	具体指标	指标编码	具体指标
x_1	财政专项扶贫资金投入（亿元）	x_9	贫困发生率（%）
x_2	贫困人口数量（万人）	x_{10}	新增高速公路里程（公里）
x_3	脱贫“摘帽”贫困县（个）	x_{11}	农村居民家庭恩格尔系数（%）
x_4	乡村消费品零售总额（亿元）	x_{12}	农村居民人均生活消费支出（元）
x_5	乡村消费品零售总额增长率（%）	x_{13}	农村居民人均生活消费支出增长率（%）
x_6	乡村就业人员（人）	x_{14}	高等教育招生人数（万人）
x_7	地区生产总值（亿元）	x_{15}	城镇化水平（%）
x_8	农村居民人均可支配收入（元）	x_{16}	粮食产量（万吨）

由于 2018 年的数据尚未发布，为了追求研究的时效性，所以本书以中西部 12 个省份 2017 年的 16 项指标数据为基准进行收集和分析。

三、精准扶贫绩效指标体系的构建

本章从经济发展水平、贫困程度、扶贫资金投入和资金使用成效四个方面构成一级指标，并以 16 项二级指标为依托构建精准扶贫绩效指标体系，如表 8－3 所示。

表 8－3　精准扶贫绩效指标体系

一级指标	二级指标
基本经济发展水平	地区生产总值（亿元）
	农村居民人均可支配收入（元）
	乡村消费品零售总额（亿元）
	乡村消费品零售总额增长率（%）
	乡村就业人员（人）
	农村居民人均生活消费支出（元）
	农村居民人均生活消费支出增长率（%）
	高等教育招生人数（万人）
	粮食产量（万吨）

续表

一级指标	二级指标
贫困程度	贫困发生率（%）
	贫困人口数量（万人）
	新增高速公路里程（公里）
	城镇化水平（%）
扶贫资金投入	财政专项扶贫资金投入（亿元）
资金使用成效	脱贫“摘帽”贫困县（个）
	农村居民家庭恩格尔系数（%）

第三节 中西部省份精准扶贫绩效评价

采用因子分析法对中国中西部省份进行精准扶贫绩效评价，分为四个部分：一是通过主成分分析法求出公因子，二是求出因子载荷矩阵，三是对因子进行命名，四是得到综合因子得分，并进行绩效评价。

一、主成分分析法求公共因子

对已经标准化处理后的数据进行主成分分析，由表 8－4 中的结果可以看出，第一列为特征值（主成分的方差），第二列为各个主成分的贡献率，第三列为主成分的累计贡献率，前四个主成分的累计贡献率就达到了 83.419% >80%，所以选取主成分个数为 4。选 y_1 为第一主成分，y_2 为第二主成分，y_3 为第三主成分，且这三个主成分的方差和占全部方差的 83.419%，即基本保留了原来指标的信息。这样由原来的 16 个指标变为 4 个指标。

表 8－4　　解释的总方差

成分	初始特征值			提取平方和载入		
	合计	方差（%）	累积（%）	合计	方差（%）	累积（%）
1	6.806	42.536	42.536	6.806	42.536	42.536
2	3.566	22.289	64.825	3.566	22.289	64.825
3	1.573	9.829	74.654	1.573	9.829	74.654

续表

成分	初始特征值			提取平方和载入		
	合计	方差（%）	累积（%）	合计	方差（%）	累积（%）
4	1.402	8.764	83.419	1.402	8.764	83.419
5	0.904	5.651	89.070			
6	0.688	4.301	93.371			
7	0.403	2.518	95.889			
8	0.307	1.918	97.807			
9	0.217	1.357	99.165			
10	0.123	0.769	99.933			

二、因子载荷矩阵

使用最大方差法旋转以后得到因子载荷矩阵如表8-5所示。数据第一列表明：第一主成分与各个变量之间的相关性；第二列表明：第二主成分与各个变量之间的相关性；第三列表明：第三主成分与各个变量之间的相关性。

表8-5　　旋转成分矩阵

指标	成分			
	1	2	3	4
Zscore（财政专项扶贫资金投入）	0.214	-0.103	0.838	0.216
Zscore（贫困人口数量）	0.167	0.914	-0.049	0.107
Zscore（脱贫摘帽贫困县个数）	-0.255	0.310	0.513	-0.588
Zscore（乡村消费品零售总额）	0.834	-0.300	0.138	-0.111
Zscore（乡村消费品零售总额增长率）	0.581	0.396	0.176	0.483
Zscore（农村就业人员）	0.809	0.258	0.229	0.257
Zscore（地区生产总值亿元）	0.960	-0.183	-0.041	0.068
Zscore（农村居民人均可支配收入）	0.772	-0.462	-0.195	0.238
Zscore（贫困发生率）	-0.641	0.686	0.042	-0.160
Zscore（新增高速公路里程）	-0.180	0.748	0.170	0.155
Zscore（农村居民家庭恩格尔系数）	-0.040	0.155	0.285	0.897
Zscore（农村居民人均生活消费支出）	0.637	-0.502	0.210	0.350

续表

指标	成分			
	1	2	3	4
Zscore（农村居民人均生活消费支出增长率）	-0.009	0.274	0.800	0.066
Zscore（高等教育招生）	0.928	-0.041	-0.060	0.062
Zscore（城镇化水平）	0.192	-0.750	-0.467	0.114
Zscore（粮食产量）	0.948	0.016	-0.025	-0.078

注：提取方法：主成分。旋转法：具有 Kaiser 标准化的正交旋转法，旋转在 6 次迭代后收敛。

三、因子命名

由旋转后的因子载荷矩阵来看，4 个因子的意义比较明显，如表 8-6 所示。

表 8-6　因子名称

主成分	实际意义（因子命名）	主成分解释的指标
y_1	基本经济发展水平因子	x_4（乡村消费品零售总额）、x_5（乡村消费品零售总额增长率）、x_6（乡村就业人员）、x_7（地区生产总值）、x_8（农村居民人均可支配收入）、x_{12}（农村居民人均生活消费支出）、x_{14}（高等教育招生人数）、x_{16}（粮食产量）
y_2	贫困程度因子	x_2（贫困人口数量）、x_9（贫困发生率）、x_{10}（新增高速公路里程）、x_{15}（城镇化水平）
y_3	扶贫投入产出因子	x_1（财政专项扶贫资金投入）、x_{13}（农村居民人均生活消费支出增长率）
y_4	扶贫成效因子	x_3（脱贫“摘帽”贫困县个数）、x_{11}（农村居民家庭恩格尔系数）

第一个因子 y_1（基本经济发展水平因子）：乡村消费品零售总额、乡村消费品零售总额增长率、乡村就业人员、地区生产总值、农村居民人均可支配收入、农村居民人均生活消费支出、高等教育招生人数和粮食产量分别表示了居民的消费状况、就业状况、收入状况、教育水平和农业生产水平等各方面的状态，即反映了某地区基本的经济发展水平和居民生产生活条件水平，所以命名为基本经济发展水平因子。

第二个因子 y_2（贫困程度因子）：贫困人口数量、贫困发生率、新增高速公路里程和城镇化水平这四个指标很明显是反映某地区贫困程度的指标，尤其是贫困人口数量和贫困发生率这两个指标，更是贫困程度的直接体现，而新增高速公路里程和城镇化水平指标虽然不如前两个指标意义那么明显，却也分别从交通状况和城镇化水平两方面衬托了该地区的贫困程度。所以，将 y_2 命名为贫困程度因子。

第三个因子 y_3（扶贫投入产出因子）：财政专项扶贫资金投入是扶贫的直接投入指标，这一个指标就可以反映扶贫的主要投入情况；而农村居民人均生活消费支出增长率体现了农村居民生活水平的改善程度，属于扶贫的产出指标。因此，y_3 被命名为扶贫投入产出因子。

第四个因子 y_4（扶贫成效因子）：脱贫“摘帽”贫困县个数指标指的是2017年实施精准扶贫政策各省份减少的贫困县的个数，而农村居民家庭恩格尔系数指标则反映了农村居民家庭消费支出总额中食品支出总额所占的比重。两个指标均从宏观的角度体现了扶贫的作用效果，所以被命名为扶贫成效因子。

四、因子得分

根据成分得分系数矩阵可以得到中西部各省份精准扶贫绩效的最终得分，但是最终的绩效高低不明显，所以本书首先将因子得分保存为变量 f_1、f_2、f_3、f_4，再按照4个主成分分别进行降序排列，排列结果如表8-7所示。

表8-7 成分得分系数矩阵

指标	成分			
	1	2	3	4
Zscore（财政专项扶贫资金投入）	0.037	0.137	0.430	0.156
Zscore（贫困人口数量）	-0.025	0.206	-0.336	-0.116
Zscore（脱贫摘帽贫困县个数）	-0.071	0.083	0.045	0.476
Zscore（乡村消费品零售总额）	0.123	0.014	-0.006	0.236
Zscore（乡村消费品零售总额增长率）	0.069	0.189	-0.048	-0.199
Zscore（农村就业人员）	0.100	0.170	-0.067	-0.004
Zscore（地区生产总值）	0.140	0.034	-0.110	0.077

续表

指标	成分			
	1	2	3	4
Zscore（农村居民人均可支配收入）	0.136	-0.051	-0.016	-0.084
Zscore（贫困发生率）	-0.128	0.091	-0.136	-0.009
Zscore（新增高速公路里程）	-0.061	0.181	-0.109	-0.113
Zscore（农村居民家庭恩格尔系数）	0.012	0.135	0.285	-0.490
Zscore（农村居民人均生活消费支出）	0.122	-0.001	0.232	-0.044
Zscore（农村居民人均生活消费支出增长率）	-0.018	0.183	0.291	0.187
Zscore（高等教育招生）	0.128	0.059	-0.163	0.063
Zscore（城镇化水平）	0.072	-0.207	0.030	-0.146
Zscore（粮食产量）	0.123	0.068	-0.200	0.160

注：提取方法：主成分。构成得分。

从表8-8可以看出：在 y_1 基本经济发展水平因子上得分最高的4个省份是河南省、四川省、湖北省、湖南省，说明这四个省份的基础经济发展水平优于其他8个省份；同理，在 y_2 上得分最高的是云南省、四川省、贵州省、河南省，说明这四个省份的贫困程度（贫困人口和贫困发生率）较其他省份更为严重；在 y_3 上得分最高的是四川省、江西省、安徽省、陕西省，说明这四个省份的扶贫投入产出能力较强，具有很大的潜力；对 y_4 而言，分数最高的是河北省、山西省、四川省和云南省，说明这四个省份扶贫已取得不错的成效，可以给其他省份留下宝贵经验。

表8-8　中西部省份各因子得分排序

f_1	排序	f_2	排序	f_3	排序	f_4	排序
1.20215	河南省	1.55180	云南省	2.22444	四川省	1.92199	河北省
0.96814	四川省	1.31493	四川省	0.71205	江西省	0.69210	山西省
0.80695	湖北省	1.15478	贵州省	0.53982	安徽省	0.65614	四川省
0.78652	湖南省	0.54787	河南省	0.22422	陕西省	0.58650	云南省
0.70622	河北省	0.32422	湖南省	0.19445	贵州省	0.56184	甘肃省
0.60725	安徽省	-0.25670	甘肃省	0.17419	山西省	0.56098	河南省
0.17618	江西省	-0.38672	安徽省	-0.00310	河北省	-0.17500	湖南省
-0.53772	陕西省	-0.41751	江西省	-0.03504	甘肃省	-0.51400	陕西省

续表

f_1	排序	f_2	排序	f_3	排序	f_4	排序
-0. 67997	山西省	-0. 56067	湖北省	-0. 50064	湖南省	-0. 68012	安徽省
-1. 11392	贵州省	-0. 66246	河北省	-0. 75890	湖北省	-0. 86448	江西省
-1. 15393	云南省	-0. 76801	陕西省	-0. 90275	云南省	-1. 1016	贵州省
-1. 76786	甘肃省	-1. 84155	山西省	-1. 8688	河南省	-1. 6443	湖北省

最后，要以各因子的方差贡献率占三个因子总方差贡献率的比重作为权重进行加权汇总，得出各城市的综合得分 f：

$$f = (37.436f_1 + 21.555f_2 + 13.303f_3 + 11.125f_4)/83.419$$

由表 8 -9 的综合因子 f 得分就可综合评价各个省份的精准扶贫绩效。可以看到得分最高的三个省份是四川省、河南省和河北省，说明 2017 年这三个省份在精准扶贫方面取得了不错的成就，而得分最低的甘肃省，山西省和陕西省则还要继续努力，希望能汲取经验，再接再厉，完成精准扶贫目标。

表 8 -9　综合得分

排序	1	2	3	4	5	6
省份	四川省	河南省	河北省	湖南省	安徽省	江西省
得分	1. 22	0. 46	0. 40	0. 33	0. 17	-0. 03
排序	7	8	9	10	11	12
省份	湖北省	云南省	贵州省	陕西省	山西省	甘肃省
得分	-0. 12	-0. 18	-0. 32	-0. 47	-0. 66	-0. 79

从精准扶贫区域的差异化特征和绩效评价结果可以看出，对于不同的地区要因时而异、因地而异。中西部省份尤其是偏远的省份，要利用自身的资源，借助乡村振兴的推进，让更多的贫困人员加入扶贫行列，化被动为主动，精准扶贫的目标也将会达成所愿。

结 语

一、主要研究结论

本书主要从四个部分展开社会资本视角下的政府反贫困统计评价研究。第一部分是文献综述与理论基础，第二部分是家庭社会资本测度研究，第三部分是社会资本与贫困家庭居民收入关系研究，第四部分是精准扶贫背景下政府反贫困政策的评价研究。

在第一部分概述的基础上，第二和第三部分从微观和中观视角对社会资本与贫困家庭居民收入关系进行研究。首先是家庭社会资本测量的调查方案设计，采用典型调查和随机抽样相结合的调查方式，以城乡贫困家庭为调查对象，入户面对面访问获取第一手的研究资料。以此为基础，从几个方面设计调查问卷，了解贫困家庭的社会资本存量，政府反贫困投入等，采用探索性因子分析对问卷的科学性进行验证。其次是对家庭社会资本的测度分析，构建家庭社会资本测度指标体系，在此基础上合成社会资本综合指数，对社会资本的影响因素进行分析。再次是对家庭社会资本与居民收入关系的数量分析，构造家庭生产函数理论模型，刻画以家庭为研究对象的资本产出弹性。最后是对贫困家庭政府反贫困政策投入效果进行评价，在描述分析的基础上，上升到社区和村庄层次，采用数据包络分析方法对政府反贫困政策效果的有效性进行评价。研究结论如下：

（1）通过调查问卷的方式得到一种寻求家庭社会资本测量的途径。测量家庭社会资本的方法有很多，通过问卷调查的方式虽然不是最具创新的，但本书是采用典型社区和村庄的随机抽样方式，结合家庭社会资本的构成要素，对社会资本展开测量，每个构成要素涉及的调查问题都有一定的差异，有一定的共性和个性，能够有效刻画贫困家庭的社会资本存量特征。

（2）社会资本综合指数是对家庭社会资本存量的一种反映。结构型和认知型社会资本指数也是对家庭结构型社会资本和认知型社会资本存量的反映，二者关系较为密切。通过分析社会资本的影响因素测度模型发现，家庭对社会资本培育是对家庭社会资本的一种投资，可以看作是社会资本流量，对社会资本存量影响较大。家庭收入满意度和幸福程度等主观因素能够显著影响家庭社会资本存量。

（3）家庭社会资本存量成为影响贫困家庭收入的重要指标。家庭物质资本存量和人力资本存量也不例外。通过构造家庭生产函数模型，实证研究发现，城乡家庭三种资本的产出弹性大于1，规模报酬递增。家庭社会资本与人力资本、社会资本与政府反贫困政策效果存在一定的交互效应，印证了社会资本对贫困家庭居民收入增加的间接效应的存在。

（4）贫困家庭的贫困原因不仅局限于物质资本贫困，而且更多体现在人力资本和社会资本贫困。不论是家庭层面还是社区层面，政府反贫困政策取得了一定的效果，但是政府的物质资本投入更多，人力资本和社会资本投入相对不足和缺乏，应该将三种资本投入齐头并进，提高贫困家庭脱贫的能力。

第四部分是分析精准扶贫背景下政府反贫困政策评价研究。首先从精准扶贫区域的差异化特征入手，不同的地区扶贫的政策和方式有一定的差异性，从侧面印证了精准扶贫政策的有效性。接着从中西部省份入手探究政府反贫困政策绩效评价，结果表明偏远落后的省份需要加大精准扶贫的投入力度。

二、相关政策建议

（一）将社会资本纳入国民经济核算体系

根据本书的调查研究，社会资本在居民家庭的生产活动中逐渐发挥作用。社会资本测度“难”的问题已经成为共识，有些国家已经建立社会资本核算框架，对于中国而言，相关的研究还比较少（朱启贵，2003，2008；刘赟，2010）。因此，在现行的国民经济核算的中心账户体系中，设置专门反映社会资本与经济之间关系的独立账户，即卫星账户或附属账户，可以实现社会资本核算与国民经济核算的有效对接。对社会资本的核算主要强调微观主体

（仍以家庭为调查对象）的投资行为是可行的，并以投资行为的投入和产出两个方面分别衡量社会资本的实物量和价值量。要完成对社会资本实物量、价值量核算方法的构建，在数据方面也提出了较大的要求，包括微观主体为社会资本建立、维护进行的各项投入等。因此，在今后国民经济核算统计的各项调查中加入社会资本相关的信息是非常必要的，如在城乡家庭调查体系中增加交往人数、交往经费等指标。

（二）加大社会资本和人力资本投入，改善贫困群体的福利状况

1. 加大对社会资本的扶贫投入，扩大贫困群体的人际关系网络

从调查中分析发现，造成贫困的原因有很多，其中一个原因是与人沟通太少。在政府扶贫投入的调查中发现，社会资本扶贫投入有的地方几乎没有。尤其是欠发达地区，除了政府的物质资本扶贫投入之外，应该让更多的贫困群体参与到反贫困中来，扩大贫困群体的人际关系网络，提高贫困群体的生产和劳动积极性，尤其是参与式扶贫模型，如产业项目开发和以工代赈，应该在更多的地区铺展开来，让更多的穷人参与其中，而不是被社会边缘化、被社会排斥。

2. 增加贫困群体的人力资本投入，提高贫困群体的人力资本

调查分析发现，贫困群体的人力资本投入明显不足，尤其是医疗、教育救助和就业培训等方面。贫困群体首先是弱势群体，应该增加对贫困群体的人力资本投入，提高穷人的劳动和生产技能，提高穷人的健康水平。医疗救助成为现代社会穷人的救命稻草，应该让越来越多的穷人加入医疗保障体系中来，而不是被疾病困扰而使整个家庭处于贫困状态不可自拔。另外，很多家庭缺乏一定的生产技能，很难通过一定的自主能力摆脱贫困，政府应该以社区为形式，开展就业技能的培训工作，让更多的穷人提高生产技能，增加贫困家庭的收入。

3. 投资社会资本，提高贫困群体的福利状况

社会资本投资，需要一个持续的投入过程。这里的社会资本投资不仅包括政府，也包括社会民间组织、社区自组织。虽然我国存在的民间组织有一定的数量，但是这些民间组织的作用远远没有发挥出来。贫困群体更应该提高对社会资本的认识，通过政府或民间组织的社会资本投资，扩大贫困群体的人际关系网络，让更多的穷人加入进来，为贫困群体提供更多的就业机会，

提高贫困家庭的社会资本，进而提高贫困群体的福利状况（收入增加、健康状况改善、受教育水平提高、家庭幸福感提升等）。

（三）将三维资本纳入国家反贫困政策评价体系

1. 将三维资本纳入政府反贫困政策评价体系

物质资本、人力资本和社会资本扶贫投入，是政府反贫困政策的三种方式。除了一定的物质资本投入之外，人力资本和社会资本正在发挥重要的反贫困作用，只是这种政策绩效的反映时间稍长一些。政府每年都会加大对扶贫的投入力度，可是不能重投入轻产出，应该将投入和产出共同纳入政府反贫困绩效评估体系，对扶贫政策过程和效果进行监测和评价，及时修正扶贫过程中遇到的问题。对扶贫资金的使用和实施效果进行跟踪调查，合理分配到物质资本、人力资本和社会资本扶贫中，调动扶贫资金的使用效率，以社区或村庄为单位，扩大参与式扶贫项目的参与规模，将三维资本共同纳入反贫困政策绩效评估体系。

2. 以社区反贫困为核心，物质、人力和社会资本扶贫共同推进

调查分析发现，以社区作为扶贫项目的核心，能够更好地控制和管理扶贫项目的进展。由于社区管理人员能够很好地掌握贫困群体的情况，知晓贫困群体的需求，更有利于扶贫项目的开展，但是要加强扶贫项目的监督管理工作，防止扶贫项目的资金使用受到影响。同时，物质资本、人力资本和社会资本扶贫应该共同推进，让更多的扶贫项目走进社区，走进贫困家庭，也让更多的贫困群体体会到参与式扶贫带来的持续性收益。

3. 以农村反贫困为主，城市贫困群体也应受到政府和民间组织关注

随着政府新的扶贫计划的展开，农村扶贫再次成为政府关注的焦点。但除了国家指定的贫困山区，还有更多没有覆盖的地方，尤其是城市贫困群体也应该受到政府和民间组织的关注。城市贫困群体的发言权受到限制，越来越多的弱势群体除了享受低保，没有其他可以求助的途径。更多的扶贫项目很难走进社区，为更多的城市贫困社区居民带来就业的可能性。因此，城市贫困群体应该以社区为单位，自发组织起来走出社区，吸引更多的民间组织参与扶贫项目。

附录

附录1　社会职业声望得分表

职业	得分	职业	得分	职业	得分
科研人员	86.49	中小学教师	71.03	销售人员	46.61
大学教师	85.14	警察	69.44	普通工人	44.98
政府机关负责人	80.49	医生	67.04	厨师	43.78
法律工作人员	76.12	技术工人	67.01	保安/门卫	40.75
企业单位负责人	74.93	护士	53.8	服务员	40.75
党群组织负责人	72.41	会计	51.54	务农	31.83
行政办事人员	71.18	司机	49.57	家政服务人员	9.73

资料来源：李春玲．断裂与碎片——当代中国社会阶层分化实证分析［M］．北京：社会科学文献出版社，2005：173．本书根据调查对象的职业情况，个别社会职业声望得分有所调整。

附录2　调查问卷（以城市住户调查为例）

调查问卷（城市住户）问卷编号

调查地址：省市/县区/乡/镇街道/社区居委会调查员姓名：

调查日期：20　年　月　日

尊敬的被访问者：

您好！我们是国家自然科学基金课题“政府扶贫政策绩效调查组”。本调查是一项纯学术研究的调查，您的回答对我们的科学研究有极大的价值，其主要目的是了解您户目前受到的扶贫政策资助及其社会资本状况，分析影响您家庭经济状况的主要因素及政府扶贫政策的绩效，以便相关政府部门采取有效措施改善您的家庭经济状况。本次调查不记姓名，请您在回答问题时不必有任何顾虑，我们保证将严格遵照《统计法》为您的回答保密。

衷心谢谢您的支持和配合！

国家自然科学基金课题“政府扶贫政策绩效调查组”

20　年 8 月

第一部分　特征变量

1.1　家庭成员基本信息（以户口本登记信息为准）☆

家中人数：人

家庭成员编号	①	②	③	④	⑤	⑥	⑦	⑧
1. 与户主关系								
2. 性别：(1) 男；(2) 女								
3. 年龄								
4. 民族								
5. 政治面貌为： (1) 共产党员；(2) 群众；(3) 其他								
6. 健康状况为： (1) 健康；(2) 一般；(3) 患病；(4) 残疾								
7. 治病和保健的花费（每年/元）								
8. 治病和保健花费的来源及构成（构成填所占百分比）：(1) 自有；(2) 向亲戚朋友借；(3) 通过正常贷款；(4) 国家专项扶贫项目；(5) 其他								
9. 是否经常参加文体活动： (1) 是；(2) 否								

续表

家庭成员编号	①	②	③	④	⑤	⑥	⑦	⑧
10. 现在的职业： （1）无业；（2）保姆、计时工；（3）务农；（4）产业工人☆☆；（5）营销员；（6）服务员；（7）个体户；（8）厨师、炊事员；（9）司机；（10）经济业务人员☆☆☆；（11）村干部；（12）护士；（13）医生；（14）警察；（15）中小学教师；（16）政府机关办事员；（17）金融机构工作人员；（18）企事业单位负责人；（19）法律工作人员；（20）政府机关负责人；（21）大学教师；（22）科学研究人员；（23）工程技术人员；（24）在校学生；（25）其他								
11. 工作年限								
12. 是否有行政职务？（1）有（请标明）；（2）无								
13. 是否是常住居民？（1）是；（2）否								
14. 文化程度： （1）文盲/半文盲；（2）小学；（3）初中；（4）高中/中专；（5）大专及以上								
15. 上学的学杂费（每学期/元）								
16. 学杂费的来源及构成（构成填所占百分比）： （1）自有；（2）向亲戚朋友借；（3）通过正常贷款；（4）国家专项扶贫项目；（5）其他								
17. 是否参加过培训班？ （1）是；（2）否（跳至第22题）								
18. 参加培训班的次数和时间（总计）								
19. 参加培训班的途径： （1）亲戚朋友介绍；（2）政府组织；（3）自己报名参加；（4）其他								
20. 参加培训班的花费（总计/元）								
21. 参加培训班的花费来源及构成（构成填所占百分比）： （1）自有；（2）向亲戚朋友借；（3）通过正常贷款；（4）国家专项扶贫项目；（5）其他								

注：被访者若是户主，则被访者信息填在①列；被访者若不是户主，则被访者信息填在②列；被访者同一户口本内的其他亲人信息填在③~⑧。并请将所选项的序号填在相应的空格内。

产业工人包括：企业电工、建筑工人、矿工、纺织工、车工、搬运工等。

经济业务人员：指从事经济计划、统计、财会、审计、国际商务等业务工作的专业人员。包括：经济计划人员，统计人员，会计人员，审计人员，国际商务人员，其他经济业务人员。

1.2 家中务工者情况

22. 务工者的家庭成员编号（对应问卷1.1部分中编号）				
23. 务工者目前工作单位的性质是： （1）全民所有制；（2）集体所有制；（3）混合所有制；（4）私营个体；（5）外商独资；（6）中外合资				
24. 务工者的工作地：（1）本地；（2）外地				
25. 他/她现在的月收入为：（取上限）				
26. 出外工作的寻找途径： （1）自己应聘；（2）亲朋好友介绍（帮助）；（3）中介（劳务市场）、媒体等；（4）政府组织；（5）其他				
27. 若找工作时受到亲朋好友的帮助，则帮助者的职业身份： （1）国家管理者：政府机关负责人； （2）经理人员：企业单位负责人； （3）私营企业主：私企老板、包工头； （4）专业技术人员：工程师、科学家、老师、律师、作家、司机、厨师、经济业务人员等； （5）办事员：政府机关办事员、企业办事员等； （6）个体户； （7）服务业员工：服务员、营销员、售票员等； （8）产业工人； （9）农民				
28. 为找这份工作共花费多少元钱？（注：从找工作到正式上岗前的所有花费，包括托关系、去工作所在地的车费、到工作所在地后的生活费等）				
29. 接上一题，花费的来源及构成（构成填所占百分比）： （1）自有；（2）向亲戚朋友借；（3）通过正常贷款；（4）国家专项扶贫项目；（5）其他（请注明）				
30. 您认为找一个收入高的好工作主要需要的是： （1）文凭；（2）关系、门路；（3）技术；（4）经验（请按您认为的重要程度进行排序）				

1.3 家庭情况

31. 您父亲曾经的职业为：（答案参考第10题）

32. 您母亲曾经的职业为：（答案参考第10题）

33. 您的父辈是否有行政职务？

（1）有；（2）无

34. 您父辈的文化程度：

（1）文盲/半文盲；（2）小学；（3）初中；（4）高中/中专；（5）大专及以上

35. 去年您户的家庭收入中以下各部分的数额分别为：

（1）工资收入__元；（2）经营性收入（经商等）__元；（3）财产性收入（房租等）__元；（4）政府扶贫救济收入__元；（5）社会捐助收入__元；（6）其他收入（请注明）__元

合计____元

36. 您户若有经营性收入，前期投入资金是：__元；构成__（填所占百分比）和来源是：

（1）自有；（2）向亲戚朋友借；（3）通过正常贷款；（4）国家专项扶贫项目资助；（5）其他（请注明）______

37. 您家的家庭资产状况：

住房面积（平方米）	交通工具（辆）	黄金首饰、古董字画（元）	宠物数量（只）	家庭金融资产（储蓄存款、有价证券等）（元）

38. 您们当地的人均年收入有多少就不算穷？

39. 您家一年的总支出为：____元，其中日常支出（吃穿住行）为：____元，食物支出：____元。

40. 您家是否有电话？您家是否有电脑？您家是否有电视？

（1）有；（2）无

41. 您家有几部手机？

42. 您家总共欠别人多少钱？

以下各类人中分别借了多少（元）钱：

（1）亲属__元；（2）亲朋好友__元；（3）领导__元；（4）银行及信用社一般商业贷款__元；（5）政府扶贫款__元；（6）其他来源借款（请注明）__元

43. 借钱给您家的人的经济状况是：

（1）贫困；（2）一般；（3）富裕

44. 您家向银行贷款的用途主要是（可多选）：

（1）一般生活消费；（2）子女教育；（3）做小生意；（4）农业生产；（5）改建住房；（6）找工作；（7）治病；（8）其他（请注明）________

45. 向当地的金融机构申请贷款是否容易？

（1）容易；（2）不容易

46. 您认为金融机构给您的贷款额度是否能满足您的资金需求：

（1）是；（2）否

47. 您家有多少张信用卡？

（1）无；（2）1～2 张；（3）3 张以上

第二部分　政府投入变量

48. 您家从国家扶贫政策中的受益情况：

项　目	您家是否从下列政策中受益了？ （1）是；（2）否	您家从这项政策中具体受益多少？ （元）
低保		
失业救济		
养老保险		
下岗基本生活保障金		
住房救助（廉租房等）		
特困补助		
税费减免		
小额贷款		
医疗救助		
教育救助		
工伤、生育保险		
再就业培训		
一对一结对帮扶		
年终（过节）送温暖活动		
就业援助		
职业介绍		
社区公共服务		
志愿者服务		

续表

项　　目	您家是否从下列政策中受益了？（1）是；（2）否	您家从这项政策中具体受益多少？（元）
社区文体活动		
希望工程		
光彩事业		
国际援助		
其他		

49. 国家的扶贫政策都给您家带来了哪些好处？

（1）直接增加了现金收入；（2）减少了支出；（3）解决了小孩上学困难；（4）改善了住房条件；（5）能够治病；（6）提高了就业技能；（7）扩大了人际交往关系；（8）有更多的机会了解参与社区公共事务

50. 您家从国家反贫困政策中受益程度如何？

（1）我家状况没有改观；（2）我家状况有了一定好转；（3）我家状况有很大改善

51. 您家是否了解本社区的扶贫项目？

（1）是；（2）否（跳至第 53 题）

52. 若是，了解渠道是什么？

（1）政府宣传；（2）社区居委会公布或讲解；（3）媒体宣传；（4）其他（请注明）________

53. 您家是否有机会表达对扶贫项目的意见？

（1）是；（2）否（跳至第 55 题）

54. 若是（接 53 题），表达的渠道有（可以多选）：

（1）向县级扶贫部门反映；（2）向街道、社区反映；（3）通过参与扶贫项目的选择、管理和监督来实现；（4）其他（请注明）________

55. 您家得到过扶贫项目的资助吗？

（1）有；（2）没有（跳至 58 题）

56. 若有（接上一题），参与的方式有（可以多选）：

（1）投工投劳；（2）参与项目选择；（3）参与项目的管理和监督；（4）其他（请注明）________

57. 您家得到的扶贫项目资助类型是由谁决定的？

（1）自己决定；（2）社区居民协商；（3）社区居委会上报，上级决定；（4）不知道

58. 在过去两年中，除了国家扶贫项目或最低生活保障金救济外，您家是否得到其他部门、组织和个人的援助？

（1）是；（2）否（跳至第62题）

59. 若是（接58题），援助者为（可多选）：

（1）市县、乡镇政府机关；（2）街道、社区居委会；（3）共青团；（4）妇联；（5）工会；（6）残联；（7）志愿者组织；（8）慈善机构；（9）国家机关干部；（10）工商企业家；（11）专业技术人员；（12）其他（请注明）____

60. 接58题，援助的内容是（可多选）：

（1）现金；（2）实物；（3）劳务；（4）介绍工作；（5）提供就业信息；（6）提供培训机会；（7）提供创业项目及生产新技术；（8）帮助治病；（9）帮助小孩上学；（10）帮助改建危房；（11）组织参与集体文体活动；（12）其他（请注明）________

61. 您认为这些援助的效果如何？

（1）很小；（2）有一定作用；（3）很大

62. 您家是否想参加扶贫项目？

若不想参加原因是什么？

（1）我不懂、不会干；（2）项目要投资、又费力，不划算；（3）其他原因（请注明）________

63. 如果今后还有扶贫项目，您最想得到哪方面的支持？（按最想得到的顺序选择四项）

（1）技术培训；（2）卫生保健；（3）医疗保险；（4）参加社区公共事务、联络人际关系；（5）社区职业介绍；（6）提供就业机会；（7）小额信贷；（8）解决小孩上学困难；（9）解决住房困难；（10）直接发放生活救济金或实物；（11）其他（请注明）________

64. 如果今后还有扶贫项目，您最想得到哪种形式的支持？

（1）政府统一组织，贫困居民参与获益；（2）贫困居民协商参与，共享项目成果；（3）贫困居民自主决策，自我获益；（4）社会民间组织捐助，直接受益；（5）其他（请注明）________

65. 您认为导致贫困的主要原因有哪些（可选择三项）？

（1）文化素质低；（2）缺乏就业技能；（3）缺乏劳力；（4）缺乏信息，缺乏合作与信任，发展机会少；（5）与别人的交往不够，没人帮助；（6）下岗失业；（7）政府扶持不够；（8）本人患病或家中有重病人；（9）孩子上学负担重；（10）其他（请注明）________

66. 您认为近两三年来政府的扶贫效果与以往有什么不同？

（1）变差了；（2）基本相同（跳至第68题）；（3）有一定改善；（4）有非常大的改善

67. 您认为造成这种不同的最重要的两个原因是什么？

68. 您对政府反贫政策的投入情况满意度是怎样的？

（1）很不满意；（2）不太满意；（3）一般；（4）比较满意；（5）非常满意

第三部分　社会资本测量

3.1　关系网络

3.1.1　网络规模

69. 您家平时交往的以下关系人中能给您家带来收益的人数分别是多少？(没有就填0)

（1）亲戚；（2）朋友；（3）邻居；（4）同乡；（5）同事；（6）同学；（7）战友；（8）领导；（9）陌生人；（10）其他（请注明）________

3.1.2　网络密度

请选择与以下人群在一年内的联系状况，选项为：

（1）几乎不联系（2次以内）；（2）联系一般（3～9次）；（3）经常联系（10次及以上）

70. 在过去的一年中（包括过年拜年），与直系亲属的联系：

71. 在过去的一年中（包括过年拜年），与亲朋好友的联系：

72. 在过去的一年中（包括过年拜年），与干部的联系：

3.1.3　网络差异性和网顶

73. 您家交往范围内的人所拥有的职业有哪些（可多选）？

（1）无业；（2）保姆、计时工；（3）务农；（4）产业工人；（5）营销员；（6）服务员；（7）个体户；（8）厨师、炊事员；（9）司机；（10）经济业务人员；（11）村干部；（12）护士；（13）医生；（14）警察；（15）中小学教师；（16）政府机关办事员；（17）金融机构工作人员；（18）企事业单位负责人；（19）法律工作者；（20）政府机关负责人；（21）大学教师；（22）科学研究人员；（23）工程技术人员；（24）其他（请注明）________

74. 您家交往的以下各类人群中所拥有的最高职业为：（参考上题答案，题号越大代表职业越高）

（1）家庭成员；（2）亲朋好友；（3）领导

75. 您家交往的人群中最高行政职务？

3.2　信任安全感

76. 您家以前是否上当受骗？

（1）是；（2）否（跳至78题）

77. 当您心情不好的时候，会找谁倾诉？

（1）家人；（2）亲朋好友；（3）领导；（4）陌生人；（5）不找任何人

78. 评价您对以下关系人的信任程度（1~10分，越信任，分数越高）：

（1）亲戚；（2）朋友；（3）邻居；（4）同乡；（5）同事；（6）同学；（7）战友；（8）领导；（9）陌生人；（10）其他（请注明）________

3.3　公共参与（集体责任感）

3.3.1　互助、互惠

79. 您家周围的贫困或下岗失业家庭之间是否有互助组织？

（1）有；（2）无（跳至第82题）

80. 这种互助组织是自发的还是政府组织的？

（1）自发的；（2）政府组织；（3）非政府组织

81. 您和您的家人是否参加过这种互助组织？

（1）完全不参加；（2）很少参加；（3）大部分都参加；（4）每次都参加

82. 如果家里有事，你家和别家互相帮助吗？

（1）从没（直接跳至84题）；（2）偶尔；（3）经常

83. 他/她和您家是什么关系？（可以选四项）

（1）亲戚；（2）朋友；（3）邻居；（4）同乡；（5）同事；（6）同学；（7）战友；（8）干群；（9）其他（请注明）________

3.3.2　对公共事务的参与

84. 您家现在对社区公共事务的关心程度是提高还是下降了？

（1）有很大下降；（2）略微下降；（3）没什么变化（直接跳至86题）；

（4）有一定提高；（5）有很大提高

85. 您认为造成这种变化的原因是：

86. 您所熟知的社区集体活动（至少三人以上）有哪些？

87. 对于这些活动您参加过吗？

（1）想参加但缺乏条件（原因）；（2）从不参加；（3）很少参加；（4）有时参加；（5）经常参加

88. 对于当地社区干部选举等活动，您是否参与投票？

（1）想参与但条件不允许（原因）；（2）从不参与；（3）偶尔参与；（4）经常参与；（5）每次都参与

89. 当社区里事务做决策时，您家是否参与提出意见？

（1）想参与但条件不允许（原因）；（2）从不参与；（3）偶尔参与；（4）经常参与；（5）每次都参与

90. 您是否（或者联合别人一起）向社区领导反映问题？

（1）有过；（2）无（跳至92题）

91. 若有，近一年反映问题的次数？

92. 对于社区的公共事务，您对待的态度是：

（1）这些事情与我无关；（2）参与了也没用，反正是形式；（3）想参与，但是条件不允许（原因）；（4）应积极参与，这是大家共同决定的事情

93. 如果社区里的两个家庭发生了较大纠纷，一般怎么解决？

（1）私下自己解决；（2）邻居劝解就能解决；（3）社区干部能解决；（4）社区中有威望的人能调解；（5）社区中任一家劝解都可以解决

3.4 共享

94. 如果您家得到了稍微稀罕点的食物、水果或者衣物、药品，您家是否与其他人分享？

（1）从不（跳至96题）；（2）偶尔；（3）经常

95. 若有，和谁分享？（可选择三项）

（1）亲戚；（2）朋友；（3）邻居；（4）同乡；（5）同事；（6）同学；（7）战友；（8）领导；（9）其他（请注明）________

96. 过节时您家是否会向邻居等人赠送自家做的食品？

（1）从不（跳至98题）；（2）偶尔；（3）经常

97. 向谁赠送过？（可选择三项）

（1）亲戚；（2）朋友；（3）邻居；（4）同乡；（5）同事；（6）同学；（7）战友；（8）领导；（9）其他（请注明）________

98. 您家得知一些关于教育、医疗、保险、住房、求职等方面的优惠政策和信息，是否会和他人分享？

（1）从不（跳至100题）；（2）偶尔；（3）经常

99. 若有，和谁分享？（可选择三项）

（1）亲戚；（2）朋友；（3）邻居；（4）同乡；（5）同事；（6）同学；（7）战友；（8）领导；（9）其他（请注明）________

第四部分　社会资本培育和利用程度

100. 您会主动和对各种消息比较灵通的人保持联系吗？

（1）几乎不；（2）偶尔；（3）不清楚；（4）有时；（5）经常

101. 您如果请人吃饭，目的主要是（可多选）：

（1）没明确目的，但是为了今后办事方便；（2）求人办事；（3）为了感谢别人的帮助；

（4）仅是出于联络感情；（5）其他（请注明）________

102. 您会不会主动通过人员交际去扩展您的关系网？

（1）不会；（2）不确定；（3）会

103. 您是否会因为感觉以后可能会求助于某人，而提前与其搞好关系？

（1）不会；（2）不确定；（3）会

104. 如果您家遇到生活中的大事需要一定帮助时，一般是（列出前三位）：

（1）自己家里解决；（2）求助于亲属；（3）求助于亲戚；（4）求助于朋友；（5）求助于邻居；（6）求助于同事；（7）求助于同学；（8）求助于干部；（9）求助于战友；（10）其他（请注明）________

105. 您家一年中用于人情往来或者搞好关系的花费是元，花费的来源及构成（构成填所占百分比）：（1）自有；（2）向亲戚朋友借；（3）通过正常贷款；（4）国家专项扶贫项目；（5）其他（请注明）________

106. 您认为工作以及生活中，给您帮助最大的人以及他们的职业：

（1）与您家的关系；（2）职业

107. 若与不熟悉的事和人打交道，您喜欢下列哪种方式：

（1）政府有关部门采取组织形式；（2）亲属或亲戚的帮助；（3）老乡、邻居的介绍；（4）同学、战友的引荐；（5）其他（请注明）________

第五部分　个人经济地位的评估

108. 您对您目前的家庭收入状况满意吗？

（1）很不满意；（2）不太满意；（3）一般；（4）比较满意；（5）非常满意

109. 你认为近几年来您家的收入有改善吗？

（1）变得很差；（2）略有变差；（3）没变化；（4）有较大改善；（5）有很大改善

110. 你认为您家未来几年的收入状况如何？

（1）减少很多；（2）略微减少；（3）保持不变；（4）略有增加；（5）增加很多

111. 请您给您家的幸福程度打个分。（最高 10 分，最低 0 分）

真诚感谢您的参与及合作！

参考文献

[1] [印] 阿玛蒂亚·森. 贫困与饥荒 [M]. 王宇，王文玉译. 北京：商务印书馆，2001.

[2] [法] 布尔迪厄. 文化资本与社会炼金术——布尔迪厄访谈录 [Z]. 包亚明译. 上海：上海人民出版社，1997.

[3] [印] 迪帕·纳拉扬，拉伊·帕特尔等. 谁倾听我们的声音 [R]. 付岩梅等译. 北京：中国人民大学出版社，2001.

[4] [美] 福山. 信任——社会美德与创造经济繁荣 [M]. 彭志华译. 海口：海南出版社，2001.

[5] [美] 格鲁特尔特，贝斯特纳尔. 社会资本在发展中的作用 [C]. 黄载曦，杜卓君等译. 成都：西南财经大学出版社，2004.

[6] [秘鲁] 赫尔南多·德·索托. 资本的秘密 [M]. 王晓冬译. 南京：江苏人民出版社，2001.

[7] [美] 加里·S. 贝克尔. 人类行为的经济分析 [M]. 王业宇，陈琪译. 上海：三联书店，1995.

[8] 杰弗里·萨克斯. 贫穷的终结——我们时代的经济可能 [M]. 邹光译. 上海：上海人民出版社，2007.

[9] [美] 杰拉尔德·迈耶，约瑟夫·斯蒂格利茨. 发展经济学前沿：未来展望 [M]. 北京：中国财政经济出版社，2003.

[10] 李实，[日] 佐藤宏. 经济转型的代价——中国城市失业、贫困、收入差距的经验分析 [M]. 北京：中国财政经济出版社，2004.

[11] 雷诺兹. 微观经济学 [M]. 北京：商务印书馆，1993.

[12] 联合国开发计划署. 2004 年人类发展报告 [R]. 北京：中国财政经济出版社，2004.

[13] [美] 林南. 社会资本——关于社会结构与行动的理论 [M]. 张

磊译．上海：上海人民出版社，2005.

［14］［美］罗伯特·D. 普特南．使民主运转起来——现代意大利的公民传统［M］．王列，赖海榕译．南昌：江西人民出版社，2001.

［15］［美］罗伯特·D. 普特南．独自打保龄球——美国社区的衰落与复兴［M］．刘波等译．北京：北京大学出版社，2011.

［16］［美］曼瑟·奥尔森．国家的兴衰——经济增长、滞胀与社会僵化［M］．吕应中译．北京：文化艺术出版社，2004.

［17］［美］曼瑟·奥尔森．权力与繁荣［M］．苏长和，嵇飞译．上海：上海人民出版社，2005.

［18］［印］帕萨·达斯古普特，伊斯梅尔·撒拉格尔丁．社会资本——一个多角度的观点［C］．张慧东等译．北京：中国人民大学出版社，2005.

［19］［日］青木昌彦．比较制度的分析［M］．周黎安译．上海：上海远东出版社，2001.

［20］［日］速水佑次郎．发展经济学——从贫困到富裕［M］．李周译．北京：社会科学文献出版社，2003.

［21］［美］雅各布·明瑟尔．人力资本研究［M］．张凤林译．北京：中国经济出版社，2001.

［22］［美］詹姆斯·S. 科尔曼．社会理论的基础（上、下）［M］．邓方译．北京：社会科学文献出版社，1999.

［23］卜长莉．社会资本与社会和谐［M］．北京：社会科学文献出版社，2005.

［24］曹荣湘．走出囚徒的困境——社会资本与制度分析［C］．上海：三联书店，2003.

［25］范小建．扶贫开发形势和政策［M］．北京：中国财政经济出版社，2008.

［26］费孝通．乡土中国生育制度［M］．北京：北京大学出版社，2008.

［27］何晓群．多元统计分析［M］．北京：中国人民大学出版社，2008.

［28］康晓光．中国贫困与反贫困理论［M］．南宁：广西人民出版社，1995.

［29］李春玲．断裂与碎片——当代中国社会阶层分化实证分析［M］．

北京：社会科学文献出版社，2005.

[30] 李惠斌，杨雪冬．社会资本与社会发展［C］．北京：社会科学文献出版社，2000.

[31] 罗洪群，王青华，董春．市场调查与预测［M］．北京：清华大学出版社，2011.

[32] 庞皓．统计学［M］．成都：西南财经大学出版社，2009.

[33] 王朝明，孙蓉，聂富强．社会资本与城市贫困问题研究——一个理论框架及四川城市社区经验证据的检验［M］．成都：西南财经大学出版社，2009.

[34] 吴明隆．结构方程模型——AMOS 的操作与应用［M］．重庆：重庆大学出版社，2009.

[35] 燕继荣．投资社会资本：政治发展的一种新维度［M］．北京：北京大学出版社，2006.

[36] 张磊．中国扶贫开发政策演变［M］．北京：中国财政经济出版社，2007.

[37] 张其仔．社会资本论：社会资本与经济增长［M］．北京：社会科学文献出版社，1997.

[38] 蔡晓陈．社会资本的经济分析［D］．武汉大学，2007.

[39] 顾慈阳．社会资本理论及其应用研究［D］．天津大学，2004.

[40] 封莹莹．社会资本、公民参与和政府治理［D］．浙江大学，2011.

[41] 黄晓东．社会资本视域下的政府治理问题研究［D］．吉林大学，2009.

[42] 黄玉娜．社会资本视角下政府反贫困政策绩效的定量分析［D］．西南财经大学，2011.

[43] 蒋凯峰．我国农村贫困、收入分配和反贫困政策研究［D］．华中科技大学，2009.

[44] 姜涛．社会资本累积状态及其对家庭福利的影响［D］．山东大学，2006.

[45] 廖桂蓉．中国转型期城镇贫困居民的人力资本投资研究［D］．西南财经大学，2007.

[46] 李洁．河南省扶贫开发绩效评价和对策研究［D］．郑州大学，2005.

［47］李六．社会资本：形成机制与作用机制研究［D］．复旦大学，2010.

［48］林燕．社会资本投资对我国居民福利改进的理论与实证研究［D］．西南财经大学，2010.

［49］刘畅．社会资本视角下家庭贫困成因及收入效应研究［D］．西南财经大学，2011.

［50］刘纯阳．贫困地区农户的人力资本投资：对湖南西部的研究［D］．中国农业大学，2005.

［51］马诚．浅论社会资本核算［D］．西南财经大学，2011.

［52］马凯．人力资本和社会资本双重视角下的收入分配问题［D］．陕西师范大学，2008.

［53］任栋．社会资本视角下政府反贫困政策绩效评估指标体系的构建［D］．西南财经大学，2011.

［54］唐永木．人力资本对农村家庭贫困的影响研究［D］．华中农业大学，2010.

［55］王朝明．中国转型期城镇反贫困理论与实践研究［D］．西南财经大学，2004.

［56］王芳．我国政府扶贫开发绩效评估技术方法问题研究［D］．郑州大学，2007.

［57］王敬涛．贫困的度量与分析问题探讨［D］．厦门大学，2007.

［58］王小明．社会资本的经济分析［D］．复旦大学，2008.

［59］王燕．农户社会资本的测度、影响因素与增收效应研究［D］．西南财经大学，2007.

［60］武美闽．居民家庭社会资本与家庭收入：理论与实证［D］．山东大学，2006.

［61］夏瑛．中国城市贫困人口的社会资本研究［D］．复旦大学，2007.

［62］徐建．社会排斥视角的城市更新与弱势群体［D］．复旦大学，2008.

［63］杨冬民．城市贫困：从社会排斥角度分析［D］．西北大学，2006.

［64］杨东柱．社会资本研究［D］．中共中央党校，2009.

［65］姚毅．中国城乡贫困动态演化的理论与实证研究——基于经济增长、人力资本和社会资本的视角［D］．西南财经大学，2010.

[66] 于洪哲. 社会资本视角下政府反贫困政策绩效的定量分析 [D]. 西南财经大学, 2011.

[67] 余俐颖. 扶贫绩效研究 [D]. 江西财经大学, 2010.

[68] 赵广岩. 江西省农村扶贫监测评价体系研究 [D]. 江西财经大学, 2006.

[69] 朱蓓. 城市社区社会资本及其测度 [D]. 浙江大学, 2010.

[70] 朱霞梅. 反贫困的理论与实践研究 [D]. 复旦大学, 2010.

[71] [美] 爱德华·格拉泽, 罗建辉. 社会资本的投资及其收益 [J]. 经济社会体制比较, 2003 (2).

[72] [印] 阿玛蒂亚·森, 王燕燕. 论社会排斥 [J]. 经济社会体制比较, 2005 (3).

[73] 蔡荣鑫. 国外贫困理论发展述评 [J]. 经济学家, 2000 (2).

[74] 陈辞. 社会资本视角下的反贫困瞄准机制研究 [J]. 理论月刊, 2011 (9).

[75] 程民选. 信誉: 从社会资本视角分析 [J]. 财经科学, 2005 (2).

[76] 程民选. 论社会资本的性质和类型 [J]. 学术月刊, 2007 (39).

[77] 程民选, 龙游宇, 李晓红. 经济学视阈中的社会资本——经济学关于社会资本的研究述评 [J]. 社会科学研究, 2006 (4).

[78] 陈健. 社会资本结构分析 [J]. 经济研究, 2007 (11).

[79] 陈立中. 收入增长和分配对我国农村减贫的影响——方法、特征与证据 [J]. 经济学 (季刊), 2009 (2).

[80] 陈楠, 卢恋. 贫困: 基于结构化视角的一种解释 [J]. 中南财经政法大学研究生学报, 2011 (3).

[81] 陈思堂. 社会资本与扶贫发展 [J]. 华东理工大学学报 (社会科学版), 2005 (4).

[82] 范烨, 周生春. 经济发展视角的社会资本研究述评 [J]. 当代经济管理, 2009 (5).

[83] 傅道忠. 转型期的中国城市贫困问题研究 [J]. 兰州商学院学报, 2006 (2).

[84] 高梦滔, 姚洋. 农户收入差距的微观基础: 物质资本还是人力资本? [J]. 经济研究, 2006 (12).

[85] 郭建宇．社会资本视域下的贫困农户减贫分析 [J]. 商业研究，2011 (3).

[86] 郭熙保．社会资本理论的兴起：发展经济学研究的一个新思路 [J]. 江西社会科学，2006 (12).

[87] 韩勇．齐美尔的贫困救济思想 [J]. 北京科技大学学报（社会科学版），2006 (3).

[88] [美] 洪朝辉．论中国城市社会权利的贫困 [J]. 江苏社会科学，2003 (2).

[89] 洪大用．试论改革以来的中国城市贫困 [J]. 中国人民大学学报，2003 (1).

[90] 黄英君，苗英振等．我国政府反贫困政策回顾、反思与展望——基于社会资本投资的视角 [J]. 探索，2011 (5).

[91] 柯健，倪勤．社会资本视角下的城市反贫困路径探讨 [J]. 重庆社会科学，2007 (5).

[92] 李孔岳．社会资本的演化逻辑：理论回顾、困境与展望 [J]. 经济学动态，2008 (10).

[93] 林伯强．中国的经济增长、贫困减少与政策选择 [J]. 经济研究，2003 (12).

[94] 林卡，范晓光．贫困和反贫困——对中国贫困类型变迁及反贫困政策的研究 [J]. 社会科学战线，2006 (1).

[95] 刘灿，金丹．社会资本与区域经济增长关系研究述评 [J]. 经济学动态，2011 (6).

[96] 刘长生，简玉峰．社会资本、人力资本与内生经济增长 [J]. 财贸研究，2009 (2).

[97] 刘国亮，姜涛．社会资本累积与家庭收入分化 [J]. 中共济南市党校学报，2005 (3).

[98] 刘国亮，武美闯．家庭社会资本与家庭收入关系的实证检验 [J]. 山东经济，2006 (2).

[99] 刘丽莉．社会资本与经济发展 [J]. 经济研究导刊，2007 (9).

[100] 刘全等．政策效果的统计评价 [J]. 中国统计，2012 (5).

[101] 刘赟．中国农村居民收入差异的实证分析——基于社会资本的研

究视角［J］. 经济与管理研究，2010（7）.

［102］陆铭，李爽. 社会资本、非正式制度与经济发展［J］. 管理世界（月刊），2008（9）.

［103］马新文. 阿玛蒂亚·森的权利贫困理论与方法述评［J］. 国外社会科学，2008（2）.

［104］聂富强，崔亮，艾冰. 贫困家庭的金融选择：基于社会资本视角的分析［J］. 财贸经济，2012（7）.

［105］牛喜霞. 社会资本及其本土化研究的几点思考［J］. 上海大学学报（社会科学版），2004，11（6）.

［106］裴志军. 家庭社会资本、相对收入与主观幸福感：一个浙西农村的实证研究［J］. 农业经济问题（月刊），2010（7）.

［107］彭正波. 从贫困到社会排斥：理论演进与政策构想［J］. 技术经济与管理研究，2010（2）.

［108］钱凯. 我国城市贫困问题及反贫困对策研究综述［J］. 经济研究参考，2002（71）.

［109］邵兴全，林艳. 社会资本的累积效应及其家庭福利改善［J］. 改革，2011（9）.

［110］沈洊. 农村反贫困政策评析［J］. 社会科学战线，2009（3）.

［111］沈红. 经济学和社会学：判定贫困的理论［J］. 开发研究，1992（3）.

［112］沈红. 中国贫困研究的社会学评述［J］. 社会学研究，2000（2）.

［113］沈小波，林擎国. 贫困范式的演变及其理论和政策意义［J］. 经济学家，2005（6）.

［114］隋广军，盖翊中. 城市社区社会资本及其测量［J］. 学术研究，2002（7）.

［115］唐为，陆云航. 社会资本影响农民收入水平吗？——基于关系网络、信任和和谐视角的实证分析［J］. 经济学家，2011（9）.

［116］唐钧. 社会政策的基本目标：从克服贫困到消除社会排斥［J］. 江苏社会科学，2002（3）.

［117］王朝明. 中国城市新贫困问题的主要特征［J］. 党政干部文摘，

2005（11）.

［118］王朝明．社会资本与贫困：一个理论框架的解释［J］．当代经济，2009（17）.

［119］王晓丽，周静．社会资本视角下的城市反贫困［J］．商业经济，2006（3）.

［120］王越英．我国城市贫困问题与反贫困的对策研究［J］．党政干部论坛，2010（10）.

［121］魏后凯，邬晓霞．中国的反贫困政策：评价与展望［J］．上海行政学院学报，2009（2）.

［122］吴冰，王重鸣．带有乘积项的结构方程潜变量交互模型研究［J］．统计与决策，2010（16）.

［123］项保华，刘丽珍．社会资本与人力资本的内在关系研究［J］．商业研究，2007（11）.

［124］夏振坤，唐龙．贫困问题研究视角转换的理论综述［J］．华中科技大学学报（社会科学版），2004（4）.

［125］许启贤．反贫困理论之创新［J］．理论界，2009（6）.

［126］徐行，梁海艳．我国城市贫困人口的现状与对策［J］．中国城市经济，2010（11）.

［127］杨光飞．社会资本的经济学诠释：限度及反思［J］．安徽大学学报（哲学社会科学版），2009，33（5）.

［128］杨宇，郑垂勇．社会资本与国民福利的关系［J］．财经科学，2008（5）.

［129］叶初升，罗连发．社会资本、扶贫政策与贫困家庭福利——基于贵州贫困地区农村家户调查的分层线性回归分析［J］．财经科学，2011（7）.

［130］叶普万．贫困经济学研究：一个文献综述［J］．世界经济，2005（9）.

［131］尹虹潘，刘姝伶．中国总体基尼系数的变化趋势——基于2000～2009年数据的全国人口细分算法［J］．中国人口科学，2011（4）.

［132］张凤林．人力资本思想的若干历史起源与发展［J］．辽宁大学学报（哲学社会科学版），2004（1）.

［133］张广利，陈仕中．社会资本理论发展的瓶颈：定义及测量问题探讨［J］．社会科学研究，2006（2）.

［134］张建斌．人力资本视角下的农村反贫困问题研究［J］．当代经济管理，2011（2）．

［135］张爽，陆铭，章元．社会资本的作用随市场化进程减弱还是加强？——来自中国农村贫困的实证研究［J］．经济学（季刊），2007（2）．

［136］张文宏．社会资本：理论争辩与经验研究［J］．社会学研究，2003（4）．

［137］张勋．反贫困中的社会资本建设［J］．中国劳动，2008（6）．

［138］张友琴，肖日葵．人力资本投资的反贫困机理与途径［J］．中共福建省委党校学报，2008（11）．

［139］赵剑治，陆铭．关系对农村收入差距的贡献及其地区差异——一项基于回归的分解分析［J］．经济学（季刊），2010（1）．

［140］赵丽秋．人力资本投资与收入不平等——教育质量不平等的影响［J］．南方经济，2006（4）．

［141］赵延东，罗家德．如何测量社会资本：一个经验研究综述［J］．国外社会科学，2005（2）．

［142］郑杭生，奂平清．社会资本概念的意义及研究中存在的问题［J］．学术界（双月刊），2003（6）．

［143］郑志龙．社会资本与政府反贫困治理策略［J］．中国人民大学学报，2007（6）．

［144］周红云．社会资本：布迪厄、科尔曼和帕特南的比较［J］．经济社会体制比较，2003（4）．

［145］周怡．贫困研究：结构解释与文化解释的对垒［J］．社会学研究，2002（3）．

［146］邹宜斌．社会资本：理论与实证研究文献综述［J］．经济评论，2005（6）．

［147］周莹洁．提高城市贫困者的脱贫能力——从社会资本角度看城市反贫困［J］．黑河学刊，2007（5）．

［148］Alcock，P. Understanding Poverty［M］. London，The Macmillan Press Ltd. 1993.

［149］Andrew David Mitchell，Thomas J. Bossert. Measuring dimensions of social capital：Evidence from surveys in poor communities in Nicaragua［J］. Social

Science & Medicine, 2007 (64): 50 - 63.

[150] Atkinson, A. B. The Institution of an Official Poverty Line and Economic Policy [R]. Welfare State Program Paper Series 98, 1993.

[151] Becker, G. S. Education and the Distribution of Earnings [J]. The American Economic Review, 1966, 56 (1/2): 358 - 369.

[152] Booth, C. Labor and Life of The People [M]. London, Williams and Norgate, 1889, Volume 1.

[153] Charnes, A. Cooper, W. W. Rhodes, E. Measuring the efficiency of decision making units [J]. European Journal of Operational Research, 1978, 2 (6): 429 - 444.

[154] Dasgupta, Partha, and Serageldin, Ismail. Social Capital: A Multifaceted Perspective [C]. Washington, D. C.: World Bank, 2000.

[155] Dasgupta, Partha. Social Capital. The New Palgrave Dictionary of Economics [Z]. Eds. Steven N. Durlauf and Lawrence E. Blume. Palgrave Macmillan, 2008.

[156] David W. Shideler, David S. Kraybill. Social capital: An analysis of factors influencing investment [J]. The Journal of Socio - Economics, 2009 (38): 443 - 455.

[157] EEC. The Institution of an official Poverty Line and Economics Policy [R]. Welfare state program paper series, 1993: 53.

[158] Foster, J. E., J. Greer, and E. Thorbecke. A Class of Decomposable Poverty Measures [J]. Econometrica, 1984, 52 (3): 761 - 776.

[159] Francesco Sarracino. Social capital and subjective well-being trends: Comparing 11 western European countries [J]. The Journal of Socio-Economics, 2010 (39): 482 - 517.

[160] Frank J. Elgar, Christopher G. Davis, Michael J. Wohl, Stephen J. Trites, John M. Zelenski, Michael S. Martin. Social capital, health and life satisfaction in 50 countries [J]. Health & Place, 2011 (17): 1044 - 1053.

[161] Fukuyama, F. Trust: The social virtues and the creation of prosperity [M]. London: Hamish Hamilton, 1995.

[162] G. M. Meier, J. E. Stiglitz. Frontiers of Development Economics

[M]. World Bank, 2001.

[163] Grootaert, C. Social Capital, Household Welfare and Poverty in Indonesia [R]. Local Level Institutions Working Paper, 1999 (6).

[164] Grootaert, C., Narayan, D. Local Institutions, Poverty, and Household Welfare in Bolivia [R]. Working Paper 9. World Bank, Social Developent Department, Washington, D. C. Processed, 2000.

[165] Grootaert, Christiaan. Measuring Social Capital: An Integrated Questionnaire [R]. 2003. (http://site.ebrary.com/lib/harvard/Doc? id=10052013&ppg=4)

[166] Gunnar Myrdal. The Challenge of World Poverty: A World Anti-Poverty Program in Outline [M]. New Yorker. 1970, 46 (28): 79.

[167] Hanifan, L. J. The rural school community center [J]. Annals of the American Academy of Political and Social Science, 1916 (67): 130-138.

[168] Harphan, Trudy, Emma Grant, Elizabeth Thomas. Measuring Social Capital within Health Surveys: Key Issues [J]. Health Policy and Planning, 2002 (14).

[169] Harpham, Trudy. The Measurement of Community Social Capital Through Surveys [A]. In Idiro Kawachi, S. V. Subr amanian and Daniel Kin, Social Capital and Health [C]. New York: Springer, 2007.

[170] Harrington, Michael. The Other America: Poverty in the United States [M]. New York: Macmillan, 1962.

[171] I. Semih Akcomak, Bas ter Weel. Social capital, innovation and growth: Evidence fromEurope [J]. European Economic Review, 2009 (53): 544-567.

[172] Jacobs, Jane. The Death and Life of Great American Cities [C]. Random House, 1961: 138.

[173] John W. Snelgrove, Hynek Pikhart, Mai Stafford. A multilevel analysis of social capital and self-rated health: Evidence from the British Household Panel Survey [J]. Social Science & Medicine, 2009 (68): 1993-2001.

[174] Kawachi, I., Kim, D., Coutts, A., Subramanian, S. V. Commentary: Reconciling the Three Accounts of Social Capital [J]. International Journal of

Epidemiology, 2004 (4).

[175] Kwame, McKenzir, Trudy, Harpham. Social Capital and Mental Health [C]. London: Jessica King sley Publisher, 2006.

[176] Lewis, Oscar. The Culture of Poverty [C]. In G. Gmelch and W. Zenner, eds. Urban Life. Waveland Press, 1996 (1966).

[177] Lindon J. Robisona, Marcelo E. Siles, Songqing Jin. Social capital and the distribution of household income in the United States: 1980, 1990, and 2000 [J]. The Journal of Socio-Economics, 2011, (40): 538 - 547.

[178] Lloyd G. Reynolds. Micro Economics: Analysis and Policy [M]. Richard D Irwin, 1985.

[179] Lynes, T. Cost of Children [M]. London, New Society, 1979 (15).

[180] Maluccio, J., Haddad L., May J. Social Capital and Household Welfare in South Africa, 1993 - 1998 [J]. Journal of Development Studies, 2000, 36 (6): 54 - 81.

[181] M. Geepu Nah Tiepoh, Bill Reimer. Social capital, information flows, and income creation in rural Canada: a cross-community analysis [J]. Journal of Socio-Economics, 2004 (33): 427 - 448.

[182] Michael Woolcock, Deepa Narayan. Social Capital: Implications for Development Theory, Research, and Policy [J]. The World Bank Research Observer, 2000, 15 (2): 226 - 249.

[183] Mincer, J. Investment in Human Capital and Personal Income Distribution [J]. The Journal of Political Economy, 1958, 66 (4): 281 - 302.

[184] Mincer, J. The Distribution of Labor Incomes: a Survey [J]. Journal of Economic Literature, 1970 (8): 1 - 26.

[185] Narayan, Deepa, Pritchett, Lant. Cents and sociability: household income and social capital in rural Tanzania [C]. Policy Research Working Paper Series 1796, The World Bank, 1997. Published as: Narayan, D., Pritchett, L. Cents and Sociability: Household Income and Social Capital in Rural Tanzania [J]. Economic Development and Cultural Change, 1999, 47 (7): 871 - 897.

[186] Narayan, Deepa, F. Michael Cassidy. A Dimensional Approach to Measuring Social Capital: Development and Validation of a Social Capital Inventory

[J]. Current Sociology, 2001 (49).

[187] Onyx, Jenny, Paul Bullen. Measuring Social Capital in Five Communities [J]. The Journal of Applied Behavioral Science, 2000 (36).

[188] Portes, A. Social capital: its origins and applications in modern sociology [J]. Annual Review of Sociology, 1998 (24): 1 – 24.

[189] Reza Nakhaie, Robert Arnold. A four year (1996 – 2000) analysis of social capital and health status of Canadians: The difference that love makes [J]. Social Science & Medicine, 2010, (71): 1037 – 1044.

[190] Routledge, Bryan R., Von Amsberg, Joachim. Social capital and growth [J]. Journal of Monetary Economics, Elsevier, 2003, 50 (1): 167 – 193.

[191] Rowntree, M. Poverty: A Study of Town Life [M]. London, Macmillan, 1901.

[192] Sen, Amartya, Poverty and Famines: An Essay on Entitlements and Deprivation [M]. Oxford, Clarendon Press, 1982.

[193] Schultz, Theodore W. Investment in Human Capital: The Role of Education and of Research [M]. New York: Free Press, 1971.

[194] Schultz, T. W. Investment in Human Capital [J]. The American Economic Review, 1961, 51 (1): 1 – 17.

[195] Schultz, Theodore W. Nobel Lecture: The Economics of Being Poor [M]. Journal of Political Economy, University of Chicago Press. 1980, 88 (4): 639 – 651.

[196] Shideler, David W. and David S. Kraybill. Social Capital: An Analysis of Factors Affecting Investment [J]. Journal of Socio-economics. 2009 (38): 443 – 455.

[197] Sylvie Démurger, Martin Fournier, Weiyong YANG. Rural households' decisions towards income diversication: Evidence from a township in northern China [J]. China Economic Review, 2010 (21): S32 – S44.

[198] Tammy Leonard, Rachel T. A. Croson, Angela C. M. de Oliveira. Social capital and public goods [J]. The Journal of Socio-Economics, 2010 (39): 474 – 481.

[199] Thomas Dufhues, Gertrud Buchenrieder, Hoang Dinh Quoc, Nuchana-

ta Munkung. Social capital and loan repayment performance in Southeast Asia [J]. The Journal of Socio-Economics, 2011 (40): 679 – 691.

[200] Townsend, P. A Sociological Approach to the Measurement of Poverty-A Rejoinder To Professor Amartya Sen [R]. Oxford Economic Paper, 1985 (37).

[201] Uphoff, Understanding Social Capital: Learning from the Analysis and Experiences of Participation [A]. in Dasgupta and Seregeldin, Social Capital: A Multifaceted Perspective [C]. World Bank, Washington DC, USA. 1999.